Eine optimistische Welt?

Mensch und Natur in den Umbrüchen des 19. Jahrhunderts

Diese Publikation erscheint mit freundlicher Unterstützung
der Hessischen Landeszentrale für politische Bildung.

Eine optimistische Welt?

Mensch und Natur in den Umbrüchen des 19. Jahrhunderts

Herausgegeben von Joachim Horn und Jürgen Kerwer

Waldemar Kramer

INHALT

Schloss Heiligenberg bei Seeheim-Jugenheim

VORWORT

Nach dem großen Erfolg der Veranstaltung »Die Battenbergs – Eine europäische Familie«, die auf Schloss Heiligenberg bei Seeheim-Jugenheim, dem Stammschloss dieser Fürstenfamilie im Oktober 2018 stattfand, haben sich die Organisatoren der Entwicklung der Region im 19. Jahrhundert zugewandt. Dabei wurden die verschiedenen Aspekte, wie beispielsweise die Veränderung der Landschaft in jener Zeit, die Industrialisierung, der aufstrebende Tourismus, Architektur und Malerei bis hin zur Kritik Georg Büchners an den Herrschaftsverhältnissen thematisiert. Im Mittelpunkt stand dabei auch die Frage, inwieweit Erfahrungen aus den Umbrüchen des 19. Jahrhunderts auf die heutige Zeit übertragbar sind. Profunde Kenner der Materie haben darüber referiert. Ergänzt wurden die Vorträge durch Exkursionen der Teilnehmenden, um die nachhaltigen Auswirkungen des 19. Jahrhunderts erlebbar zu machen. Höhepunkt der Veranstaltung war die Lesung unter dem Titel »Literarische Bergstraße – Vom Vormärz bis in die Moderne«.

Organisatoren der Veranstaltung waren die *Stiftung Heiligenberg Jugenheim*, die *Hessische Landeszentrale für politische Bildung*, der *Hessische Rundfunk hr2-kultur*, die *Akademie auf dem Felsberg* sowie das *Institut für Personengeschichte, Bensheim.*

Unser gemeinsamer Dank gilt neben den Organisatoren den Referenten sowie den vielen Verantwortlichen, welche die Exkursionen ermöglicht haben.
Den Lesern wünschen wir viel Freude, vielfältige Anregungen und Diskussionsstoff zu den vielfältigen Aspekten dieser Veröffentlichung.

Im Namen aller Beteiligter

Dr. Joachim Horn
Vorsitzender der Stiftung Heiligenberg Jugenheim

Jürgen Kerwer
Ständiger Vertreter des Direktors
Hessische Landeszentrale für politische Bildung

Im Jahre 1829 wurde am Kühkopf ein im Vergleich zum Flussbett schmaler Abkürzungs-Kanal gegraben. Die übrige »Arbeit« zur Verbreiterung übernahm der Fluss selbst.

1. DURCHBRUCH DER MODERNE?

DER MENSCH, NATUR UND UMWELT IM 19. JAHRHUNDERT

Birgit Aschmann

Das 19. Jahrhundert in der Historiographie

Ob es im 19. Jahrhundert einen »Durchbruch« gegeben hat? Eine fundamentale Zäsur? Und wenn ja, was mag das sein, was da als »Moderne« durchgebrochen ist? Diese Fragen sind seit einiger Zeit wieder virulent, so wie auch das Interesse am 19. Jahrhundert wieder wächst. Zwischenzeitlich sah es ja eher so aus, als würde das Säkulum aus Öffentlichkeit und Wissenschaft verschwinden. Mit Kummer beobachteten diejenigen, die das 19. Jahrhundert an den Universitäten vertraten, dass sich Studierende und Doktoranden mehr und mehr anderen Epochen zuwandten.[1] Die Zahl der Veröffentlichungen nahm ab, und auf Fachkongressen wie dem Historikertag luden immer weniger Sektionen zur Auseinandersetzung mit dem 19. Jahrhundert ein. Noch im Dezember 2018 manifestierte sich die Sorge um das 19. Jahrhundert in einem Dossier der renommierten Zeitschrift Central European History, als unter dem Titel *The Vanishing 19th Century in European History?* die führenden Historiker und Historikerinnen der europäischen Geschichte über den Stand der Geschichtsschreibung nachdachten.[2]

Tatsächlich liegt die Zeit, in der die Historiographie zum 19. Jahrhundert boomte, einige Dekaden zurück. In den 1980er- und 1990er-Jahren stand genau diese Zeit im Fokus vor allem der westdeutschen Geschichtsschreibung, schließlich hatte sich mit der Historischen Sozialwissenschaft auch die Auffassung durchgesetzt, dass die Weichenstellungen des deutschen »Sonderwegs«, der in Nationalsozialismus und Holocaust mündete, im Kaiserreich vorgenommen worden waren. Deshalb wurden überaus umfangreiche Forschungsprogramme finanziert, die sich daranmachten, die Webfehler der deutschen Geschichte im Bürgertum des 19. Jahrhunderts aufzuspüren. Als diese Forschungsprogramme ausliefen, waren zwar unzählige Qualifikationsschriften über das 19. Jahrhundert auf dem Markt, aber die eigentliche These hatte sich als irreführend herausgestellt: Das deutsche Bürgertum wich nicht derart von der Entwicklung des Bürgertums in anderen europäischen Staaten ab, als dass damit der Weg in den

Nationalsozialismus hätte erklärt werden können. Fortan verlagerten sich die Studien zur Genese des NS auf die Weimarer Republik, während sich gegenüber dem 19. Jahrhundert eine gewisse Ratlosigkeit breit machte. Zumal nicht nur der deutsche Sonderweg, sondern auch die europäischen Modernisierungstheorien, die von einem weitgehend einheitlichen, wenn auch zeitversetzten Weg der europäischen Staaten hin in ein gelobtes Land der Moderne ausgingen, nach und nach ihre Überzeugungskraft verloren. Die nächste Forschergeneration wandte sich jedenfalls anderen Zeiten zu: der Weimarer Republik als der Vorgeschichte des NS, der späteren Bundesrepublik oder der DDR bzw. der Geschichte Ost- und Ostmitteleuropas, zumal mit der Freigabe der Archivmaterialien zunächst unerschöpfliches Neuland lockte.

Wo also war der Platz des 19. Jahrhunderts, wenn die sogenannten »Meistererzählungen«, in denen das Säkulum eine zentrale Rolle spielte, nicht mehr stimmten? Wenn die Bürgertumsgeschichte des 19. Jahrhunderts abgegrast war und wenn Diktaturgeschichte des ehemaligen Ostblocks neue Perspektiven bot? Das 19. Jahrhundert drohte darüber verloren zu gehen. Aber, so hatte schon 2002 der Konstanzer Historiker Jürgen Osterhammel beruhigend eingewandt: »Who ever lost a century?«[3] Das Interesse an verschiedenen Zeiten wandele sich, und Phasen, die gerade vernachlässigt würden, könnten bald erneut im Fokus stehen. Es war eine Art Selffulfilling Prophecy. Denn es war nicht zuletzt Jürgen Osterhammel selbst, der dazu beitrug, dass das 19. Jahrhundert in das Interesse von Öffentlichkeit und Wissenschaft zurückkehrte. Sein 2009 veröffentlichtes, mehr als 1500 Seiten starkes Standardwerk *Die Verwandlung der Welt. Eine Geschichte des 19. Jahrhunderts* wurde ein Bestseller.[4] Die Bundeszentrale für politische Bildung gab eine preisgünstige Taschenbuchausgabe heraus, und die Bundeskanzlerin lud Jürgen Osterhammel ein, die Festansprache zu ihrem 60. Geburtstag im Juli 2014 zu halten.[5]

Das 19. Jahrhundert war wieder da, und ausschlaggebend dafür waren die aktuellen Fragen der Gegenwart. So profitierte die Globalgeschichte von der Globalisierung und den damit verknüpften Fragen, für deren Beantwortung es nahelag, in die Zeit des 19. Jahrhunderts zurückzublicken, in der zwar nicht erstmals eine weltumspannende Vernetzung begann, aber doch die Entwicklung eine solche Dimension und Dynamik gewann, dass von einer Zäsur gesprochen werden kann. Ähnliches lässt sich mit Blick auf andere Phänomene sagen, die in der Gegenwart erneut zur Debatte stehen: So ist die britische Monarchie, die jüngst wieder die Schlagzeilen der europäischen Zeitungen füllte, ohne ihre Neuerfindung im 19. Jahrhundert nicht zu verstehen. Die gegenwärtigen Krisen der Demokratie veranlassen Historiker, an die Anfänge der Verfassungs- und Demokratieentwicklung im 19. Jahrhundert zu erinnern; die Attentate der jüngsten

Zeit weisen Parallelen mit den anarchistischen Attentaten des europäischen 19. Jahrhunderts auf, und die heute noch spürbaren Hierarchien der Genderverhältnisse lassen sich ebenso wie die Anfänge der Frauenbewegung in das 19. Jahrhundert zurückverfolgen. Auch die Emotionspolitik der heutigen Populisten besitzt erstaunliche Analogien mit der Rhetorik von Populisten zu Beginn und Ende des 19. Jahrhunderts – wie Ernst Moritz Arndt oder Heinrich Treitschke. Auf all diese frappierenden Verbindungen zwischen der Gegenwart und dem 19. Jahrhundert habe ich in dem 2019 von mir herausgegebenen Sammelband *Durchbruch der Moderne?*[6] hingewiesen. Ein zentraler Aspekt aber fehlt dort, weshalb er in diesem Beitrag im Vordergrund stehen soll: Es geht um Natur und Umwelt. Dabei ist gerade das Verhältnis von Industrialisierung einerseits und Natur und Umwelt andererseits so symptomatisch für das 19. Jahrhundert, dessen eigentliches Charakteristikum die Widersprüchlichkeit ist – die »Dialektik der Moderne«.[7]

Industrialisierung und Umweltgeschichte

Die Industrialisierung galt lange Zeit im Kontext der Modernisierungstheorien als *der* zentrale Fundamentalprozess des 19. Jahrhunderts. Industrialisierungsgeschichte war damit immer auch Erfolgsgeschichte: Wer im europäischen Vergleich die besseren Industrialisierungsindizes aufwies, schien fortschrittlich, erfolgreicher, besser. Erst durch die Koppelung der Industrialisierungsgeschichte mit der Umweltgeschichte wurde daraus ein spannungsreiches Verhältnis, weil dies die Erfolgsbilanz plötzlich anders aussehen ließ. Stand am Beginn der Industrialisierungsgeschichte die Dienstbarmachung mutmaßlich unendlicher Ressourcen, so stand an der Wiege der Umweltgeschichte um 1970 die Erkenntnis von deren Endlichkeit. Dass »Ökonomie« und »Ökologie« untrennbar miteinander verwobene Phänomene sind, ist erst in den letzten Jahren ins Bewusstsein getreten und bleibt eine Herausforderung für die Historiographie, in der sich die Bereiche Industrialisierungsgeschichte und Umweltgeschichte als entkoppelte Forschungsbereiche etabliert haben.[8] Entsprechend gingen auch die Narrative auseinander: War die Industrialisierungsgeschichte vor allem eine »Erfolgsgeschichte«, so wies die Umweltgeschichte zumeist einen pessimistisch-apokalyptischen Zug auf.[9]

Dabei haben Geologen und Ökologen ganz unterschiedliche Zeiträume im Blick, sind sich aber einig, dass eine neue Epochenzäsur diskutiert werden müsse. So etablierte sich der von dem niederländischen Nobelpreisträger und Atmosphärenchemiker Paul Crutzen vorgeschlagene Begriff des Anthropozäns, um die Zeit zu markieren, seitdem der Mensch unumkehrbare ökologische Spuren auf dem Planeten hinterlässt.[10] Dabei sind verschiedene Datierungen im Gespräch, die zwischen der Frühen Neuzeit und der Mitte des 20. Jahrhunderts schwanken. Plausibel erscheint dabei insbesondere die Annahme einer Zäsur um 1800, schließlich vollzog sich jetzt der Übergang vom Holz- zum Kohlezeitalter: von der solaren zur fossilen Energie.

Eine weitere Zäsur ist dann um das Jahr 1880 herum anzusiedeln, begann doch nunmehr die Hochindustrialisierung, deren Effekte von niemandem mehr zu ignorieren waren, wirkten sie doch auf alle Sinne ein. Zumindest die Stadtmenschen sahen, hörten, rochen und schmeckten die allgegenwärtige Industrialisierung. Als nächste Zäsur verweist die Umweltgeschichte auf das von dem Schweizer Historiker Christian Pfister so genannte »1950er Syndrom«, kam es doch in diesen Jahren noch einmal zu einer massiven Steigerung des durch Massenkonsum angeheizten Ressourcenverbrauchs: Die Mengen an Gold, Eisenerz, Kupfer und Zinn, die seit 1950 verbraucht wurden, übertrafen die Quantitäten der gesamten Zeit davor.[11]

Auf den Rausch folgte der Kater: Als der Club of Rome im Jahr 1972 seinen Forschungsbericht *Grenzen des Wachstums* vorlegte, der die Endlichkeit der Ressourcen in absehbarer Zeit prognostizierte, setzte eine Trendwende ein.[12] Als Reaktion auf die »1970er Diagnose« (so der Schweizer Umwelthistoriker Patrick Kupper) entwickelte sich die Umweltbewegung, aus deren Impulsen die Umweltgeschichte hervorging. Fast 50 Jahre später wirkt die 2019 geborene Klimabewegung »Fridays for Future« als »Diagnosenverstärker«. Dass als »Wort des Jahres« 2019 in der Deutschschweiz die »Klimajugend« ausgezeichnet und in Deutschland die »Klimahysterie« zum »Unwort des Jahres« 2019 ernannt wurde, ist ein Indiz für den Rückhalt dieser Bewegung in der europäischen Öffentlichkeit.[13] Da die Historiographie immer den gesellschaftlichen und politischen Tendenzen folgt, weil Gegenwartsorientierung und Vergangenheitsbefragung zusammengehören, ist davon auszugehen, dass eine Forschung, die Umwelt, Klima und Natur in den Blick nimmt, in den kommenden Jahren weiter Auftrieb erhält.

Wer aber den Umgang mit der Natur verändern will, ist gut beraten sich ein Bild davon zu machen, was der Mensch im 19. Jahrhundert mit der Natur angestellt hat. Dabei liefert eine Auseinandersetzung mit dem Verhältnis zwischen Mensch und Natur im 19. Jahrhundert ein facettenreiches Bild, das allem voran einen Eindruck erneut bestätigt: Die Widersprüchlichkeit des 19. Jahrhunderts. Fünf Umgangsformen lassen sich nachweisen, die im Folgenden die Analyse strukturieren sollen: Es geht um: 1. Die Natur erobern, 2. Die Natur ausbeuten, 3. Die Natur fürchten, 4. Die Natur verehren und 5. Die Natur instrumentalisieren.

Dabei ergeben sich vor allem zwei Dinge: Erstens erscheint dann selbst die als unwandelbar geltende Natur als eine »Erfindung des 19. Jahrhunderts«. Zweitens lassen sich anhand des Umgangs mit der Natur einige ganz grundsätzliche politische, soziale und mentale Phänomene des 19. Jahrhunderts aufzeigen.

Die Natur erobern – Rektifizierung des Rheins

Wer von uns heutigen Menschen, so der britische Historiker David Blackbourn, in das frühe 19. Jahrhundert zurückversetzt würde, hätte allein deshalb die größten Schwierigkeiten sich zurechtzufinden, weil er die Landschaft nicht wiedererkennen würde.[14] Noch im 18. Jahrhundert bestanden die norddeutsche Tiefebene, aber auch viele Regionen Bayerns weitgehend aus Sumpf- und Marschland – ein idealer Lebensraum für Wölfe, Wildschweine und Mücken, die Malaria übertrugen. Erst im 18. und 19. Jahrhundert, genau in der Zeit, die Reinhart Koselleck – bezogen auf den Wandel der politischen Sprache – als »Sattelzeit« bezeichnet hat, begannen die großräumige Trockenlegung von Sümpfen und Mooren sowie die Eingriffe in den Verlauf der Flüsse.

Getragen war diese Dynamik von jenem Optimismus der Aufklärung und dem Glauben an den Fortschritt, der die bürgerliche Gesellschaft des 19. Jahrhunderts prägte. Seitdem im Kontext der Französischen Revolution – wie Koselleck es genannt hatte – »Erfahrungsraum« und »Erwartungshorizont« auseinandergefallen waren, galten Leben und Natur weniger als gottgegeben und hinzunehmen, sondern als gestalt- und veränderbar. Wer die Zukunft besitzen wollte, musste auch in die Natur eingreifen, wofür es der Innovationsfreudigkeit von Experten, Unternehmern und Geldgebern bedurfte. Staat, Adel, Bürgertum und Wissenschaft gingen neue Allianzen ein, um das zu tun, wovon sie glaubten, dass der Mensch berufen sei: nämlich »die Natur zu beherrschen«[15].

Es war dieser Herrschaftswille, der die Haltung gegenüber der heimischen und später der fremden Natur prägte: In der Kolonisierung wie in der Kolonialisierung zeigte sich der Überlegenheitsglaube des Europäers, dem sich die Natur – wozu in den Kolonien genauso die »Wilden« gezählt wurden – zu unterwerfen hätte. Das verweist darauf, dass die Beherrschung der Natur von Beginn an nicht nur der wissenschaftlichen oder ökonomischen Optimierung, sondern auch der (staatlichen) Machtdurchdringung bzw. militärischen Expansion dienen sollte. Nach der Trockenlegung des Oderbruchs brüstete sich Friedrich der Große: »Hier habe ich im Frieden eine Provinz erobert.«

Zu den Projekten, die die Aufmerksamkeit von Ingenieuren, Ökonomen und Politikern zu Beginn des 19. Jahrhunderts in besonderer Weise auf sich zogen, gehörten die Veränderungen der Flusslandschaft. Anders als heute mäandrierten die damaligen Flüsse durch Überschwemmungsgebiete und bahnten sich je nach Wasserstand neue Wege, was immer wieder zum plötzlichen Ruin ganzer Ortschaften in Ufernähe führte. Da aber Flüsse und Bäche als Trinkwasserquelle, zur Reinigung, für die Abfallentsorgung, als Transportmittel und Antrieb für Mühlräder und Eisenhämmer von unschätzbarer Bedeutung waren, war die Frage, ob ein Flussverlauf verändert bzw. gesichert werden könnte, von eminenter politischer und sozialer Relevanz.

Die diesbezüglichen Bemühungen anhand des Rheines nachzuzeichnen ist schon deshalb reizvoll, weil der Rhein seit dem 19. Jahrhundert zum Sinnbild dessen geworden ist, was als »deutsche Identität« beschrieben werden kann. Da aber Identitätskonstruktionen auf vermeintlichen »Wesenselementen« aufruhen, deren Essenz beansprucht, unveränderlich zu sein, ist es besonders interessant nachzuweisen, dass die »Natur« des Rheines sich immer wieder verändert hat und im Laufe des 19. Jahrhunderts geradezu neu erfunden wurde.

Seit Beginn des 19. Jahrhunderts wurde bis in das Kaiserreich hinein – also parallel zum politischen Einigungsprozess – unentwegt am Flussbett des Rheins gebaut, vor allem am Oberrhein, also von Basel bis nach Rheinhessen. Gemäß der damaligen Sprachregelung ging es um eine »Korrektur« des Flusses bzw. um seine »Rectifikation«. Dies wiederum fügt sich in die große, allgemein anerkannte Zivilisationsaufgabe, galt es doch alles Mögliche zu »korrigieren«. Nicht nur, dass der Erziehung nachgerade Unmögliches zugetraut wurde, auch Kriminelle sollten »rectifiziert« werden. Zudem florierten damals Überlegungen der »Verbesserungsmöglichkeit« von verschiedenen Entitäten. So lag seit 1781 von Christian Wilhelm Dohm den Text *Über die bürgerliche Verbesserung der Juden* vor, elf Jahre später ging Theodor Gottlieb von Hippel (wenn auch anonym) mit seiner Schrift *Über die bürgerliche Verbesserung der Weiber* an die Öffentlichkeit.[16] Das Ende des 19. Jahrhunderts wiederum war geprägt von der angenommenen Zivilisierungsmission gegenüber den »Wilden« in den Kolonien. So sollte eben auch die wilde Natur gebändigt werden. Entsprechend wurde Johann Gottfried Tulla, auf den die Planungen der Rhein-Korrekturen zurückgehen, in seiner Geburtsstadt Karlsruhe als »Bändiger des wilden Rheins« geehrt.[17]

Sein Vorhaben war Teil einer technischen Revolution, der »hydrologischen Revolution«, die den Flusslauf des Oberrheins grundlegend veränderte. Bis ins 19. Jahrhundert hinein verlief er zwischen Basel und Straßburg lagunenartig breit (die »Furkationszone«), um dann in der »Mäanderzone« ausgiebige Flussarme und Schlingen zu bilden. Kontinuierlich wurde dabei durch die Fließgeschwindigkeit in den Außenkurven Land abgetragen, und in Hochwasserzeiten kam es immer wieder zu Durch-

Die Furkationszone des Rhein, Gemälde von Peter Birmann:
Blick vom Isteinerklotz rheinaufwärts gegen Basel, Öl auf Leinwand, Kunstmuseum Basel

brüchen, im Zuge derer Dörfer überschwemmt wurden, die dann dauerhaft verlassen werden mussten. Seit dem Mittelalter hatte man überlegt, ob durch gezielte Durchstöße Druck verringert und der Strom kanalisiert werden könnte, und seit dem 18. Jahrhundert waren die Versuche intensiviert worden, durch die Errichtung von Deichen den Gefahren vorzubeugen. Aber eine großräumige Gefahrenbeseitigung war schon deshalb nicht realisierbar, weil die Herrscher der zahlreichen Fürstentümer entlang des Rheinufers divergierende Interessen hatten. Erst als die extreme politische Zersplitterung im Südwesten des Reiches durch die territoriale Revolution im Kontext der napoleonischen Kriege überwunden wurde, waren die Voraussetzungen für großräumigere Planungen gegeben. So hatten der Reichsdeputationshauptschluss von 1803, die Auflösung des Heiligen Römischen Reiches Deutscher Nation und die territoriale Ordnung durch den Wiener Kongress unmittelbar Einfluss auf die Umgestaltung des Rheines.

Zusätzlich zu den politischen Voraussetzungen und den wissenschaftlichen Dispositionen bedurfte es noch des individuellen Engagements, der »Agency«, von Einzelnen. Kein anderer war für den »Rheinbau« so wegweisend wie Johann Gottfried Tulla (1770–1828).[18] Dessen Familie stammte ursprünglich aus Holland, was insofern nicht unbedeutend war,

als holländische Migranten seinerzeit aufgrund ihrer technologischen Kompetenzen im Wasserbau bzw. bei der Entwässerung von Mooren ins Land geholt worden waren. Tullas unmittelbare Vorfahren waren Pastoren, was auch für Tulla selbst vorgezeichnet war, hätte der Junge nicht schon früh ausgeprägte mathematische Begabung gezeigt. Durch den badischen Fürsten, der um die Bedeutung des Wasserbaus wusste, wurde dem naturwissenschaftlichen Nachwuchstalent durch mehrjährige Stipendien eine profunde Ausbildung ermöglicht. Während in Frankreich die Revolution ausbrach, studierte Johann Gottfried erst in Karlsruhe (1789–1792), dann in Gerabronn, bevor er auf ausgedehnte Forschungsreisen an den Niederrhein, in die Niederlande, nach Hamburg, Skandinavien und Sachsen (an die Bergakademie Freiberg als der führenden technischen Bildungseinrichtung in Deutschland) geschickt wurde. Immer aber interessierte er sich vorrangig für den Wasserbau. So schrieb er 1796 sein Examen zum Thema »wie der Rhein bei Daxlanden in Ordnung zu bringen sei« – mit der »Ordnung« war jener Begriff angesprochen, der im 19. Jahrhundert neben der »Freiheit« zum Schlüsselkonzept des liberalen Bürgertums avancieren sollte.
Tulla sollte im badischen Staat rasch Karriere machen und erhielt 1804 die Zuständigkeit für den gesamten Flussbau im neuen Kurfürstentum Baden. Dieses hatte sich durch die territoriale Revolution von 1803 erheblich arrondiert, wodurch Tulla nunmehr einen ganz anderen Gestaltungsraum besaß. Im Jahr 1809 legte er erstmals einen Vorschlag zu einer durchgehenden »Rektifikation« des Rheins vor, der 1812 in die Denkschrift einging: *Die Grundsätze, nach welchen die Rheinbauarbeiten künftig zu führen seyn möchten.*[19] Die Dimension dieser Pläne sprengte alles bisher Dagewesene. Ganze 354 Rhein-Kilometer von der Schweizer Grenze bei Basel bis zur hessischen Grenze bei Worms sollten dem »Rectifikations-Plan« unterworfen werden. Ziel dieser »vollkommenen Rectification« war es – wie Tulla 1822 bekräftigte –, den Rhein in ein »ungetheiltes gerades oder sanft gekrümmtes Bett« zu zwingen und ihn »in diesem Bett für immer (zu) erhalten«.[20] Geplant war eine gleichförmige Breite von rund 200–250 Metern, eine Verkürzung der Länge des Stromes und damit eine Erhöhung der Fließgeschwindigkeit. Dies sollte Gemeinden vor Überschwemmungen schützen und die Kultivierung trockengelegten Sumpflandes ermöglichen. Konkret bedeutete dies: Parallel zur politischen Neugestaltung des Heiligen Römischen Reiches wurde der Flussverlauf des Rheins radikal umgestaltet.

Das war nicht nur eine zeitliche Koinzidenz, sondern das, was man eine »intersektionale Verflechtungsgeschichte« nennen könnte: Phänomene aus dem einen Bereich veränderten die Bedingungen des anderen. Ohne Französische Revolution, napoleonische Expansion und territoriale

Revolution hätte es vermutlich auch die hydrologische Revolutionierung des Rheins nicht gegeben. Schließlich wirkten die veränderten territorialen Faktoren gleich zweifach auf den Rheinbau zurück: Zum einen war durch die reduzierte Anzahl der Staaten, die sich zu verständigen hatten, ein Hemmnis aus dem Wege geräumt, zum anderen bedurfte es für die Integration des neuen badischen Großherzogtums als eines Flächenstaates eines integrativen Projektes. Als solches wird in der Regel die neue Verfassung in Anschlag gebracht. In gleicher Weise aber wirkte die Rheinkorrektur als Mittel der Identitätsstiftung für den neuen Staat.

Der Nachbar Frankreich ließ sich relativ schnell von dem Projekt überzeugen, hatte doch das französische Außenministerium seit 1772 den Rhein als »natürliche Grenze« gefordert. Eine solche Demarkationslinie aber blieb prekär, solange sich der Flusslauf ständig verändern konnte. »Alle sind sich darin einig«, so ein Straßburger Ingenieur, »daß alle Grenzen so fest und unveränderlich wie möglich sein sollten; doch was ist veränderlicher als die Mitte des Rheins [...]? Der Rhein ändert seinen Lauf jedes Jahr, manchmal zwei- oder dreimal. Mit dem Hochwasser ist eine Insel oder eine Gemeinde, die im Frühjahr noch französisch war, im folgenden Winter deutsch, und zwei oder drei Jahre später wird sie wieder französisch«.[21]

Insofern waren Projekte, die den Fluss- und damit den Grenzverlauf stabilisieren halfen, im genuinen Interesse der Franzosen. Im Jahr 1812 vereinbarten die französische und badische Regierung sechs »Rheindurchstiche«, die den Flusslauf begradigen sollten. Doch bevor das Projekt in Angriff genommen werden konnte, ging das napoleonische Kaiserreich unter. Nunmehr galt es, zunächst einmal Gespräche mit der bayerischen Regierung als neuem Rheinanrainer aufzunehmen, schließlich war die Pfalz auf dem linken Rheinufer Ende des 18. Jahrhunderts in bayerischen Besitz gekommen. Die Überschwemmungen der Jahre 1816/17 überzeugten die Bayern von dem Unternehmen, so dass 1817 die ersten fünf Durchstiche vereinbart wurden. Es war der Beginn eines Mammutprojektes, denn auf die ersten Durchstiche im Jahr 1817 folgten zahlreiche weitere, für die auch die Zustimmung der hessischen, der französischen, der preußischen und niederländischen Regierung eingeholt werden musste. Hydrologie und Diplomatie mussten Hand in Hand gehen, bis im Kaiserreich schließlich das »größte Bauvorhaben, das jemals in Deutschland in Angriff genommen wurde«[22], zum Abschluss kommen sollte. Dutzende von Durchstichen hatten den Rhein erheblich verkürzt (zwischen Basel und Worms um ein Viertel von 345 auf 273 km), mehr als 2200 Inseln waren abgetragen, 240 km Hauptdeiche errichtet worden, wofür fünf Millionen Kubikmeter Material verbaut worden waren.

Tulla selbst war zu diesem Zeitpunkt schon lange tot. Das Grabmal, das dem 1828 Verstorbenen auf dem Montmartre Friedhof in Paris errichtet worden war, zeugt von der Reverenz gegenüber Wissenschaft und Technik, die die Erde im Allgemeinen und den Rhein im Besonderen beherrschbar scheinen ließen. Allerdings zeigte sich bald die Ambivalenz der Eingriffe in die Natur: Die »Rektifikationen« brachten unbeabsichtigte Kollateralschäden mit sich: Die erhöhte Flussgeschwindigkeit vertrieb die Lachse aus dem Fluss und verminderte die Selbstreinigungskraft des Stromes. Auch war zwar durch den schnellen Abfluss die Hochwassergefahr in den südlichen Abschnitten reduziert, allerdings zu Lasten der Gebiete flussabwärts wie Koblenz, Bonn oder Köln, die seit Ende des 19. Jahrhunderts (bis heute) vermehrt von Überschwemmungen heimgesucht wurden. An die Schifffahrt hatte Tulla nicht gedacht, aber sie durch die »Rektifikation« ermöglicht: 1831 befuhr das erste Dampfschiff den Oberrhein. Bald folgten Hafenanlagen und Fabriken, was die Verschmutzung des Rheins potenzierte. Tulla wird deshalb von Blackbourn sowohl als Zauberer als auch als Zauberlehrling des Flusses betrachtet. Dies aber gilt insbesondere mit Blick auf die Zusammenhänge von Flussschiffahrt und Industrialisierung.

Die Natur ausbeuten – die Industrialisierung

Geradezu leitmotivisch war das 19. Jahrhundert durch die Suche nach neuen Energiequellen geprägt. Jedes Wirtschaften erfordert Energiezufuhr. Sobald Gegenstände zu Produktionszwecken in Bewegung gesetzt werden müssen, bedarf es des Einsatzes von Energie. Diese wurde lange Zeit über Wasser, Wind, Muskelkraft und nicht zuletzt Holz zugeführt. Das 18. Jahrhundert war nach Werner Sombart das hölzerne, das solare Zeitalter. Inwiefern die »Holznot« am Ausgang des 18. Jahrhunderts eine Überlebenskrise der damaligen Gesellschaft darstellte oder ob – analog zur Ölpreiskrise der 1970er-Jahre – eine künstliche Verknappung den Preis zugunsten von Staatshaushalten in die Höhe treiben sollte, wird heute unterschiedlich beurteilt. Der Ersatz von Holz durch den fossilen Brennstoff Kohle als primärer Energiequelle markiert unbestreitbar eine Zäsur – für Wirtschaft, Gesellschaft, Politik und Geologie.

Die Geschichte der Industrialisierung ist vielfach erzählt.[23] Deshalb sollen hier nur wenige Bemerkungen im Zusammenhang mit der Ausbeutung der Natur folgen. Schon zu Beginn des 20. Jahrhunderts hatte der Nationalökonom Joseph Schumpeter darauf hingewiesen, dass Industrialisierung und Kapitalismus auf der Ausbeutung von Ressourcen basierten, die sie selbst nicht geschaffen hatten. So wird fossile Energie aus Brennstoffen gewonnen, die in grauer geologischer Vorzeit aus den Abbauprodukten abgestorbener Pflanzen und Tiere entstanden sind. Kohle

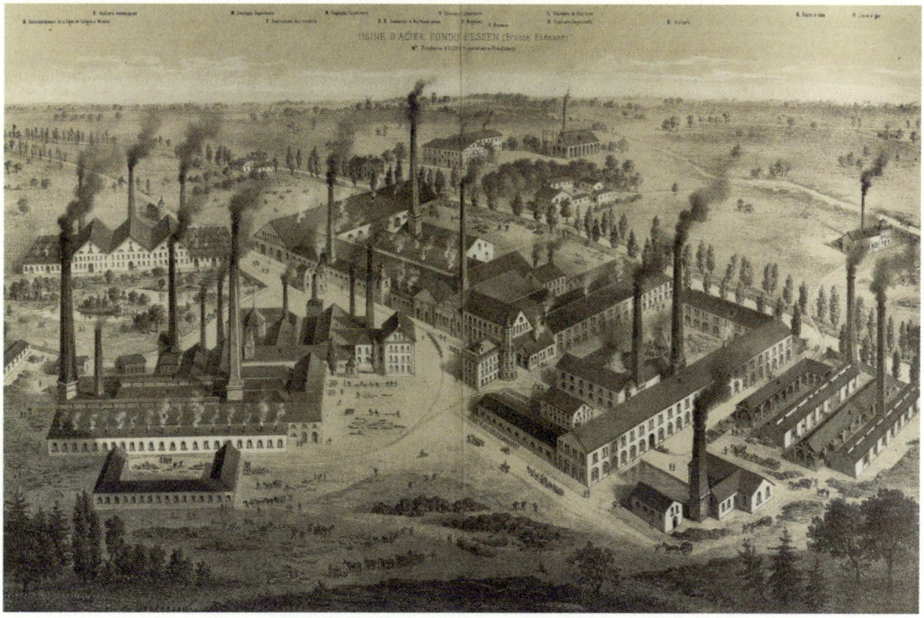

Die Krupp'sche Gussstahlfabrik in Essen aus der Vogelperspektive, Lithographie von 1861, Museo Nazionale della Scienza e della Tecnica »Leonardo Da Vinci«

ist also ein in den Erdschichten lagerndes schwarzes Sedimentgestein, das in Jahrmillionen aus pflanzlichen Überresten entstanden ist, wobei kontinuierlich Wasser entzogen und Kohlenstoff angereichert wurde. Bei Abbau und Nutzung fossiler Brennmaterialien lassen sich zwei Problemfelder erkennen: erstens die Endlichkeit der Vorkommen, die erst seit den 1970er-Jahren in das Bewusstsein von Politik, Öffentlichkeit und Wirtschaft getreten ist; zweitens die Verschmutzung, die bereits von den Zeitgenossen nicht übersehen werden konnte. Ursächlich war nicht zuletzt die Montanindustrie, die Eisen und Stahl u. a. für Eisenbahnen produzierte, die für die Infrastrukturrevolution in Deutschland benötigt wurden. Doch der rasante Fortschritt im Maschinenbau hatte seinen Preis, erkennbar u. a. am Zustand der Gewässer, in die die Industrieabfälle geleitet wurden. Beispielhaft dafür war die Emscher, ein in den Rhein mündender Fluss im nördlichen Ruhrgebiet, über dessen dunkelschwarze Färbung und »Pestilenzgestank« das Recklinghäuser Wochenblatt am 21.2.1871 berichtete: »Fische, Krebse, Frösche verenden dann in dem […] durch ammoniakalische Wasser und Teer von Gasanstalten vergifteten Flusse«.[24]

Der Schmutz ist – anders als in der Politik – in der Historiographie lange übersehen worden. Auch die Kulturgeschichte hat sich lange eher dem Kult der »Reinheit« als der Verschmutzung zugewandt. Erst in jüngster Zeit setzen sich Kulturwissenschaftler mit einer »Schmutzästhetik« auseinander.[25] Dabei treffen sie zusammen mit den Vertretern der jüngeren Umweltgeschichte, die für die Verschmutzung der Gewässer, die Vergiftung und Unterminierung der Böden, die Rauchemissionen in den stadtnahen Fabriken oder den Müll in den Städten sensibilisiert haben.

Doch auch die in der Umweltbewegung entwickelten apokalyptischen Niedergangsnarrative konnten auf Vorläufer aus dem 19. Jahrhundert zurückgreifen. Hatte sich doch am Ende des 19. Jahrhunderts ein Kulturpessimismus entwickelt, der dezidiert auf Distanz zum Fortschrittsoptimismus der früheren Jahre ging. Dabei entstanden diese Ängste ebenso wie die heutigen in einem spezifischen Kontext und waren das Resultat des Zusammenwirkens diverser struktureller Problemlagen mit dem Engagement von Gruppen oder Individuen. Die Dynamik sozialer Bewegungen verläuft immer abhängig von Mobilisierungs- und Emotionalisierungstechniken verschiedener Akteure bzw. Akteursgruppen, was bei Greenpeace ebenso funktionierte wie heute bei »Fridays for Future«. Auch schon im 19. Jahrhundert konnte an Ängste angeknüpft werden. Schließlich war das Wissen weit verbreitet, dass sich die Natur keineswegs nur widerstandslos erobern und ausbeuten ließ.

Die Natur fürchten – Katastrophen im 19. Jahrhundert

Die Katastrophenforschung bzw. die »Disaster studies« erlebten in den letzten Jahren eine Hochkonjunktur.[26] Ursächlich dafür ist einerseits die aktuelle Attraktivität der Umweltgeschichte, weshalb in der Katastrophenforschung auch die Naturkatastrophen dominieren. Zudem wurde das Interesse an der Thematik politisch flankiert, hatten die Vereinten Nationen doch die 1990er-Jahre zur »Dekade zur Reduzierung von Naturkatastrophen« erklärt, wobei die »Jahrhundertflut« der Elbe von 2002 oder der Tsunami 2004 die engen Grenzen der menschlichen Bemühungen illustrierten. Letztlich gibt es für den historiographischen Trend auch immer innerwissenschaftliche Faktoren: So fällt die Konjunktur der Katastrophen in eine Zeit, in der das Erzählen des Kontingenten (gegenüber der Analyse von Strukturen) wieder en vogue ist. Vor allem aber ist eine Katastrophenforschung deshalb interessant, weil hier der Blick auf gesellschaftliche Ordnungen und Verwundbarkeiten freigelegt wird. So stehen immer die Verletzlichkeit, die »Vulnerabilität«, und die Widerstandskraft, die »Resilienz«, im Fokus des Interesses.[27] Alles Konzepte, die durch umfangreiche Finanzierung im Rahmen von DFG-Projekten wissenschaftlich nobilitiert wurden. So wird im Zusammenhang des SFB »Bedrohte Ordnungen« in

Tübingen danach gefragt, was mit Gesellschaften passiert, wenn »Handlungsoptionen unsicher werden, Verhaltenserwartungen und Routinen in Frage stehen«.[28] Dabei stellen Katastrophen neben Kriegen oder Revolutionen die größte Bedrohung von Gesellschaften dar.

Die Furcht vor der Natur und ihrer in Katastrophen spürbar werdenden Übermacht wurde dabei schon zu Beginn des 19. Jahrhunderts medial vermittelt, gab es doch eine Fülle an Bildern, die Schiffbrüche im Meer, Bergstürze oder Vulkanausbrüche ins visuelle Gedächtnis der Gesellschaft einschrieben. Dabei spiegelte diese Furcht vor der Natur offenbar auch die Verunsicherung einer aus den Fugen geratenen politischen und sozialen Ordnung der Zeit.

Dass das »Vulkanfieber« der europäischen High Society nur wenige Jahre nach Anbruch des 19. Jahrhunderts mit den Folgen eines realen Vulkanausbruchs korrelierte, wusste allerdings seinerzeit niemand. Erst 200 Jahre nach seinem Ausbruch im Jahre 1815 stand der indonesische Vulkan Tambora im Fokus des Forschungsinteresses.[29] Offenbar war es die Naturkatastrophe am anderen Ende der Welt, die für Klimaveränderungen auch in Europa und in der Folge für hiesige Überschwemmungen, Missernten, Hungersnot und Aufstände verantwortlich war. Auch der Anstieg der Kriminalität und der in sozialen Krisen gedeihende Antisemitismus in der Vormärzzeit sollen ebenso durch die Katastrophe der Natur bedingt gewesen sein wie der Roman *Frankenstein*, zu dem Mary Shelley in dem düsteren Jahr ohne Sommer inspiriert worden sein soll.

Aufhorchen lässt die These vom verschärften Antisemitismus der Zeit. Schließlich sind es derartige Verschiebungen sozialer Grenzlinien als Reaktionen auf Naturkatastrophen, die die Historikerin bzw. den Historiker interessieren. Besonders wirksam sind dabei nicht nur große Vulkane, sondern auch – wie die Gegenwart erneut illustriert – gerade kleinste Mikroorganismen wie Bakterien oder Viren. Welche eminent politische und soziale Folgen diese Mikroben haben können, zeigte sich nach 1492, als bis zu 90 Prozent der Einwohner Nord- und Südamerikas von eingeschleppten europäischen Krankheitskeimen dahingerafft wurden.[30] Doch der »ökologische Imperialismus«[31] hatte im 19. Jahrhundert seine postkoloniale Phase, in der die Wirkungen des Kolonialismus auf den europäischen Kontinent zurückschlugen. So vernichtete in den 1840er-Jahren ein Pilz aus Südamerika die europäische Kartoffelernte und verursachte damit die irische Great Famine mit rund einer Million Hungertoten; die Reblaus wiederum, die über Weinstöcke an der Ostküste der USA nach Frankreich kam, ruinierte seit den 1860er-Jahren zusammen mit dem später eingeschleppten Falschen Mehltau die Lebensgrundlage zahlreicher Winzer in ganz Europa bis nach Russland.

Doch kein anderer Mikroorganismus wurde so wirkmächtig wie jenes Bakterium, das die Cholera verursachte. Waren die Pocken die Krankheit des 18. Jahrhunderts, wurde die Cholera zur »Leitkrankheit« des 19. Jahrhunderts.[32] In sechs Pandemien zog die Cholera im 19. Jahrhundert – jeweils ausgehend von einer indischen Region und im Zusammenhang mit dem britischen Kolonialismus – um den Globus und hinterließ eine Spur der Verwüstung. Die Analogien mit der Bedrohung durch das die Welt aktuell heimsuchende Covid-19-Virus sind frappierend.

1830 hatte die Cholera aus Indien kommend Moskau erreicht. Dass die »asiatische Hydra« das hygienische Preußen heimsuchen konnte, hielt man für ausgeschlossen.[33] Gleichwohl unternahm man erhebliche Abwehrmaßnahmen, um den Vormarsch aufzuhalten. Gemäß der militärischen Metaphern, wonach die Cholera als »Einrücken des Feindes in unsere Gränzen« und die Toten als »Schlachtopfer« galten, wurde das Militär beauftragt, die Landesverteidigung zu übernehmen.[34] Mit unvergleichlichem Aufwand wurde mit Sperranlagen ein Kordon entlang der preußischen Ostgrenze errichtet, der im Süden an den Habsburger Kordon zwischen Österreich und dem Osmanischen Reich grenzte: Auf insgesamt 6000 Kilometer Länge sollte ein Grenzwall die Cholera fernhalten. Es war keine Mauer, aber eine Kette aus Hütten, zwischen denen Soldaten patrouillierten. Brücken und Fähren wurden zerstört, wer die wenigen Übergänge passieren wollte, wurde in sogenannte Kontumaz-Anstalten genötigt, Quaranteeinrichtungen, in denen Reisende 10 bis 20 Tage ohne Kontakt zur Außenwelt verbleiben mussten. Wie vergeblich die Bemühungen waren, zeigte sich, als ausgerechnet die Helden der Befreiungskriege, denen nun der Kampf gegen die Cholera anvertraut worden war, dieser zum Opfer fielen: erst Gneisenau, dann Clausewitz. Im September kapitulierte der preußische König, als trotz aller Bemühungen die ersten Toten in Berlin gemeldet wurden. Die Sperren würden, so Friedrich Wilhelm III., der Gesundheit der Truppen zuliebe aufgehoben werden. Jetzt gehe es nur noch darum, die schwere Prüfung mit Anstand zu überstehen. »Der gemeinsamen Gefahr« gelte es mit »ruhigem Gemüth« und »unerschrockenem Vertrauen« entgegenzugehen.[35]

Doch in Anbetracht der rasant anwachsenden Todesraten und der Geschwindigkeit, mit der die Infizierten binnen Stunden verschieden, blieben die Gemüter nicht ruhig. In den zwei Monaten September und Oktober 1831 waren in Berlin (bei einer Gesamtbevölkerung von 240 000) mehr als tausend Tote zu beklagen. Insgesamt kamen durch die Cholera 1831/32 genau 1426 Berliner und in Preußen über 40 000 Menschen ums Leben.[36] Zu den Toten, die noch im November starben, zählte Georg Wilhelm Friedrich Hegel. Der Tod des Philosophen zeigte, dass die Krankheit die Angehörigen aller sozialen Schichten bedrohte.

Eine 23-jährige Wienerin vor und nach Ausbruch der Cholera, kolorierter Punktierstich, 19. Jh.

Aber die gemeinsame Gefahr erzeugte gerade kein Zusammengehörigkeitsgefühl. Vielmehr trieben die allgemeine Verunsicherung und die Deutungsmuster, die sich um die Cholera rankten, Keile in die Gesellschaft. Friedrich Gentz schrieb an Rahel Varnhagen von Ense: »Niemand kann mehr das Schicksal seines Landes, seiner nächsten Umgebungen, sein eignes, auf vier Wochen hinaus mit Sicherheit berechnen. Niemand weiß mehr recht, zu welcher Partei er gehört, die Wünsche, die Bedürfnisse durchkreuzen sich so sonderbar, und begegnen sich auch wieder in dem allgemeinen Getümmel, daß man kaum mehr Freund und Feind unterscheidet; es ist ein Krieg Aller wider Alle«.[37] Diese Konfrontationsdeutung ergab sich nicht zuletzt aus dem Umstand, dass die Cholera von 1831 mit der Julirevolution von 1830 in Verbindung gebracht wurde.

Von »drei Seuchen«, so ein Publizist, »wird Europa heimgesucht«. Gemeint war die »politische Seuche« der Revolution, die sich von Westen nach Osten bewege, die »spekulative Seuche« säkularer Philosophie, die von Norden nach Süden vordringe, und die »physische Seuche«, die von Osten nach Westen ziehe.[38] Schnell wurden Verbindungen zwischen der politischen Revolution und der Cholera hergestellt, zumal aus der Perspektive der Privilegierten beide Phänomene von den Unterschichten verbreitet wurden, trat doch auch die Cholera vermehrt in den Armenvierteln auf. So wuchs mit der Cholera die Angst von Adel und Bürgertum gegenüber den unterbürgerlichen Schichten, wie ebenso auch die Angst der Unterschichten vor Adel und Bürgertum durch die Cholera angeheizt wurde. Schließlich grassierte das Gerücht, dass es die Cholera gar nicht gebe, sondern dass die Reichen versuchen würden, die Zahl der Armen mit allen Mitteln zu verringern, eben auch mit Gift. Immerhin glichen die Symptome der Choleraerkrankung einer Arsenvergiftung.

So setzten sich Angehörige mit aller Macht zur Wehr, wenn ihre Kranken ins Spital transportiert oder Tote ohne anständiges Begräbnis entsorgt werden sollten. Gegenüber welchen Gruppen sich die Wut der unteren Gesellschaftsschichten entlud, hing von den zugrundeliegenden Konflikten ab: In Russland wurden Juden verantwortlich gemacht, in Preußen wurden eher Ärzte oder Beamte attackiert, in Spanien wurden Jesuiten gelyncht, denen man vorwarf, die Brunnen vergiftet zu haben. Erst als Robert Koch 1883 das Bakterium *Vibrio Cholerae* als Auslöser der Krankheit entdeckte, schien die Gefahr beherrschbar zu sein. Gleichwohl wurde noch 1892 die Stadt Hamburg von der Cholera heimgesucht, der jetzt erneut innerhalb weniger Monate rund 8600 Menschen zum Opfer fielen.[39]

Deutlich wird, dass solche Bedrohungen aus der Natur in Vergangenheit und Gegenwart zum Stresstest für Staatsstabilität wurden bzw. werden. Im besten Fall konnten Katastrophen die Integration der Bürger forcieren. So bewirkten in der Schweiz Lawinenunglücke das, was in anderen Ländern Kriege forcierten: Sie schweißten die Bevölkerung zur »Nation« zusammen.[40] Zugleich aber bargen Krisen durch Katastrophen erhebliche Risiken für den Staat, war er doch als Sicherheitsgarant gefordert. Im Laufe des 19. Jahrhunderts wurde, wie Michel Foucaults Thesen zur Gouvernementalität unterstrichen haben, das Versprechen von Sicherheit zur zentralen Legitimationsressource der Staaten, einer Sicherheit, die gerade über die Biopolitik, d. h. den Zugriff auf die Körper der Untertanen, gewährleistet werden sollte.[41]

Wenn das Krisenmanagement gelingt, kann der Staat an Autorität gewinnen. Zugleich aber kann diese erodieren durch zu geringe Transparenz, die nur die Verbreitung von Gerüchten schürt, oder durch eine zu starke Einschränkung von Freiheitsrechten z. B. durch Quarantänezwang unter Missachtung des Selbstbestimmungsrechts über Bleibe und Aufenthalt. Das Verständnis dafür, ob kollektive Gesundheit oder die Freiheitsrechte der Einzelnen vorgehen, wird in Gesellschaften in Krisenzeiten immer neu ausgehandelt.

Die Natur aber war keineswegs nur ein Feind, der besiegt werden sollte. Die Spannung im Umgang mit der Natur ergibt sich daraus, dass die Natur ebenso dämonisiert wie sakralisiert wurde.

Die Natur verehren – die Sakralisierung der Natur im 19. Jahrhundert

In dialektischer Spannung zum Eroberungsgestus etablierte sich schon zu Beginn des 19. Jahrhunderts ein Kult um die Natur. Das ist daran erkennbar, dass Regionen wie Moore just in dem Moment zum Sehnsuchtsort von Künstlern wurden, in dem sie durch Trockenlegung zu verschwinden drohten. Romantiker und Naturwissenschaftler verband dabei der Wunsch, dem Geheimnis bzw. den Gesetzen der Natur auf die Spur zu kommen. Je stärker die Urbanisierung die Menschen in die Stadt zog, desto verklärter wurde der Blick aufs Land. Um sich dem Rhythmus der Städte zumindest temporär zu entziehen, wurden neue Körperpraktiken entwickelt: Man ging in den stadtnahen Wäldern spazieren, die sich von einer Versorgungsinstitution für die Ressource Holz zum Erlebnis- und Erholungsort entwickelten.

Die sportlicheren Städter gingen wandern. So kam es – wiederum in der Sattelzeit – zur Neuerfindung des Bergsteigens, bis um die Mitte des 19. Jahrhunderts das »Goldene Zeitalter« des Wanderns anbrach.[42] Über die zahllosen Naturgemälde, die zur Zeit der Romantik entstanden, wurden Imaginationen und Sehnsuchtsräume festgeschrieben. Wer heute durch die Gemäldegalerien der europäischen Hauptstädte wandelt und Produktionen des 19. Jahrhunderts für einen Spiegel der damaligen Zeit halten würde, dürfte kaum annehmen, dass sich zur selben Zeit die Industrialisierung vollzog. Gemessen an den Kunstproduktionen war das 19. Jahrhundert ein Zeitalter der erhabenen Natur. Dies schlug sich in der ersten Hälfte des Jahrhunderts vor allem in den Schöpfungen Caspar David Friedrichs nieder, der seinerseits unter anderem das Elbsandsteingebirge durchwandert hatte. Dabei zeichnen sich seine Naturdarstellungen dadurch aus, dass er Mensch, Natur und Religion in Beziehungen zueinander setzte, wenn er beispielsweise einen Mönch in die bedrohliche Undurchdringlichkeit des Meeres blicken lässt. Die Erhöhung der Natur zu etwas Sakralem symbolisiert sich dabei in besonderer Weise in Friedrichs Tetschener Altar, der gerade dadurch, dass er eine Naturkomposition in den Mittelpunkt des Altarbildes rückte, den Zeitgenossen zum Skandalon wurde.

Die dabei anklingenden pantheistischen Ansätze, wonach Gott in der Natur zu finden und damit nicht mehr der persönliche Gott sei, den das konfessionelle Christentum lehrt, verweisen wiederum auf zentrale Prozesse des 19. Jahrhunderts, in dem tradierte religiöse Vorstellungen infrage gestellt wurden.[43]

Insgesamt bleibt der Eindruck eines höchst dialektischen Verhältnisses zwischen Mensch und Natur. Während auf der einen Seite die wilde Natur

Caspar David Friedrich,
Das Kreuz im Gebirge
(Tetschener Altar),
Öl auf Leinwand, 1807/08,
Staatliche Kunstsammlungen
Dresden

»erobert« oder »besiegt« werden sollte, zelebrierte man auf der anderen Seite die »erhabene« Natur oder versuchte, auch das »Wilde« der Natur zu schützen. So wurden in der zweiten Hälfte des 19. Jahrhunderts Naturschutz- bzw. Nationalparks angelegt, in denen der Mensch der vermeintlich »unberührten Natur« begegnen können sollte.[44]

Die Sehnsucht in Deutschland nach einer in der Vergangenheit unberührten Natur mündete in die Bewegung von Heimat- und Naturschutz, deren Angehörige sich nicht zuletzt deshalb für den Wald einsetzten, damit – wie Wilhelm Heinrich Riehl 1854 schrieb – »die Pulse des Volkslebens warm und fröhlich weiter schlagen, damit Deutschland deutsch bleibe«.[45] In den Dreißigerjahren des 20. Jahrhunderts machten sich die Nationalsozialisten für dieses Anliegen stark, was die Umweltgeschichte mit der provozierenden Frage konfrontierte, ob die Vorläufer der Grünen unter den Nationalsozialisten zu finden waren.

So anachronistisch die Frage ist, so evident ist doch, dass Einstellung und Umgang mit der Natur schon im 19. Jahrhundert Bestandteile von Weltbildern waren, mit denen Politik gemacht wurde. So soll abschließend auf ein letztes Phänomen des Umgangs mit der Natur verwiesen werden: die Instrumentalisierung der Natur.

Die Natur instrumentalisieren – Evidenzsuggestion durch Analogie

Wilhelm Heinrich Riehl, dem der deutsche Wald so am Herzen lag, war ein konservativer Journalist, Literat und Wissenschaftler, dessen Werke als wegweisend für die Entwicklung der Volkskunde gelten.[46] Sein Hauptwerk stellte eine vierbändige *Naturgeschichte des deutschen Volkes als Grundlage einer deutschen Socialpolitik* dar. Der dritte Band des Werks erschien 1854 unter dem Titel: *Die Familie*. Bezeichnend war die Art, wie der Konservative Riehl aus seinen Naturbeobachtungen Schlüsse für die Gültigkeit sozialer Beziehungen ableitete. Tatsächlich hatte das, was der »Natur« zu entsprechen schien, eine nachgerade unerschütterliche Plausibilität im 19. Jahrhundert erhalten. So wurde auch das »Naturrecht« von zentraler Verbindlichkeit, verursacht durch die Suche nach einem Urgrund, der allen Schöpfungen zugrunde liege. Dabei wurde es zum Bestandteil der Diskursstrategien, dasjenige der Diskussion zu entziehen, was als »natürliche« Ordnung quasi Ausdruck des Schöpferwillens sei. Letztlich aber entwickelten sich daraus Herrschaftstechniken zur Herstellung und Zementierung von Ungleichheiten. Derartige Konstruktionen gingen zu Lasten von vor allem zwei Personengruppen: kolonialen Völkern und vor allem der Frauen.

Die Problematik der Argumentation lag dabei in den Analogien, die zwischen »natürlichen« bzw. körperlichen Eigenschaften und sozialem Phänomen gezogen wurden. Schon Jean-Jacques Rousseau hatte damit begonnen, als er die »natürliche Mütterlichkeit« zum Ausgangspunkt nahm, um die Unterschiedlichkeit von Mann und Frau zu belegen. Da es bei der Frau auf die Gebärfähigkeit ankomme, seien Verstand und Vernunft weniger ausgeprägt, wodurch die Unterlegenheit gegenüber dem Mann naheliege. Schon mit Blick auf die Relevanz der Geschlechtlichkeit unterschieden sich Männer von Frauen: Der Mann, so Rousseau, sei nur in gewissen Augenblicken Mann, die Frau jedoch ihr ganzes Leben lang Frau.[47] Dabei sei der Frau die Aufgabe, Gattin, Mutter und Hüterin des Hauses zu sein, von der Natur zugewiesen. Diese Naturvorgaben seien durch eine richtige Erziehung zu unterstützen und nicht zu konterkarieren. So war auch Kant davon überzeugt, dass ein Unterricht für Frauen »niemals ein kalter und spekulativer Unterricht« sein dürfe, sondern vielmehr »jederzeit Empfindungen« stärken müsse, schließlich käme es bei »Frauenzimmern« darauf an, ein »Herz voll Gefühl«[48] auszubilden. »Mühsames Lernen oder peinliches Grübeln«, so Kant, »vertilgen die Vorzüge, die ihrem Geschlechte eigentümlich sind.«[49]

Die Referenzen auf die Natur nahmen biologische Erkenntnisse zur Untermauerung ihrer Thesen zuhilfe, indem das »natürliche« Verhalten und Leistungsvermögen von Frauen erst an den Uterus, im weiteren Verlauf des 19. Jahrhunderts dann an die Eierstöcke gekoppelt wurden.

Gerade durch diese diskursiven Strategien der Herrschaftssicherung blieb im 19. Jahrhundert, das als »bürgerliches Jahrhundert der Emanzipation« gefeiert wurde, die Emanzipation der Frauen aus. Vielmehr führte die Ambiguitätsintoleranz, die das 19. vom 18. Jahrhundert unterschied, schließlich zur Fixierung eines Konzeptes polarer Geschlechtscharaktere.[50] Männer galten »der Natur nach« als aktiv, kreativ, schöpferisch, vernünftig und rational; Frauen hingegen als passiv, empfindsam, gütig, duldsam etc. Die »Natur« mache dabei zugleich das unveränderliche »Wesen« aus.

Das Interesse an einer solchen Zementierung der Geschlechterhierarchien war nicht zuletzt durch den Wunsch nach Stabilisierung volatiler Gesellschaften in der Umbruchphase der Sattelzeit entstanden. Dabei blieben Strategien der Hierarchiebildung durch »natürliche« Genderbilder nicht auf Mann und Frau beschränkt, wenn z. B. Frankreich als weiblich und Preußen-Deutschland als maskulin beschrieben wurde. Die strikte Polarisierung der Geschlechtscharaktere blieb auch erhalten, als Ende des 19. Jahrhunderts Stimmen laut wurden, die nun das »Warme«, »Harmonischere«, »Natürlichere« der Frauen gegenüber dem »kalten« rationalen Mann und der »Hirnkultur« der Männlichkeit verklärten. Wenn aber Beiträge, die die »Vollmenschlichkeit« der Frau feierten, unter der Überschrift »Das maskulierte Weib« erschienen, zeigte sich, dass hier Gendergrenzen zu erodierten drohten. Doch gerade der Naturdiskurs wurde immer wieder benutzt, um diesbezüglichen Grenzüberschreitungen einen Riegel vorzuschieben: Was »gegen die Natur« war, konnte nicht richtig sein. So kann auch das BGB von 1900 als Versuch gesehen werden, die ins Wanken geratenen Unterschiede noch einmal zugunsten der Männer festzuschreiben. Jürgen Kocka ließ keinen Zweifel daran: die Hierarchien zwischen Männern und Frauen waren im BGB von 1900 »schärfer ausgeprägt als in den Rechtskodifikationen des späten 18. Jahrhunderts.«[51]

Wenn abschließend eine Bilanz gezogen und nach dem »Optimismus« der Epoche oder dem »Durchbruch der Moderne« gefragt werden soll, bleibt ein ambivalentes Bild. Getrieben von einem unbändigen Fortschrittsoptimismus haben sich Vertreter des 19. Jahrhunderts an die Eroberung der Natur gemacht. Aber schon die Ausbeutung der Ressourcen verweist auf die Kurzsichtigkeit und Ambivalenz dieses Optimismus. Zudem hatten die Menschen dieser Zeit immer wieder Grund, die Gewalt der Natur zu fürchten – woran sich bis heute nichts geändert hat. Ebenso wenig wie an den Tendenzen vieler, nicht zuletzt der katholischen Kirche, die Diskriminierungen von Frauen aus den vermeintlich gottgegebenen Gesetzen der Natur abzuleiten.

Das Bild eines »Durchbruchs der Moderne« ist vermutlich immer dann abzulehnen, wenn darunter nur einer jener Stränge gemeint ist, die aus dem doppelten Erbe der Französischen Revolution hervorgingen. Schließlich war das Säkulum zutiefst widersprüchlich, aber dadurch auch ebenso beunruhigend wie bis heute unglaublich spannend. Und einen »Durchbruch« als der einen großen Zäsur hat es nicht gegeben. Viel eher müsste man – unter Rückgriff auf das, was sich beim Rhein damals tat – von vielen kleinen Durchstichen sprechen.

1 Vgl. u. a. Nolte, Paul: *Abschied vom 19. Jahrhundert oder Auf der Suche nach einer anderen Moderne*, in: Osterhammel, Jürgen/Langewiesche, Dieter/Nolte, Paul (Hg.): Wege der Gesellschaftsgeschichte. Göttingen 2006, S. 103–132.

2 Hagemann, Karen/Lässig, Simone (Hg.): *Discussion Forum: The Vanishing Nineteenth Century in European History?*, in: Central European History. Bd. 51, Nr. 4 2018, S. 611–695.

3 Osterhammel, Jürgen: *In Search of a Nineteenth Century. Sixteenth Annual Lecture of the GHI*, November 14, 2002, in: GHI Bulletin. Nr. 32 2003, S. 9–28, S. 9.

4 Osterhammel, Jürgen: *Die Verwandlung der Welt. Eine Geschichte des 19. Jahrhunderts*. München 2009.

5 Die Rede wurde abgedruckt am 19.7.2014 im Feuilleton der FAZ. https://www.faz.net/aktuell/feuilleton/debatten/rede-auf-angela-merkel-sehr-geehrte-frau-bundeskanzlerin-13053093.html (23.03.2020).

6 Aschmann, Birgit (Hg.): *Durchbruch der Moderne? Neue Perspektiven auf das 19. Jahrhundert*. Frankfurt a. M. 2019.

7 Vgl. Aschmann, Birgit: *»Das Säkulum der Widersprüche«. Das 19. Jahrhundert und der Durchbruch der Moderne? Eine Einleitung*, in: dies. (Hg.): Durchbruch der Moderne? Neue Perspektiven auf das 19. Jahrhundert. Frankfurt a. M. 2019, S. 7–28.

8 Vgl. Freytag, Nils: Natur und Umwelt. http://www.ieg-ego.eu/freytagn-2016-de (05.3.2020).
Als ein Beispiel für das Zusammendenken dieser Phänomene in jüngeren Publikationen siehe das Kapitel »Markt, Macht und Umwelt: Europäische Wirtschaftsbeziehungen« bei Paulmann, Johannes: Globale Vorherrschaft und Fortschrittsglaube. Europa 1850–1914. München 2019, S. 91–130.

9 Zur Umweltgeschichte vgl. u. a. Uekötter, Frank: Umweltgeschichte im 19. und 20. Jahrhundert. München 2007; Siemann, Wolfram (Hg.): Umweltgeschichte. Themen und Perspektiven, München 2003; Brüggemeier, Franz-Josef/Thomas Rommelspacher (Hg.): Geschichte der Umwelt im 19. und 20. Jahrhundert. München 1989; Arndt, Melanie: Umweltgeschichte. Version 3.0. https://docupedia.de/zg/Arndt_umweltgeschichte_v3_de_2015 (16.03.2020).

10 Crutzen, Paul J./Stoermer, Eugene F.: *The »Anthropocene«*, in: Global Change Newsletter Nr. 41 2000, S. 17 f.; siehe auch Mauelshagen, Franz: *»Anthropozän«. Plädoyer für eine Klimageschichte des 19. und 20. Jahrhunderts*, in: Zeithistorische Forschungen/Studies in Contemporary History Nr. 9 2012, S. 131–137.

11 Christian Pfister (Hg.): Das 1950er Syndrom. Der Weg in die Konsumgesellschaft, Bern/Stuttgart/Wien 1995.

12 Meadows, Donella H./Meadows, Dennis L./Randers, Jørgen/Behrens, William W.: The Limits to Growth: A report for the Club of Rome's Project on the Predicament of Mankind. New York 1972.

13 Vgl. https://www.srf.ch/news/panorama/populaerer-begriff-klimajugend-ist-das-wort-des-jahres-2019; https://www.merkur.de/welt/unwort-jahres-2019-wird-bekannt-gegeben-zr-13439052.html (letzter Zugriff 12.6.2020).

14 Vgl. Blackbourn, David: Die Eroberung der Natur. Eine Geschichte der deutschen Landschaft. München 2007.

15 So Jakob Zinsmeister 1909, in Blackbourn 2007, S. 15.

16 Hippel, Theodor Gottlieb von: Über die bürgerliche Verbesserung der Weiber. Berlin 1792.

17 Zitiert in Blackbourn 2007, S. 106.

18 Zur Vita von Tulla vgl. Scheffel, Philipp Jakob: Nekrolog auf Johann Gottfried Tulla. http://dl.ub.uni-freiburg.de/diglit/scheffel1830/0003?sid=c2b894af407107000d863f340982db34 (23.03.2020).

19 Tulla, Johann Gottfried: Die Grundsätze, nach welchen die Rheinbauarbeiten künftig zu führen seyn möchten. Denkschrift vom 1.3.1812. Karlsruhe 1812.

20 Tulla, Johann Gottfried: Die Rectification des Rheines, Karlsruhe 1822, S. 49.

21 Zitiert nach Sahlins, Peter: *Natural Frontiers Revisited: France's Boundaries since the Seventeenth Century*, in: The American Historical Review. Bd. 95, (Nr. 5) 1990, S. 1423–1451.

22 Blackbourn 2007, S. 121.

23 Vgl. Lenger, Friedrich: Industrielle Revolution und Nationalstaatsgründung. Gebhardt. Handbuch der deutschen Geschichte, Bd. 15. Stuttgart 2003.

24 Zitiert in Brüggemeier, Franz-Josef: *Eine trostlose Gegend? Umwelt im Ruhrgebiet 1800–2000*, in: Siemann, Wolfram (Hg.): Umweltgeschichte. Themen und Perspektiven. München 2003, S. 87–113, S. 91.

25 Vgl. Exner, Isabel: Schmutz. Ästhetik und Epistemologie eines Motivs in Literaturen und Kulturtheorien der Karibik. Paderborn 2017; siehe auch Exner, Isabel/Gómez, Liliana (Hg.): *Dossier. Estéticas sucias y cultura basura. Repensar desechos, residuos y contaminación el las formaciones culturales de América Latina*, in: Iberoamericana XIX Nr. 72 2019, S. 5–116.

26 Vgl. Hannig, Nicolai: *Katastrophen im 19. und 20. Jahrhundert. Befunde, Kontexte und Perspektiven*, in: Neue Politische Literatur Nr. 61 2016, S. 439–463.

27 Ebd., S. 445.

28 Frie, Ewald/Maier, Mischa (Hg.): Aufruhr – Katastrophe – Konkurrenz – Zerfall. Bedrohte Ordnungen als Thema der Kulturwissenschaften. Tübingen 2014, S. 4.

29 Vgl. u. a. Behringer, Wolfgang: Tambora und das Jahr ohne Sommer. Wie ein Vulkan die Welt in die Krise stürzte. München 2015.

30 Crosby, Alfred W.: The Columbian Exchange. Biological and Cultural Consequences of 1492. 30th Anniversary Edition (1972). London 2003.

31 Ders.: Ecological Imperialism. The Biological Expansion of Europe. 900–1900. Cambridge 2004.

32 Vgl. u. a. Wilderotter, Hans/Dorrmann, Michael (Hg.): Das große Sterben. Seuchen machen Geschichte. Katalog der Ausstellung des Deutschen Hygiene-Museums Dresden. Berlin 1995.

33 Vgl. Dettke, Barbara: Die asiatische Hydra. Die Cholera von 1830/31 in Berlin und den preußischen Provinzen Posen, Preußen und Schlesien. Berlin/New York 1995.

34 Vgl. Briese, Olaf: Angst in den Zeiten der Cholera. Über kulturelle Ursprünge des Bakteriums. Seuchen-Cordon I. Berlin 2003, S. 244 ff.

35 *»Allerhöchste Bekanntmachung«, Charlottenburg, 6.9.1831*, in: Allgemeine Preußische Staats-Zeitung, Nr. 254, 13.9.1831, S. 1425.

36 Diese 1426 Menschen stellten 0,6 Prozent der Bevölkerung. Berlin war insgesamt relativ glimpflich davongekommen, schließlich gab es Ortschaften, in denen in nur 1,5 Monaten rund zwölf Prozent der Bevölkerung ausradiert worden waren. Zu den Zahlen vgl. Briese, Angst I, S. 218; ders.: *Ansteckung*; in: Lars Koch (Hg.): Angst. Ein interdisziplinäres Handbuch, Stuttgart/Weimar 2013, S. 290–296, S. 290; Dettke, Hydra, S. 209.

37 *Friedrich von Gentz an Rahel Varnhagen 8.7.1831*, in: Feilchenfeldt, Konrad von: Rahel Varnhagen, Gesammelte Werke. München 1983, S. 861 ff.

38 Hock, Karl Ferdinand Freiherr von: *Cholerodea. Zeitgemälde.* Wien 1832, S. III, zitiert in: Briese 2003, S. 205.

39 Evans, Richard J.: Tod in Hamburg. Stadt, Gesellschaft und Politik in den Cholera-Jahren 1830–1910. Hamburg 1990.

40 So die These von Christian Pfister und Peter Utz, vgl. Pfister, Christian (Hg.): Am Tag danach. Zur Bewältigung von Naturkatastrophen in der Schweiz 1500–2000. Bern 2002; Utz, Peter: Kultivierung der Katastrophe. Literarische Untergangsszenarien aus der Schweiz. München/Paderborn 2013.

41 Die erste deutsche Übersetzung von Foucaults Vorlesung aus dem Jahr 1978, in: Lemke, Thomas/Bröckling, Ulrich/Krasmann, Susanne (Hg.): Gouvernementalität der Gegenwart. Studien zur Ökonomisierung des Sozialen. Berlin 2000.

42 Vgl. Scharfe, Martin: Berg-Sucht. Eine Kulturgeschichte des frühen Alpinismus 1750–1850. Wien 2007; Günther, Dagmar: Alpine Quergänge. Kulturgeschichte des bürgerlichen Alpinismus. Frankfurt am Main 1998; Grupp, Peter: Faszination Berg. Die Geschichte des Alpinismus. Köln 2008; Anderson, Ben: *Alpine Agency. Locals Mountaineers and Tourism in the Eastern Alps. C. 1860–1914*, in: Rural History Bd. 27, H.1 2016, S. 61–78.

43 Zur Säkularisierung vgl. u. a. Borutta, Manuel: Antikatholizismus. Deutschland und Italien im Zeitalter der europäischen Kulturkämpfe. Göttingen 2010; Dittrich, Lisa: Antiklerikalismus in Europa, Öffentlichkeit und Säkularisierung in Frankreich, Spanien und Deutschland (1848–1914). Göttingen 2014; Habermas, Rebekka: Kulturkämpfer, Wundergläubige und Atheisten: Das lange 19. Jahrhundert und die Erfindung des Säkularen, in: Aschmann, Birgit (Hg.): Durchbruch der Moderne, S. 147–170; Pollack, Detlef: Säkularisierung – ein moderner Mythos? Studien zum religiösen Wandel in Deutschland. Tübingen 2003; Ziemann, Benjamin: *Säkularisierung, Konfessionalisierung, Organisationsbildung. Dimensionen der Sozialgeschichte der Religion im langen 19. Jahrhundert*, in: AfS Bd. 47 2007, S. 485–508.

44 Zur Forderung nach Naturschutz vgl. Sieferle, Rolf Peter: Rückblick auf die Natur. Eine Geschichte des Menschen und seiner Umwelt. München 1997, S. 24; zum Zusammenhang von aufkommendem Umweltschutz und Heimatschutz am Ende des 19. Jahrhunderts vgl. Radkau, Joachim: Natur und Macht. Eine Weltgeschichte der Umwelt, München 2000, S. 265.

45 Riehl, Wilhelm Heinrich: Land und Leute. Stuttgart 1854, S. 32.

46 Vgl. u. a. Brendecke, Arndt: Riehl, Wilhelm Heinrich. https://www.deutsche-biographie.de/pnd118600850.html#ndbcontent (23.03.2020)

47 Rousseau, Jean-Jacques: Emile oder Über die Erziehung (1762). Stuttgart 2006, S. 726.

48 Kant, Immanuel: *Beobachtungen über das Gefühl des Schönen und Erhabenen* (1766), in: Immanuel Kants vermischte Schriften und Briefwechsel, hg. von J. H. von Kirchmann, Berlin 1873, S. 1–62, S. 32.

49 Ebd., S. 30.

50 Vgl. Hausen, Karin: *Die Polarisierung der »Geschlechtscharaktere«. Eine Spiegelung der Dissoziation von Erwerbs- und Familienleben*, in: Conze, Werner (Hg.): Sozialgeschichte der Familie in der Neuzeit Europas. Stuttgart 1976, S. 363–393.

51 Kocka, Jürgen: Das lange 19. Jahrhundert. Gebhardt. Handbuch der Deutschen Geschichte, Bd. 13. Stuttgart 2001, S. 109.

Engel Apotheke in Darmstadt (gegründet 1654, seit 1668 im Besitz der Familie Merck; Stammhaus des heutigen chemisch-pharmazeutischen Unternehmens Merck KGaA)

2. VOM ARMENHAUS AN DIE SCHWELLE DER INDUSTRIALISIERUNG

DIE VERWANDLUNG DER REGION UNTER DEM EINFLUSS VON TECHNIK UND NATURWISSENSCHAFT[0]

Hermann Schäfer

Die Geschichte des 19. Jahrhunderts ist vor allem die Geschichte der Industrialisierung. Sie wurde unter den unterschiedlichsten Fragestellungen, Methoden und Gesichtspunkten immer wieder neu beleuchtet, erforscht und aufgearbeitet. Man mag diese vielen Zugänge gar nicht alle Revue passieren lassen, die meisten hatten ihren Nutzen und manche eröffneten neue Perspektiven, aber noch keiner dieser »turns« klingt auf den ersten Blick so erfreulich, wie der uns heute und für diese Tagung vorgegebene.

Wann je stellen wir Deutsche überhaupt unsere Geschichtsbetrachtungen unter den Gesichtspunkt des Optimismus? Sie wissen, dass ich zwei Jahrzehnte ein großes Museum aufbaute und leitete: Ich vergesse nie den Tag, als ich auf einer großen Tagung deutscher Museen als einen wichtigen Aspekt meiner Konzeptideen erläuterte, dass ich mit Ausstellungen Emotionen wecken wolle. Die rhetorisch-verdachtsvolle Rückfrage eines Kollegen lautete: Sie wollen also, dass man mit der deutschen Geschichte »Spaß« hat? Wir wissen nicht erst seit Georg Christoph Lichtenberg, dass die Deutschen das Nase rümpfen eher lernen, als die Nase zu putzen.

Zwischen Spaß und Optimismus ist ein großer Unterschied. Meine erste Emotion, als Volkhard Huth mir das Thema dieser Tagung nannte, war positiv: Ich habe mich gefreut, dass ich das 19. Jahrhundert und die Industrialisierung – auch – unter dem Gesichtspunkt des Optimismus beleuchten darf. Lassen Sie uns sehen, was am Schluss davon übrigbleiben wird.

Auch wenn an dieser Stelle keine Definition des Begriffs Industrialisierung erforderlich ist, so ist es doch sinnvoll, daran zu erinnern, dass sie auf letztlich aus dem England des 18. Jahrhunderts stammende Innovationsschübe zurückzuführen ist. Ebenso wichtig ist vorab der Hinweis, dass die Industrialisierung niemals ein nationales, sondern immer ein regionales Phänomen war, das vor allem in den Städten, sehr viel weniger im ländlichen Raum stattfand.

Wie war die Ausgangslage am Anfang des 19. Jahrhunderts? Die Region, also im Wesentlichen die Landgrafschaft (seit 1806 Großherzogtum) Hessen galt als das »Armenhaus« Deutschlands, und zwar bis weit in das Jahrhundert hinein. Nicht von ungefähr propagierte Georg Büchner (1813–1837) vor diesem Hintergrund und vor allem unter dem Eindruck obrigkeitlicher Schikanen spätabsolutistischer Regierungspolitik in Hessen seine sozialrevolutionären Ideen, prangerte die Verschwendung des »darm-hessischen« Hofes an und rief zur Revolution auf. »Friede den Hütten! Krieg den Palästen!« schrieb er im Hessischen Landboten 1834. Der Eindruck des »Armenhauses« blieb der Region erhalten, denn noch 40 Jahre später, in den 1870ern hieß es gelegentlich spöttisch, dass die Franzosen Hessen-Darmstadt als »D'Armstadt« schrieben.[1]

Ich konzentriere mich bei dieser Betrachtung auf das Großherzogtum Hessen-Darmstadt, versuche aber auch, den Raum nicht zu eng zu fassen. Die Städte waren ländlich, Darmstadt hatte als Residenz rund 20 000 Einwohner. Ihre Kultur war wesentlich geprägt von über 4000 Hof- und Staatsbeamten sowie von fast 3000 Militärpersonen. Gießen mit der Landesuniversität hatte nur 5000 Einwohner. Mainz, Offenbach und Worms zählten seit 1816 zum hessischen Staatsgebiet: Mainz hatte zwar etwas über 20 000 Einwohner, verlor nun aber die Rolle einer kurfürstlichen Residenz des Mainzer Erzbischofs und Kurfürsten und wurde Provinzstadt; die Mainzer fühlten sich von nun an als vernachlässigte und annektierte ›Beutehessen‹.[2] Offenbach und Worms hatten damals 6000 bzw. 5000 Einwohner.

Da die regionale Lage mit den beiden nördlich bzw. südlich getrennten Teilen des Großherzogtums etwas disparat war, sei auch – nebenbei, gewissermaßen zur Abrundung des Gesamtbildes – ein Blick auf zwei weitere Städte gerichtet: Das zu Kurhessen gehörende Hanau hatte rund 10 000 Einwohner. Lediglich die Freie Reichsstadt Frankfurt hatte als traditioneller Handels- und Messeplatz eine herausragende Rolle und Anfang des 19. Jahrhunderts 40 000 Einwohner. Die wirtschaftliche Lage der einzelnen Provinzen war sehr unterschiedlich: Rheinhessen war die blühendste aller Landschaften, der Odenwald und Oberhessen vor allem litten unter Pauperismus und Auswanderung und in Waldeck waren Armut und Arbeitslosigkeit erst an der Wende zum 20. Jahrhundert überwunden.[3]

Wie waren die Startbedingungen? Die Ausgangsvoraussetzungen waren für die hessischen Regionen zwar unterschiedlich, aber insgesamt doch so, dass schon von allen Gegebenheiten her eine Pionierrolle in der Industrialisierung ausgeschlossen war. Zu den klassischen Vorreitern der Industrialisierung zählten Textil- und Eisengewerbe. Diese hatten auch ihre Standorte im Großherzogtum, aber diese waren nicht zukunftsfähig: Im Textilsektor dominierte nämlich nicht die Baumwollspinnerei und

-weberei, sondern die entsprechenden Leinengewerbe, die sich schwerer mechanisieren ließen. Und im Eisengewerbe waren die hessischen Standorte vor allem an die Holzkohle gebunden; während die eisengewerblichen Standorte der Industrialisierung an der Steinkohleförderung hingen. Es ist in der einschlägigen Literatur zutreffend darauf hingewiesen worden, dass die Region ein gutes Beispiel dafür bietet, wie blühende vorindustrielle Standorte mit den sich in der Industrialisierung verändernden Rahmenbedingungen ihren alten Wert verlieren.[4]

Im Rahmen dieses Vortrages soll vor allem nach den Einwirkungen von Technik und Naturwissenschaften auf die Industrialisierung der Region gefragt werden. Damit werden viele andere Einflussfaktoren ausgeklammert. Ich nenne beispielsweise die staatliche Gewerbepolitik, darunter auch Zoll- und Steuerpolitik, sowie Infrastrukturmaßnahmen jedweder Art. Aber dies ist zu rechtfertigen, weil hierzulande der staatliche Anteil an den ersten Industrialisierungsprozessen sowieso »vergleichsweise gering« war.[5]

Lassen Sie mich nun auf der Suche nach der Rolle von Technologie und Naturwissenschaften auf die Industrialisierung folgende Themenbereiche ansprechen: die Rolle des *Eisenbahnbaus*, die der *Chemie* sowie der *Elektrotechnik* und dabei auch die Rolle der *Universitäten* herausarbeiten.

Zunächst zum *Verkehrswesen*: Hessische Gebiete spielen traditionell im deutschen Verkehrswesen eine Schlüsselrolle, der Transitverkehr, vor allem über Frankfurt, war eine wichtige Einnahmequelle, der Straßenbau galt streckenweise als vorbildlich. Das »Eisenbahnfieber« ergriff manche Hessen sehr früh. Der Kasseler Carl Anton Henschel (1780–1861), auf den zurückzukommen ist, schlug schon 1822 eine Schienenverbindung zwischen Bremen und Frankfurt vor – über Kassel natürlich –, allerdings damals noch für eine Pferdebahn. In Kassel gründete sich auch schon 1833, zwei Jahre *vor* der Inbetriebnahme der Eisenbahnlinie zwischen Nürnberg und Fürth (1835), ein Eisenbahnverein, der auf entsprechende Baumaßnahmen in Nordhessen drängte; andere Städte folgten mit »Eisenbahnkomitees«. Die im Januar 1836 gegründete private Eisenbahn-Aktiengesellschaft in Darmstadt hatte rasch über 600 Mitglieder und ein Kapital von über einer Million Gulden. Das Großherzogtum erlebte damals auch schon eine »Bestechungsdebatte«, ein hoher Beamter wurde versetzt. Sie hing mit der Taunusbahn zusammen, die tatsächlich von einer Privatgesellschaft und 1839 als erste Eisenbahnlinie im Großherzogtum gebaut wurde. Ein Jahr später verkehrte sie schon von Frankfurt bis Wiesbaden. Die für das Großherzogtum wichtigere Nord-Süd-Verbindung und alle weiteren wurden dann in staatlicher Regie errichtet. Ohne auf die einzelnen Schritte der Bahnerschließung der Region einzugehen, bis Mitte der 60er-Jahre war das hessische Eisenbahnnetz soweit ausgebaut, dass seine wirtschaftlich wichtigen Regionen an das überregionale Netz in Deutschland angeschlossen waren.[6]

Königliche Eisenbahn-Direction Berlin. Personenzug-Locomotive 3852, gebaut von der Firma Henschel & Sohn, Kassel, 1893

Wichtig für unsere Fragestellung ist, dass dieser Eisenbahnbau von 1840 bis in die 1870er-Jahre »hochgradig stimulierend« wirkte[7] und »die hessische Wirtschaft grundlegend verändert« hat.[8] Die Standortbedingungen veränderten sich wesentlich, ländliche Produktion wurde benachteiligt, städtische bevorteilt. Vor allem bot der Bahnbau selbst und die mit ihm verbundene und folgende Entstehung unterschiedlichster Zulieferbetriebe ganz neue Beschäftigungsmöglichkeiten. Einige alteingesessene Gewerbe, Metallhandwerke, Schmieden, Gießereien und Chaisenhersteller stellten sich auf den Bedarf der Eisenbahnen ein, spezialisierten sich unter anderem auf den Waggonbau und hatten bereits in den 1840er-Jahren 125 bis 150 Arbeiter; solche Firmengrößen waren zu dieser frühen Zeit in der Region die Ausnahme.[9] Technologische Neuerungen betrafen die Einführung neuer Gusstechniken und der Beginn der serienmäßigen Herstellung von Dampfmaschinen. Der Aufbruch war so nachhaltig, dass in dieser Branche selbst in der Weltwirtschaftskrise 1857/58 kein Einbruch festzustellen ist.[10] Dies gilt übrigens auch für die Entwicklung von Mainz, das ab den 1850er-Jahren vor allem auch infolge des Eisenbahnbaus einen, bis Ende des Jahrhunderts allerdings langsamen industriellen Aufschwung erlebte.[11]

Unter allen einschlägigen Betrieben wurde die Kasseler Lokomotivfabrik Henschel am bedeutendsten: Aus einer traditionsreichen Gießerei und Schmiede wuchs eine große Maschinenfabrik, die Mitte der 1840er-Jahre bereits etwa 200 Arbeiter beschäftigte und 1848 ihre erste Lokomotive auslieferte, der »Drache«.[12] Carl Anton Henschels frühzeitiges persönliches Engagement für den Schienenverkehr wurde schon angedeutet. Selbstverständlich war er 1832 auch Mitbegründer des kurhessischen Eisenbahnvereins; er reiste in demselben Jahr auch nach England, um die ersten, dort seit 1825 dampfbetriebenen Eisenbahnstrecken zu erkunden.

Der Übergang von der handwerklichen Produktion über Manufakturen und schließlich in die industrielle Fabrikfertigung verlief hier und bei den meisten anderen Beispielen selten als »industrieller Sprung«, sondern war meist ein »Transformationsprozess« traditioneller einheimischer Gewerbe.[13] In Darmstadt beispielsweise gab es 1870 bereits acht Maschinenfabriken mit insgesamt 700 Arbeitern, die meisten von ihnen hatten eine breite Produktionspalette.[14] Eine Gründung neuen Charakters, vor allem mit Blick auf den Aufschwung der Maschinenindustrie fand allerdings in Darmstadt statt. Zwar ist das genaue Gründungsdatum der Maschinenfabrik und Eisengießerei Darmstadt nicht bekannt, aber 1854 präsentierte sie bereits eigene Maschinen auf einer Ausstellung in München. Unter maßgeblicher Beteiligung der 1853 gegründeten Darmstädter Bank, einem neuartigen Institut für die Kreditfinanzierung der Industrie, wurde sie 1859 in eine Aktiengesellschaft umgewandelt. Sie ist damit eines der ältesten hessischen Unternehmen dieser Art. Mit einem Betriebskapital von 400 000 Gulden und einer 1860 erreichten Arbeiterzahl von fast 300 (287) war sie für einige »regionaler Branchenführer« und stellte für fast zwei Jahrzehnte »alles bisher Dagewesene in den Schatten«.[15] Allerdings überlebte das Unternehmen nicht die »große Depression« und musste 1878 liquidiert werden. Auch dieses Beispiel eines hoffnungsvoll gegründeten großen Unternehmens zeigt, wie sehr sich innerhalb von einer Generation die Erwartungen an eine »optimistische Welt« auch im Zeitalter dominanten industriellen Wachstums ändern konnten.

Eisenbahnbau hieß gerade in der Rhein-Main-Neckar-Region auch viel Brückenbau: So war es eine fast logische Folge, dass in Gustavsburg aus einem Montageplatz zunächst Fertigungswerkstätten entstanden, aus denen dann die dauerhafte Niederlassung eines Nürnberger Brückenbauers wurde und schließlich 1873 die Süddeutsche Brückenbau-Aktiengesellschaft.[16]

Schließlich ist auf Adam Opel (1837–1895) hinzuweisen: 1863 gründete der Schlossersohn in Rüsselsheim eine Nähmaschinenfabrik, unter dem kriegsbedingten Boom 1866 expandierte er kräftig, stieg in den 1880er-Jahren ins Fahrradgeschäft ein, wurde damit Großbetrieb und um die Jahrhundertwende begann Opel mit der Produktion von Automobilen. Bis Ende der 1920er-Jahre war Opel größter deutscher Autohersteller – übrigens gemeinsam mit den Frankfurter Adlerwerken.[17]

Adam Opels Söhne auf einem fünfsitzigen Fahrrad:
(v. l. n. r.) Carl, Wilhelm, Heinrich, Fritz und Ludwig, 1895

Es ist in diesem Zusammenhang weder beabsichtigt noch sinnvoll, die industrielle Entwicklung umfassend abzubilden, aber auch der Versuch einer exemplarischen Darstellung, verlangt einige Hinweise auf weitere wichtige, wenn auch gesamtwirtschaftlich eher periphere Gewerbe, die sich industrialisierten. Darmstadt war als Residenzstadt bekannt, aber – wie es gelegentlich heißt[18] – vielleicht noch bekannter als Ort weltbekannter Hüte und Tapeten. Deren traditionsreiche Hersteller Schuchardt und Hochstätter gingen ebenfalls durch den erwähnten Transformationsprozess. Seit 1857 wurden amerikanische Hutmachermaschinen eingesetzt, und die Tapetenfabrik hatte 1860 bereits fünf Dampfmaschinen. Freilich industrialisierten sich bei Weitem nicht alle, nicht einmal die meisten Handwerke, es gilt vielmehr als ein Charakteristikum der Region, dass die Entwicklung asynchron war: Produktionszweige traditioneller handwerklicher Art bestanden weiter neben jenen, in denen sich die industrielle Produktionsweise durchsetzte. Damit ging allerdings auch viel Verdrängungswettbewerb einher: Wer sich nicht in einer marktfähigen Nische einrichten konnte, wurde im Wettbewerb der Marktführer an die Seite gedrängt und ging unter.

Wenn die Region bis heute ein Zentrum der *Chemieindustrie* in Deutschland ist, so liegen auch deren Ursprünge im frühen 19. Jahrhundert. Auch hier ist die Transformation traditioneller Gewerbe wieder ein typisches Kennzeichen der Region, die Betriebe waren weniger innovative Schrittmacher denn flexible Nachahmer der allgemeinen Entwicklung.[19]

Dies gilt z. B. für die Seifenherstellung, technologisch umgestellt auf Sodaverfahren, für die Textilfarbenherstellung, technologisch umgestellt auf synthetische Ultramarinherstellung, auch für die Zündholzherstellung, und deren beginnende Massenproduktion. Darmstädter Seifen waren über die Provinzgrenzen hinaus bekannt, Wilhelm Büchners Pfungstädter Farbenfabrik – Sie wissen, ein Bruder von Georg Büchner – spielte auf dem überregionalen Markt eine wichtige Rolle, und Zündholzfabrikanten waren wichtige Arbeitgeber, wenn auch zum Teil weniger industriell als im damals noch häufigen, vorindustriellen dezentralen Produktionssystem von Verlagsarbeit.[20]

Die Wirklichkeit ist differenzierter, neben diesen kreativen Nachahmern gab es aber auch die innovativen Schrittmacher. Vor allem Emanuel Merck ist zu nennen.[21] Er entwickelte innerhalb von 16 Jahren aus der traditionsreichen, schon über 150 Jahre von der Familie geführten Apotheke heraus die industriell-pharmazeutische Produktion: Von der Ankündigung der Herstellung »im Großen« (1827), über Mengenfabrikation (1831), zunehmende Arbeitsteiligkeit bis schließlich zum Maschineneinsatz (1843). Wenn der Begriff eines »first mover« auf ein deutsches chemisch-pharmazeutisches Pionierunternehmen angewandt werden darf, dann auf Merck – und mit dem Zusatz »very first mover«. Merck war in dreifacher Hinsicht ein dynamischer Unternehmer: Er schuf – substanziell und qualitativ – neue Produkte, entwickelte effiziente Produktionsmethoden, gab das Beispiel für vergleichbare Unternehmensgründungen und erschloss neue und internationale Absatzmärkte.

Unter dem Aspekt einer optimistischen Welt, ist zu fragen, ob eine so positive Entwicklung vorhersehbar war. Keineswegs! Merck war nach seinen Lehr- und Studienjahren eigentlich noch in seiner praktischen Ausbildung, als er 1816 im Alter von 22 Jahren von seiner Mutter aus Wien nach Darmstadt zurückgerufen wurde, weil der damalige Verwalter der Apotheke – der zudem seine Arbeit mehr schlecht als recht erledigt hatte – verstorben war. Emanuel Merck gelang aber weit mehr, als die Geschäfte wieder hoch zu bringen: Er entwickelte nach wenigen Jahren neue Ideen, knüpfte wichtige Kontakte und baute ein ganzes Netzwerk auf. Darunter ist vor allem die spätestens 1824 entstehende kollegial-freundschaftliche Beziehung mit Justus Liebig zu nennen, dem anderen, fast zehn Jahre jüngeren, bald berühmt werdenden Darmstädter. Beide verband ihr Interesse an chemischen und pharmazeutischen Fragen, insbesondere auch am Experimentieren, an Verfahrens- und Labortechniken. Aufbruchsstimmung lag in der Luft. Liebig hatte das Empfehlungsschreiben eines der bekanntesten Naturwissenschaftler seiner Zeit, Alexander von Humboldt, in der Tasche, er wurde 1824 Professor in Gießen. Liebigs Interesse an Fabriken ist bekannt, er hatte etliche »beinahe systematisch« besucht. Merck wie-

Justus Liebig (1803–1873)

derum plante Herstellung und Vertrieb in größerem Maßstab. Für eine Weile überlegten beide auch den Aufbau eines gemeinsamen Tausch- und Vertriebsnetzes pharmazeutischer Produkte.

Ich sprach von der Aufbruchsstimmung der 1820er/30er-Jahre. Freilich herrschte sie nicht überall. Im Odenwald und anderen ländlichen Regionen hungerten die Menschen, dachten über Auswanderung nach, sie lebten keineswegs in einer optimistischen Welt. Hinzu kamen allfällige Krankheiten und im ganzen Land ab 1830 sehr konkret sogar die Angst vor einer Choleraepidemie. Merck war in einer geschäftlichen Aufbruchssituation, aber er kümmerte sich zugleich auch um den Aufbau und Betrieb einer Chlorkalkfabrik, weil Chlorkalk als wichtiges Desinfektionsmittel gegen Cholera galt. Aber die Cholera war nur eine vorübergehende Bedrohung, sie verschonte Darmstadt und die Region, der weitere Betrieb einer solchen Fabrik lohnte sich nicht.

Merck und Liebig blieben lebenslang in engem Kontakt. Zwar brauchte eine Pferdekutsche damals wohl 15 Stunden für die Fahrt zwischen Darmstadt und Gießen, aber Liebig war oft bei seinen Eltern und Schwiegereltern. Und dort nutzte er manche Gelegenheit zu Laborversuchen bei Merck. Wie man überhaupt vermuten kann, dass er – schließlich hatte er seine Apothekerausbildung abgebrochen – weniger Laborerfahrungen hatte als Merck. Darum liegt die These nahe, dass die Laborleistung Liebigs, die sein frühester Biograph und wichtigster Schüler, Volhard, den »originalste[n] und fruchtbarste[n] Teil seiner Lebensarbeit« nannte,[22] auch auf Erfahrungen zurückgeht, die Liebig dem praktischen beruflichen Erfahrungsaustausch und der Zusammenarbeit mit Merck verdankte. Die Wertschätzung Liebigs für Mercks Laborgeschick ist vielfach belegt. Für Merck war dies der Alltag des Pharmazeuten.

Liebig führte an der *Universität Gießen* bekanntlich einen intensiven Laborunterricht ein, wie es ihn bislang nicht gab, er gründete dafür sogar etwas, was man heute »An-Institut« nennen würde. Tatsächlich machte dieses für die damaligen Verhältnisse sehr moderne, arbeitsteilige Forschungslabor Liebig berühmt und verschaffte der kleinen Gießener Universität seit 1835 wachsendes internationales Ansehen. Merck wiederum half Liebig, indem er mit Präparaten und Materialien aushalf, denn die Universität finanzierte die Ausstattung des Instituts nur unzureichend; viele lebhafte Klagen Liebigs über diesen Zustand sind überliefert. Es gehört nicht unbedingt in den Zusammenhang unseres Themas, ist aber bemerkenswert, dass Liebig bei Henschel in Kassel auch einige seiner Öllampen erwarb.[23]

Liebig und Merck waren seit den 1840er-Jahren auf dem Weg zu Weltruhm: Merck mit seinen Produkten, die er zu 40 Prozent außerhalb deutscher Staaten absetzte, und die die Amerikaner schon 1847 auszuspionieren versuchten, Liebig mit seiner Anziehungskraft auf Laborstudenten. Liebig hatte bis zu seinem Wechsel nach München 1852 rund 700 Studenten ausgebildet, die »Liebigschule« war ein international effizientes »System zur Genese und Distribution von Reputation«.[24] Zahlreiche dieser Schüler trugen ihrerseits wiederum die bei Liebig gewonnenen Erfahrungen weiter, nicht wenige gründeten auch eigene Unternehmen. Innerhalb der Region will ich hier vor allem auf Carl Remigius Fresenius (1818–1897) verweisen, der von 1842 bis 1845 als Assistent bei Liebig arbeitete und ab 1848 in Wiesbaden ein eigenes Chemisches Laboratorium gründete. Dessen Zulauf an Studenten wuchs vor allem ab Mitte der 1850er-Jahre rasch – nicht von ungefähr ab der Zeit, als Liebig von Gießen nach München gewechselt war.[25] Zum ersten Mal wurde damals an einer Universität, und das nicht nur in Deutschland, empirische Forschung in Verbindung mit der Lehre »im großen Stil und langfristig betrieben«, wie Peter Moraw herausgearbeitet hat und hinzufügte: »Die Naturwissenschaften [hatten] am Ende der Ära Liebig ein anderes Gesicht [...] als zuvor«.[26]

Die Universität Gießen setzte diese von Liebig begonnene Tradition fort, während in Darmstadt erst ein halbes Jahrhundert später eine universitäre Ausbildung begann, die nachhaltigen Einfluss auf die Industrialisierung ausübte. Ich komme darauf zurück.

Was die *Beziehungen zwischen Merck und Liebig* angeht, dauerte ihre enge, gegenseitig befruchtende, wirtschaftlich nützliche Verbindung bis zu Mercks frühem Tode 1855. Dies war ein schicksalhafter Einschnitt für die Familie, auch wenn er von außen betrachtet nicht mit negativen Auswirkungen auf das Unternehmen verbunden war. Einerseits erlitt die optimistische Weltsicht des Unternehmens, der Familie, für die es viel Beispiele und gute Belege gibt, einen tiefen Rückschlag. Andererseits hatte Emanuel Merck selbst dafür gesorgt, dass sein Unternehmen kontinuierlich weitergeführt wurde. Denn er hatte seine Söhne so ausgebildet, dass sie die Geschäfte ganz in seinem und der Familie Sinne fortführen konnten. Einer von ihnen, der bei Liebig promovierte Georg, hielt auch den Kontakt mit seinem Doktorvater und dessen Netzwerk – freilich auch er nur bis zu seinem frühen Tode im Alter von 48 Jahren (1873). Nicht nur dieser erneute Einschnitt durch einen Todesfall bereitete dem Unternehmen Merck einige Probleme, auch die Gründerkrise der Jahre ab 1873 hinterließ Spuren: Brancheninsider berichteten aus dieser Zeit sogar, »Merck habe [...] sein Geschäft herzlich satt«. Die Branche hatte konjunkturelle und strukturelle Probleme. Es ist mehr als fraglich, dass die Merck-Welt damals noch so optimistisch war, wie eine Generation zuvor. Letztendlich wurden die Probleme aber gelöst, ansonsten wären nicht nachhaltige interne Modernisierungen und schließlich der Bau der neuen großen Fabrik nach der Jahrhundertwende in Angriff genommen worden.

In der zweiten Hälfte des 19. Jahrhunderts, vor allem im letzten Drittel, begann die Entwicklung der modernen Großchemie. Merck wurde erwähnt, Büchners Ultramarinfabrik stieg trotz erheblicher Konkurrenz zu einem der führenden Hersteller in Deutschland auf, Zimmer in Frankfurt wurde schon früh einer der führenden Chininfabrikanten, Liebigs Forschungsergebnisse zur künstlichen Düngung wurden seit 1856 in einer eigens in Bockenheim gegründeten Aktiengesellschaft zur Fabrikationsreife gebracht.[27] Tatsächlich wurde die Region seit den 1860er-Jahren zu einem Zentrum der Chemieindustrie in Deutschland: Zu nennen sind – wohlgemerkt unter vielen anderen – die Anilinfarbenherstellung von Meister Lucius & Brüning in Hoechst, beginnend 1858, die Teerfarbenfabrik von Wilhelm Kalle in Wiesbaden seit 1863, die Gründung der BASF in Ludwigshafen 1865. Diese Massierung von chemischer Großindustrie in der Region ist zu Recht auf den Faktor hier besonders verbreiteter einschlägiger Bildung zurückgeführt worden, zunächst im Sinne »vorwissenschaftlicher Kenntnisse über chemotechnische Vorgänge«, seit Liebig, seit seinen Nachfolgern in Gießen, seit Fresenius und weiteren als ein eigener und ausgeprägter Produktionsfaktor wissenschaftlich einschlägiger Bildung.[28]

Wenn wir über die Verwandlung einer Region unter dem Einfluss von Naturwissenschaft und Technik sprechen, ist auch an die Polytechnischen

Erasmus Kittler um 1893

Schulen zu denken, aus denen sich die *Technischen Hochschulen*, später *Universitäten* entwickelten. Anderswo (Prag 1806, Wien 1815, Karlsruhe, München 1827) waren längst Polytechnische Schulen entstanden, bevor das Thema in Hessen diskutiert wurde. Seit den 1830er-Jahren wurden auch hier Real- und Gewerbeschulen gefordert, 1836 wurde eine solche in Darmstadt gegründet.[29] Bekanntlich kämpften die Polytechnischen Schulen, gemeinsam mit den Ingenieurvereinen, ganz allgemein lange um eine gesellschaftliche Anerkennung.[30] Auch in Darmstadt dauerte es bis zur Gründung eines Polytechnikums weitere drei Jahrzehnte, bis 1868, sowie dann fast weitere zehn Jahre bis zu dessen Umwandlung in eine technische Hochschule im Jahr 1877. Die Darmstädter TH kam aber lange nicht aus den Geburtswehen heraus, denn mangels Studenten war ihre Existenz schon kurz nach der Gründung gefährdet.[31]

Es war die Stadt Darmstadt mit ihrem weitsichtigen und – von den Lehrstuhlinhabern der TH für Physik und Chemie – gut beratenem Oberbürgermeister Albrecht Ohly,[32] welche die Hochschule in den damals intensiven Querelen der Kammern des Landtages rettete und – heute würde man sagen – zukunftsfähig machte. Die Berufung des damals 30-jährigen Erasmus Kittler (1852–1929) auf einen ganz neuen, von der Stadt finanzierten Lehrstuhl für Elektrotechnik, weltweit des ersten überhaupt, erwies sich langfristig als absoluter Glücksgriff. Heute würde man von einer kommunalen Stiftungsprofessur sprechen; – ich kenne kein anderes Beispiel dieser Art.[33] Damit begann der Aufschwung der Darmstädter Hochschule. Wie schon bei Liebig, zog die praxisorientierte Ausbildung Kittlers immer mehr Studenten an, ein Drittel aller TH-Studenten studierte Elektrotechnik. Anfang der 1890er-Jahre hatte Darmstadt nach Berlin und München die meisten Studenten aller THs. Der Ausländeranteil stieg hier seitdem sogar sprunghaft, zum einen infolge des guten Rufes des Fachs, zum anderen weil hier das Studium auch ohne Abitur möglich war.[34] Wie ein halbes Jahrhundert vorher Gießen mit Liebig und seiner Laborarbeit für Chemiker, war Darmstadt mit Kittler, einem – wie Zeitzeugen bestätigten – »geborenen Lehrer«,[35] und seinem sogenannten »Darmstädter Modell«, einer Kombination von Lehre und Forschung, das Mekka der Elektrotechniker. Laborpraxis war – wie gesagt – zuerst in der Chemie eingeführt worden; ein halbes Jahrhundert nach Gießen wurde auch in Darmstadt, also seit Ende der 1870er-Jahre Chemie im Labor unterrichtetet, übrigens auch Physik. Nachdem der Verein Deutscher Ingenieure (VDI) 1895 entsprechende Forderungen erhoben hatte, wurde diese Laborpraxis zunehmend auch im Maschinenbau eingeführt.[36]

Kittlers lebenslanges Wirken in Darmstadt hatte wichtige Auswirkungen. Nicht nur, dass die Residenzstadt als eine der ersten ihrer Größe 1888 ein eigenes Elektrizitätswerk erhielt, auch das Hoftheater, eines der größten in Deutschland, war seit diesem Jahr eines der ersten mit elektrischer Beleuchtung.[37] Die Elektrifizierung der Industrie fand aber weitgehend unabhängig von den städtischen Elektrizitätswerken statt, da größere Betriebe eher eigene Kraftwerke errichteten; dies war auch eine Folge kommunaler Tarifpolitik.[38]

Wir wissen nicht, wieviel Elektroingenieure der TU Darmstadt nach ihrem Studium in der Industrie arbeiteten. Auch wenn die zukunftsträchtige elektrotechnische Industrie sich bis Ende des 19. Jahrhunderts weniger in Darmstadt und Hessen als in Berlin, Nürnberg und Köln ansiedelte, so waren Frankfurt und Mannheim nahe Industriestädte mit wachsendem Bedarf an solchen Spezialisten, weil auch hier die Elektroindustrie aufblühte.[39] Die Zusammenarbeit zwischen Hochschule und regionalen Unternehmen scheint eher locker gewesen zu sein.[40] Neben den bereits klassisch zu nennenden Dampfmaschinen fanden nun gegen Ende des 19. Jahrhunderts Gas- und Elektromotoren immer breitere Einsatzfelder, und zwar für kleine und mittelgroße industrielle Betriebe und vor allem kleine Handwerksbetriebe, für die Elektrifizierung und kleine E-Motoren nach 1900 geradezu als »Retter« gefeiert wurden.[41]

Die Maschinenausstattung der Betriebe wurde immer intensiver, allein in dem einen Jahrzehnt zwischen 1897 und 1907 wuchs die PS-Leistung aller in Hessen eingesetzten Maschinen um das Dreifache.[42] Waren die 1860er-Jahre die »Take-off«-Phase des Maschinenbaus in der Region, so begann in den 1890ern die Elektrifizierung vor allem industrieller Betriebe.

Politisch begann für das Großherzogtum Hessen 1866/1871 eine neue Ära. Tatsächlich waren diese Zeiten für politisch mitdenkende Zeitgenossen durchaus mit spezifischen Emotionen verbunden und dies ist im Zusammenhang unseres Themas zumindest erwähnenswert. Das Großherzogtum war nämlich zunächst noch in einer Zwitterstellung, es war einerseits Mitglied des Norddeutschen Bundes, andererseits blieb es antipreußisch und frankreichfreundlich; besonders den Deutsch-Französischen Krieg 1870/71 erlebte man mit gemischten Gefühlen.

Der Kaiserproklamation im Januar 1871 blieb Großherzog Ludwig III. (1806–1877) ostentativ fern und entsandte seinen propreußischen Neffen Ludwig (1837–1892), der nun zunehmend Repräsentationspflichten übernahm und 1877 als Ludwig IV. sein Nachfolger wurde. Dessen Heirat mit der Princess Alice (1862), einer Tochter der britischen Königin Victoria, und die Vermählungen der großherzoglichen Töchter mit dem europäischen Hochadel – vor allem dem englischen und russischen Hof, aber auch dem deutschen Kaiserhaus – gaben Hessen-Darmstadt eine zumindest protokollarisch »besondere Stellung« unter den Bundesfürsten und der Residenzstadt eine über ihre territoriale Stellung hinausgehende internationale Reputation und Vernetzung.[43] Diese Vernetzung mit dem europäischen Hochadel, insbesondere nach Großbritannien und Russland blieb auch unter seinem Nachfolger, Ernst Ludwig, erhalten. Dass damit Emotionen, ja wahrscheinlich Stolz verbunden war, dürfen wir unterstellen. Unter den Gesichtspunkten unseres Themas ist anknüpfend an die internationalen höfischen Verflechtungen auf den Einfluss des britischen Kunsthandwerks aufmerksam zu machen. War schon der Darmstädter Hof ein wichtiger Auftraggeber für Darmstädter Möbelhersteller, erst recht wichtig waren aufgrund seiner engen Verbindungen zum dortigen Königshaus die stilistischen Einflüsse aus Großbritannien. Das Projekt der Künstlerkolonie auf der Mathildenhöhe hatte durchaus positive Auswirkungen für die Möbelindustrie.[44]

Vielleicht fragen Sie sich noch nach dem Aspekt Mensch und Natur, der in unserem Thema vorgegeben ist. Nun, das wahrscheinlich größte Bauvorhaben, das jemals in Deutschland durchgeführt wurde, benötigte zwar die Zustimmung des Großherzogs von Hessen-Darmstadt, es hatte aber lediglich indirekte Auswirkungen auf die Industrialisierung in Hessen: Ich spreche von der Rheinkorrektion, einem Mammutprojekt für den gesamten Oberrhein, über 345 Kilometer von der Schweizer Grenze bei Basel bis zur rheinhessischen Grenze bei Worms. 1812 begonnen und

1876 vollendet, war dieses von Johann Gottfried Tulla konzipierte Projekt nicht zu unterschätzen für die langfristige Entwicklung von Handel und Verkehr. Der Rhein wurde um fast ein Viertel seiner Länge gekürzt und sein Flussbett erheblich verschmälert, oft von bis zu drei Kilometern auf 250 Meter.[45] Die naturräumlichen Veränderungen waren riesig, ein Projekt dieser Art wäre heute in Deutschland wahrscheinlich undurchführbar. Was unmittelbare Folgen für das Großherzogtum betrifft, so ist davon auszugehen, dass viele Erdarbeiten auch von Hessen und von hiesigen Unternehmen durchgeführt wurden.

Ein anderes Großprojekt war am Ende des betrachteten Zeitraums der Bau der Edertalsperre von 1908 bis 1914, drei nordhessische Dörfer verschwanden im Wasser der Talsperre, wurden mit 900 Menschen umgesiedelt. Der Edersee ist bis heute der von der Fläche zweitgrößte, vom Volumen drittgrößte Stausee in Deutschland.[46]

Wenn wir heute über den Zusammenhang von Mensch und Natur sprechen, denken wir immer auch an Klimafragen. Heute wird die Industrialisierung gerne als Ursache für die globale Erwärmung gesehen. In der historischen Betrachtung muss man aber hervorheben, dass sie zunächst eine andere wichtige Bedeutung hatte, nämlich die Befreiung des Menschen vom Hunger. Und dies war nur möglich durch Eingriffe des Menschen in die Natur, zum Beispiel durch künstliche Düngung, verbesserte Landwirtschaftstechnik und vieles mehr. Von Auswirkungen auf das Klima war nicht einmal die Spur einer Idee. Weit mehr: Bis Ende des Jahrhunderts dürften die durch die Industrialisierung entstandenen Emissionen tatsächlich kaum Auswirkungen auf das Weltklima gehabt haben; zumindest waren sie so minimal, dass sie im Vergleich zu natürlichen Klimaschwankungen nicht ins Gewicht fielen.[47] Die Kritik an der Industrialisierung ist aber so alt wie die Industrialisierung selbst – sie reicht von den englischen Maschinenstürmern des 18. Jahrhunderts über Marx und Engels bis zu allgemeiner Zivilisationskritik. Mensch und Natur standen und stehen vor dem Hintergrund der Industrialisierung immer in einem Spannungsfeld, das der Mensch bis heute eher zugunsten der Industrialisierung entschieden hat. Ich verzichte darauf, hier optimistische oder pessimistische Haltungen zu identifizieren. Vieles sind hier Glaubensfragen. Und da endet die Kompetenz des Historikers.

Ich fasse zusammen: Unter der Fragestellung nach dem optimistischen 19. Jahrhundert ist darauf hinzuweisen, dass alle Modernisierungen der Betriebe und Organisationsprozesse, der allgemeinen Infrastruktur überhaupt, einschließlich des seit dem Zollverein wachsenden deutschen Binnenmarkts, das psychologische Klima veränderten, Zuversicht in die wirtschaftliche Entwicklung, Unternehmergeist und Investitionsbereitschaft weckten und förderten.

Das Großherzogtum Hessen hatte den Ruf des Armenhauses unter den deutschen Staaten abgelegt – auch wenn spöttische Bemerkungen sich noch länger hielten. Aber Optimismus und Pessimismus sind Geschwister: Die Auswanderung beispielsweise sank erst seit den 1850er-Jahren, vor allem ab der Mitte dieses Jahrzehnts,[48] und in den rein agrarischen Regionen herrschte vielfach noch die Armut früherer Zeiten.

Die Hochindustrialisierung setzte zu Beginn der 1860er-Jahre ein. Auch die Hessen nahmen dies selbstbewusst zur Kenntnis. Im Gewerbeblatt las man 1864: »Das Großherzogtum Hessen ist in die Reihe der Industriestaaten eingetreten.« – Weil die Zahl der industriell Beschäftigten so groß war, weil es viele »schwunghafte[n], großartige[n] Betriebe« gab und weil sie internationale Bedeutung hatten. Die Region war an der Schwelle der Industrialisierung angekommen und diese war nicht aufzuhalten. Deutschland übernahm in der zweiten Hälfte des 19. Jahrhunderts eine Vorreiterrolle. Vor allem zwei Branchen spielten in diesem Überholprozess gegenüber Großbritannien, dem Mutterland der Industrialisierung, eine wichtige Rolle: chemische Industrie und Elektroindustrie.[49] Der Vorteil der Region war, dass sie genau auf diesen Gebieten so rasch aufgeholt hatte, dass sie auch in Deutschland aus dem Schatten heraustrat und zu einer industriell führenden Region wurde. Wie immer wäre auch hier regional und gesellschaftlich zu differenzieren. Aber wenn es um die Frage nach einer optimistischen Welt an der Wende zum 20. Jahrhundert geht, so ist auch daran zu erinnern, dass Ingenieure damals – wie formuliert wurde – geradezu »notorisch optimistisch in die Zukunft blickten«.[50]

Vor 140 Jahren hatte Darmstadt also bereits engen Kontakt mit jenem Zweig der technologischen Entwicklung, der damals Elektrotechnik genannt wurde, aber auf einer »symbolisch-kulturellen Ebene« – wie Dieter Schott zutreffend formulierte – eine ähnliche Rolle spielte wie heute und schon seit einigen Jahrzehnten die Mikroelektronik: »Elektrotechnik war die ›high technology‹ der 1880er- und 1890er-Jahre.« In dieser Zeit liegen die Anfänge der technologischen Kultur, welche die Stadt bis heute prägt.

Die Bilanz in den Jahren vor dem Ersten Weltkrieg war noch positiver, inzwischen waren Industriebetriebe der Region Mannheim und Darmstadt auch bereits Zulieferer für den Luftschiffbau.[51] Es gibt wenige Formulierungen, die die Zuversicht der Epoche treffender zum Ausdruck bringen wie jene des Gewerbevereins für das Großherzogtum Hessen 1911: Er blickte auf ein Dreivierteljahrhundert zurück, auf die 75 Jahre seines Bestehens, auf »Entdeckungen«, »Erfindungen«, »Fortschritte« des 19. Jahrhunderts. Sein Fazit fasst die Antwort auf die Ausgangsfrage dieser Tagung in einem einzigen kleinen Satz zusammen: »Es ist eine Freude zu leben!«[52] Mehr Zuversicht, mehr Optimismus, mehr positive Erwartungen waren nicht möglich. Das war – wie gesagt – 1911. Drei Jahre später sah die Welt anders aus.

0 Vortrag im Rahmen des Kolloquiums II »Eine optimistische Welt? – Mensch und Natur in den Umbrüchen des 19. Jahrhunderts« am 6./7.März 2020, in Schloss Heiligenberg Jugenheim; eine Kooperation der Stiftung Heiligenberg Jugenheim/hr2-Kultur/Institut für Personengeschichte/Akademie auf dem Felsberg. [Um Anmerkungen ergänzte Vortragsfassung]

1 So ein Abgeordneter in den Verhandlungen der zweiten Kammer der Landstände des Großherzogtums Hessen im Juni 1876, zitiert nach Viefhaus, Erwin, Hochschule, Staat und Gesellschaft, in: Technische Bildung in Darmstadt. Die Entwicklung der Technischen Hochschule 1836–1986, hg. v. der Technischen Hochschule Darmstadt, Band 1, S. 91.

2 Schott, Dieter, Die Vernetzung der Stadt. Kommunale Energiepolitik, öffentlicher Nahverkehr und die »Produktion« der modernen Stadt Darmstadt – Mannheim – Mainz 1880–1918, in: WB-Edition Universität Bd. 12, Darmstadt, 1999, S. 130.

3 Schott, Vernetzung, S. 83 f.; Klein, Thomas, Fürstentum und Freistaat Waldeck 1806–1929, in: Handbuch der hessischen Geschichte, hg. v. Walter Heinemeyer. Bd. 4: Hessen im Deutschen Bund und im neuen Deutschen Reich (1806) 1815–1945, Lieferung 1 (Veröffentlichungen der Historischen Kommission für Hessen Bd. 63/4.2, 1998, S. 204.

4 Dascher, Otfried, Im Vorfeld des Industriezeitalters – der wirtschaftlich soziale Umbruch der 1830er Jahre, in: Archiv für hessische Geschichte und Altertumskunde (AFG) NF 42 (1984), S. 185–199, hier S. 190.

5 Hahn, Hans-Werner, Der hessische Wirtschaftsraum im 19. Jahrhundert, in: Heinemeyer, Walter (Hg.), Das Werden Hessens, in: Veröffentlichungen der Historischen Kommission für Hessen 50, Marburg 1986, S. 389–429, hier S. 396.

6 Franz, Eckhardt G./Fleck, Peter/Kallenberg, Fritz, Großherzogtum Hessen (1800) 1805–1918, in: Handbuch für hessische Geschichte, S. 797.

7 Schott, Vernetzung, S. 90.

8 Hahn, Wirtschaftsraum, S. 400 f.

9 Hahn, Wirtschaftsraum, S. 421, siehe auch Gessner, Dieter, Metallgewerbe, Maschinen- und Waggonbau am Mittelrhein und Untermain (1800–1860/65). Eine quantitativ/qualitative Regionalanalyse, in: Archiv für hessische Geschichte (AFG) NF 38/1980, S. 287–329, hier S. 293–295.

10 Gessner, Metallgewerbe, S. 296.

11 Schott, Vernetzung, S. 134–136.

12 Hahn, Wirtschaftsraum, S. 412; Baumann, Carl Friedrich, 175 Jahre Henschel. Der ständige Weg in die Zukunft. Sechs Beiträge zur Firmengeschichte, Moers 1985, S. 15–18, S. 49 f.

13 Hahn, Wirtschaftsraum, S. 411; Gessner, Metallgewerbe, S. 312.

14 Schott, Vernetzung, S. 91.

15 Maaß, Rainer, Die Frühindustrialisierung in Darmstadt und der Provinz Starkenburg (1806–1871), in: Eisenbach, Ulrich (Hg.), Von den Anfängen der Industrialisierung zur Engineering Region – IHK Darmstadt, 150 Jahre IHK Darmstadt Rhein Main Neckar, Darmstadt 2012, S. 43–70, hier S. 66; Schott, Dieter, Die Provinz Starkenburg im Zeitalter der Hochindustrialisierung (1871–19134), in Eisenbach, IHK, S. 71–102, hier S. 78; Gessner, Metallgewerbe, S. 299, 310.

16 Maaß, Frühindustrialisierung, S. 66.

17 Schott, Hochindustrialisierung, S. 86 f.

18 Maaß, Frühindustrialisierung, S. 66

19 Gessner, Dieter, Chemiehandwerk und chemische Großindustrie am Mittelrhein und Untermain. Zur Vorgeschichte der chemischen Industrie im Rhein-Main-Raum (1790–1865), in: Nassauische Annalen. Jahrbuch des Vereins für Nassauische Altertumskunde und Geschichtsforschung 91 (1980), Wiesbaden 1980, S. 145–179, hier S. 172

20 Maaß, Frühindustrialisierung, S. 62 f.

21 Zur Geschichte von Merck hier und im Folgenden siehe ausführlich Schäfer, Hermann, Im Bann der Industrialisierung (1827–1914), in: Burhop, Carsten/Kißener, Michael/Schäfer, Hermann/Scholtyseck, Joachim (Hg.), Merck. Von der Apotheke zum Weltkonzern, München 2018, S. 101–216.

22 Volhard, Jacob, Justus von Liebig, Leipzig 1909, Bd. 1, S. 86.

23 175 Jahre Henschel, S. 50.

24 Schäfer, Im Bann der Industrialisierung, S. 111.

25 Gros, Leo, Carl Remigius Fresenius (1818–1897). Beiträge zur Weinanalytik, Önologie und Agrikulturchemie im 19. Jahrhundert, Wiesbaden 2018, S. 34–37.

26 Moraw, Peter, Kleine Geschichte der Universität Gießen 1607–1982, Gießen 1982, S. 138, 142 f.

27 Gessner, Chemiehandwerk, S. 160.

28 Gessner, Chemiehandwerk, S. 170.

29 Schott, Vernetzung, S. 86, Anm. 22.

30 Salewski, Michael/Stölken-Fitschen, Ilona (Hg.), Moderne Zeiten. Technik und Zeitgeist im 19. und 20. Jahrhundert, in: Historische Mitteilunge (HMRG), Beiheft 8, Stuttgart 1994, S. 9.

31 Schmidt, Isabel, Die ersten hundert Jahre, in: Epochenschwelle in der Wissenschaft. Beiträge zu 140 Jahren TH/TU Darmstadt (1877–2017), Darmstadt 2017, S. 18–65, hier S. 25.

32 Schott, Vernetzung, S. 103; Schmidt, Die ersten hundert Jahre, in: Epochenschwelle, S. 27.

33 Schott, Vernetzung, S. 176; Eisenbach, Hochschule und Wirtschaft, ebd. S. 392; Hübschmann, Werner, Die Bedeutung von Prof. Kittler und seiner Schüler für die Entwicklung der wissenschaftlichen Starkstromtechnik, in: Wessel, Horst A. (Hg.), Elektrotechnik im Wandel der Zeit, Viertes Kolloquium am 15. Oktober 1986 anlässlich des VDE-Kongresses in Nürnberg, Berlin 1986, S. 37–47.

34 Viefhaus, Erwin, Hochschule, Staat und Gesellschaft, S. 109–116, 140; Isabel Schmidt, Die ersten hundert Jahre, in: Epochenschwelle, S. 18–86, hier S. 34 f. Vgl. auch Schmidt, Die ersten hundert Jahre, in: Epochenschwelle, S. 28.

35 Voigt, Heinrich, Nachdenkliches und Heiteres aus den ersten Jahrzehnten der Elektrotechnik, Leipzig 1925, S. 82; Hübschmann, Kittler, S. 40 f.

36 Schmidt, Die ersten hundert Jahre, in Epochenschwelle, S. 29.

37 TU DA, Bd. 3, S. 18–21; Böhme, Helmut, Zur Geschichte der Technischen Hochschule Darmstadt, Festvortrag, in: Viefhaus, Marianne, Standortbestimmung. Vorträge und Ansprachen gehalten anlässlich der Festveranstaltung »100 Jahre: technische Hochschule Darmstadt«, 19. bis 22. Oktober 1977, Darmstadt 1978, S. 95; Schott, Hochindustrialisierung, S. 80.

38 Schott, Vernetzung, S. 239, 730.

39 Eisenbach, Ulrich, Hochschule und Wirtschaft. Zur Bedeutung der TH/TU Darmstadt für die Region, in: Epochenschwelle, Darmstadt 2017, S. 389–402, hier S. 389.

40 Eisenbach, Hochschule und Wirtschaft, ebd. S. 393.

41 Schott, Vernetzung, S. 230.

42 Schott, Hochindustrialisierung, S. 82. Hessen hier als späteres Bundesland Hessen definiert.

43 Franz, Eckhardt G., Das Haus Hessen. Eine europäische Familie, Stuttgart 2005; ders., Hof- und Hofgesellschaft im Großherzogtum Hessen, in: Möckl, Karl (Hg.), Hof und Hofgesellschaft in den deutschen Staaten im 19. und beginnenden 20. Jahrhundert. Büdinger Forschungen zur Sozialgeschichte 1985 und 1986, in: Deutsche Führungsschichten in der Neuzeit, Bd. 18, Boppard 1990, S. 157–176, hier S. 174.

44 Schott, Hochindustrialisierung, S. 90; Alfred Rehm, Eine Institution von bleibendem Wert und großer idealer und materieller Nützlichkeit. Künstlerkolonie, Jugendstil und Stadtmarketing. Über die Modernität der Großherzoglichen Wirtschaftsförderung in Darmstadt um 1900, in: Archiv für hessische Geschichte und Altertumskunde (AFG) NF 71/2013, S. 157–184, hier S. 157–184.

45 Blackbourn, David, Die Eroberung der Natur. Eine Geschichte der deutschen Landschaft, München 2006, S. 105–146.

46 Blackbourne, Eroberung der Natur, S. 292–295.

47 Behringer, Wolfgang, Kulturgeschichte des Klimas. Von der Eiszeit bis zur globalen Erwärmung, München 2007, S. 225, 232.

48 Zumindest in Nassau, vgl. Schüler, Winfried Das Herzogtum Nassau 1803–1866, in: Handbuch für hessische Geschichte, S. 582; zur Auswanderung im Großherzogtum Hessen: Franz/Fleck/Kallenberg, Großherzogtum Hessen, in: ebd. S. 801–804.

49 Evans, Richard J., Das europäische Jahrhundert. Ein Kontinent im Umbruch 1815–1914, 2018, S. 418–421.

50 Hans-Liudger Dienel (Hg.), Der Optimismus der Ingenieure. Triumph der Technik in der Krise der Moderne um 1900, Stuttgart 1998, S. 7, 11, 16.

51 Vgl. Eckstein, Ursula, »Luftfahrtindustrie in Darmstadt« in: Stadtlexikon Darmstadt [online]. Seit 1909 baute Schütte-Lanz Luftschiffe an den Standorten Mannheim, Darmstadt, Leipzig und Zeesen/Berlin; an der TH Darmstadt wurde 1913 die Professur für Luftschifffahrt und Flugtechnik geschaffen, vgl. Keller, Sebastian, Fächer, die es nicht mehr gibt, in: Epochenschwelle, S. 87–94, hier S. 88.

52 Nach Dascher, Im Vorfeld des Industriezeitalters, S. 185.

Victoria, Königin von Großbritannien und Irland, zusammen mit ihrem Ehemann Prinz Albert, geborener Herzog von Sachsen-Coburg und Gotha, Aufnahme von ca. 1859

3. DER HEILIGENBERG UND EUROPA

Volkhard Huth

Wenn die noch recht junge Stiftung Heiligenberg, Gastgeberin auch der diesem Band zugrundeliegenden Tagung, immer wieder ein Forum aufbietet, das »sich der Gestaltung der europäischen Zukunft und der Pflege internationaler Beziehungen in besonderem Maße verpflichtet sieht«,[1] so stellt sie sich damit in eine alte Tradition, an die hier vor Ort auf ganz spezifische Weise angeknüpft werden kann – heute gewiss in einem grundlegend veränderten Koordinatensystem internationaler Politik, dessen Sicherheitsarchitektur deshalb jedoch nicht minder auf die Konditionen von Frieden und Ausgleich abstellen muss.

Um das in Rückprojektion zu veranschaulichen und ganz konkret auf den Heiligenberg zu beziehen, sei mit einem aktualisierenden Panoramablick begonnen. Er mag die historische Einordnung des angetragenen Themas erleichtern und über die Rekonstruktion von Personenbeziehungen und ihren politischen Resonanzräumen eine Vorstellung davon vermitteln, welche Energien sich im 19. Jahrhundert am Heiligenberg bündelten, welche Impulse hier von allenthalben empfangen und an die Höfe bzw. Regierungszentren Europas weitergeleitet wurden. Damit ist schon angesprochen, was sie für das politische Ordnungsdenken wie die Herrschaftspraxis jener Zeit bedeuten konnten. Die historische Langzeitwirkung des Themas erlaubt es freilich, mit dem essayistischen Rundgang sogar in der jüngsten, allen Lesern geläufigen Gegenwart einzusetzen.

Das dynastische Erbe: Chancen und Lasten

Unter überwältigender Anteilnahme der Bevölkerung und von großem Medieninteresse begleitet haben die englische Königin und ihr Gemahl Prinz Philip vor fünf Jahren diesem Land einen Staatsbesuch abgestattet, exakt ein halbes Jahrhundert nach ihrer ersten offiziellen Deutschland-Reise. 2015 führte sie das Monarchenpaar auch ins Rhein-Main-Gebiet und damit in eine Region, an die es verwandtschaftliche Wurzeln binden. Nach solchen Wurzeln schien dann aus gegebenem Anlass das *Zweite Deutsche Fernsehen* (ZDF) sogar mit einem Feature zur besten Sendezeit zu fragen: »Wie *deutsch* ist die Queen?«

Doch die in der TV-Sendung dann gebotenen Antworten waren nicht sonderlich informativ oder erschöpften sich überwiegend in der Bezugnahme auf jene Zeit, in der Großbritannien und Hannover in Personalunion regiert wurden (1714–1837). Darüber hinaus aber gibt es jüngere, zeitgeschichtlich relevante und noch immer aktuelle, auch recht lange als problematisch empfundene verwandtschaftliche Beziehungen des englischen Königspaares, die ins südliche Hessen reichen: nach Darmstadt, hierher an die Bergstraße und in den Odenwald. Auch haben die Queen und ihr Ehemann, dessen Hintergrundrolle dabei nicht unterschätzt werden sollte, mit ihrem Besuch diskrete Entspannungssignale auch gegenüber der *eigenen* Bevölkerung ausgesandt. Denn die britische Öffentlichkeit hat seit über einem Jahrhundert die deutschen Herkunftstraditionen ihres Königspaares argwöhnisch beobachtet und als Belastung empfunden. Eine Belastung, die vor allem Prinz Philip persönlich traf.

Das alles ist hierzulande jedoch den meisten, selbst professionellen Beobachtern weitgehend unbekannt und blieb auch 2015 in der Berichterstattung wieder völlig unterbelichtet. Eine unbefriedigende Bilanz, denn die anzusprechenden Verbindungen werfen bedeutsame Schlaglichter auf die europäische Geschichte des 19. und 20. Jahrhunderts.

Um das richtig einzuschätzen, muss man sich vor Augen halten, welche politische Bedeutung den Herrscherdynastien in Europa bis ins frühe 20. Jahrhundert hinein zukam: nicht nur im Blick auf das politische System, sondern über die persönlichen Verflechtungen der Herrscherhäuser. Über nationale bzw. territoriale Grenzen hinweg begründeten oder verstärkten sie verwandtschaftliche Nähe und sicherten abseits des höfischen Protokolls wie öffentlicher Zwänge und Erwartungen persönliche Vertrautheit. Das garantierte intimen Informationsaustausch und konnte politisch nutzbar gemacht werden, im günstigsten Fall geheimdiplomatisch zur Vermeidung oder Behebung von Konflikten zwischen Staaten und deren Allianzen. Zumindest ermöglichte es eine Weitung des kulturellen Horizonts und die Chance, für Problemlagen auch in anderen Ländern Verständnis zu entwickeln, sie also z. B. nicht nur durch eine »deutsche«, »englische« oder »russische« Brille zu sehen.

Doch bedeutete das dynastische Erbe auch immer wieder eine Last und beschwor Gefahren herauf; auch davon soll hier die Rede sein.

Deutsch-englische Familienbezüge und Verwerfungen im Prisma hessischer Landesgeschichte

Sowohl Königin Elisabeth als auch ihr Prinzgemahl Philip sind Urur-enkel der britischen Königin Victoria (1819–1901), die seit ihrer Thronbesteigung 1837 über 63 Jahre hinweg dem damals seine größte Ausdehnung erreichenden britischen Empire vorstand; seit 1877 trug Victoria auch den Titel einer Kaiserin von Indien. Sie sollte eine ganze Ära englischer Geschichte und Kultur prägen. 1840 hatte sie Prinz Albert geheiratet, einen Cousin mütterlicherseits aus dem deutschen, im thüringisch-fränkischen Raum beheimateten Adelsgeschlecht Sachsen-Coburg und Gotha. Gestiftet hatte diese Ehe beider Onkel, der belgische König Leopold I., der seinerseits dem Hause Sachsen-Coburg und Gotha entstammte. Mit Victorias und Alberts Sohn Albert Edward (als König: Edward VII.) wurde dieses deutsche Adelshaus die Herrscherdynastie Großbritanniens und seines Empires. Bis in den Ersten Weltkrieg hinein trug das englische Königshaus deshalb den Namen »Saxe-Coburg and Gotha«, ehe es sich 1917 unter dem Druck einer den König immer stärker anfeindenden Öffentlichkeit von diesem Namen trennte. Stattdessen nahm man den erfundenen Dynastienamen »Windsor« an, nach jenem gewaltigen, bis in die Tage Wilhelms des Eroberers zurückreichenden Schloss oberhalb der Themse in der Grafschaft Berkshire, bis heute neben dem Buckingham Palace in London und dem Holyrood Palace im schottischen Edinburgh eine der drei Hauptresidenzen britischer Monarchen. Damit suchte der Großvater der heutigen Queen, seinerseits mit einer deutschen Prinzessin verheiratet, inmitten der Weltkriegsnöte dem Vorwurf des Vaterlandsverrats zu entgehen. Die Monarchie und ein unter den Kriegsleiden äußerst angespanntes, ja hysterisch aufgeladenes nationales Empfinden schienen damals nicht mehr anders vereinbar zu sein. So legte das englische Königshaus im Juli 1917 alle seine deutschen Namen und Titel ab. Die mit dem Königshaus damals schon eng verwandte Adelsfamilie der »Battenberger«, eben hier auf dem Heiligenberg oberhalb Jugenheims an der Bergstraße beheimatet,[2] schloss sich diesem Schritt an und taufte sich, mithin keineswegs aus eigenem Antrieb, in »Mountbatten« um. Der seinerzeit bedeutendste Träger dieses Namens in England, Ludwig Prinz von Battenberg (1854–1921), mütterlicherseits der Großvater Prinz Philips, erhielt den Titel eines »Marquess of Milford Haven«. Doch half ihm das nicht mehr. Er war, obwohl er sich von frühen Kadettentagen an im Dienst der britischen Seestreitkräfte bewährt hatte, das erste dynastische Opfer des grassierenden Deutschenhasses geworden. Man zwang ihn schon bei Kriegsbeginn, sein Amt als ›Erster Seelord‹ und damit das Kommando der britischen Kriegsmarine

Ludwig Alexander, Prinz von Battenberg (1854–1921), im Jahr 1870

niederzulegen: eine Demütigung, die er niemals verwand und die man ihm nachmals auch nicht mehr dadurch versüßen konnte, dass man ihn in seinem Todesjahr noch zum Präsidenten des »Royal Navy Club« wählte und mit dem exklusiven Titel eines »Admiral of the Fleet« ausstattete. Der für Prinz Ludwigs Abservierung direkt verantwortliche Marineminister, der spätere Premier Winston Churchill, kommentierte eher ungerührt: »Our poor blue-eyed German will have to go.«[3]

Der Fairness halber ist jedoch anzumerken, was in der Literatur in diesem Zusammenhang öfters unterschlagen wird: dass nämlich auf deutscher Seite 1917 zuerst an der dynastischen Eskalationsspirale gedreht worden war. Denn schon im März dieses dritten Weltkriegsjahres hatte der letzte regierende Herzog von Sachsen-Coburg und Gotha,

Carl Eduard (1884–1954), Herzog von Sachsen-Coburg und Gotha, im Kriegsjahr 1916

Carl Eduard (1884–1954), seinerseits ein in England aufgewachsener Enkel von Queen Victoria, geborener Duke of Albany und Prinz von Großbritannien und Irland, ein Gesetz unterzeichnet, das außerdeutsche Mitglieder des Hauses Sachsen-Coburg und Gotha von der Thron- und Erbfolge ausschloss, »wenn ihr Heimatsstaat Krieg gegen das deutsche Reich führt«.[4] Nach seiner Absetzung 1918 wandte sich der Herzog verstärkt völkisch-nationalistischen Kreisen zu und wurde zu einem frühen Unterstützer Adolf Hitlers in Bayern.

Familienidyll und internationaler Begegnungsort unweit der Landeshauptstadt: der Heiligenberg

Doch kehren wir den Blick wieder hierher zum Heiligenberg. Ludwig Battenberg alias Louis Mountbatten war wie seine Brüder, darunter der 1879 zum ersten frei gewählten Fürsten Bulgariens aufsteigende Alexander (1857–1893, familienintern kurz »Sandro« genannt), seit 1862 unten in Jugenheim von dem Geistlichen Heinrich Hager erzogen worden.[5] Ludwigs Tochter Alice, geboren 1885 auf Schloss Windsor, heiratete 1903 in Darmstadt Andreas Prinz von Griechenland (1882–1944), den Sohn König Georgs I. von Griechenland und der russischen Großfürstin Olga. Doch auch die Vorfahren von Prinz Andreas verwiesen nach Deutschland, in die Familie Schleswig-Holstein-Sonderburg-Glücksburg, eine Nebenlinie des Hauses Oldenburg. Die Verlobung war nach der Krönung König Edwards VII. von England zustande gekommen, die »Griechenhochzeit« (Volksmund) selbst aber wurde, als großes europäisches Ereignis, in Deutschland gefeiert, in der Residenz des hessischen Großherzogs Ernst Ludwig, eines Enkels von Queen Victoria, und der Heimat der Brautmutter, die den Namen der zwei Jahre zuvor verstorbenen englischen Königin trug: Victoria Prinzessin von Hessen und bei Rhein (1863–1950). Am 7. Oktober 1903 erlebten die Darmstädter ein rauschendes Fest, das nicht nur einer legendären, sage und schreibe 60 Kilogramm schweren Hochzeitstorte halber in Erinnerung bleiben sollte, sondern, wie es die Tante der Braut in ihren Erinnerungen festhielt, als letzte Zusammenkunft einer Familie, die sich auf alle bedeutenden Throne Europas verteilte: in der heutigen Rückschau der trügerische Abglanz einer Epoche. An jenem Oktobertag 1903 aber trafen unter den Augen der Darmstädter Zar Nikolaus II. von Russland und seine Frau, ebenfalls eine gebürtige Hessen-Darmstädterin, das russische Großfürstenpaar Sergej und Elisabeth (Spitzname »Ella«, ihrerseits geborene Prinzessin von Hessen und bei Rhein), deren Mann nur zwei Jahre später in Russland einem Attentat zum Opfer fallen sollte, Prinz Heinrich und seine Gemahlin Irene von Preußen, also Bruder und Schwägerin des deutschen Kaisers, die englische Königin Alexandra und allerlei sonstige Majestäten zusammen.

Die Flitterwochen verbrachte das Brautpaar auf dem Heiligenberg und in Darmstadt. Zum vertrauten Familienkreis zählte aber auch die zitierte Berichterstatterin, Marie Karoline, Prinzessin von Battenberg (1852–1923), Schwester des englischen Admirals Ludwig bzw. Louis, die wenige Tage vor dem deutsch-französischen Friedensschluss 1871 den Grafen Gustav von Erbach-Schönberg geheiratet hatte und daraufhin mit diesem auf den Familiensitz Schönberg gezogen war, heute ein Ortsteil von Bensheim. Unmittelbar vor der »Griechenhochzeit« wurde ihr Ehemann

Vornehme Gesellschaft zu Gast auf Schloss Schönberg am Rande der Darmstädter »Griechenhochzeit« im Oktober 1903

Gustav in den Fürstenstand erhoben, und auf dem Schönberger Schloss kam dann die Hochzeitsgesellschaft in diskretem Rahmen zusammen. Ein aus diesem Anlass in Schönberg geschossenes Foto zeigt, jenseits aller Hofetikette, die illustre Runde in entspanntester Atmosphäre: die erbach-schönbergischen Gastgeber zusammen mit dem russischen Zaren (in Zivil) und einem lässig auf dem Boden sitzenden Preußenprinzen Heinrich, der seine bis heute nach ihm benannte Mütze trägt.

Fürstin Marie, ebenfalls auf dem Foto zu sehen (sitzend in der mittleren Reihe ganz links) liegt auf dem fürstlichen Friedhof neben der Marienkirche, der 1832 errichteten Hofkirche der Grafen Erbach-Schönberg, in Schönberg begraben, also nur wenige Kilometer vom Heiligenberg entfernt. Noch heute erinnert in Schönberg ein Grabmal an sie. Ihre unlängst wieder von Barbara Dölemeyer in den Blick gerückten Erinnerungen legte sie nach dem Ersten Weltkrieg in mehreren kleinen Bänden gedruckt vor,[6] von denen das Institut für Personengeschichte in Bensheim einige Exemplare mit persönlichen Widmungen an Maries Schönberger Freundin Therese Schäfer besitzt. Die Agonie der Familie, in die Marie eingeheiratet hatte, erlebte sie nicht mehr mit, weder die NS-Karriere ihres Enkels Georg-Ludwig noch den endgültigen Verlust des Familienschlosses nach

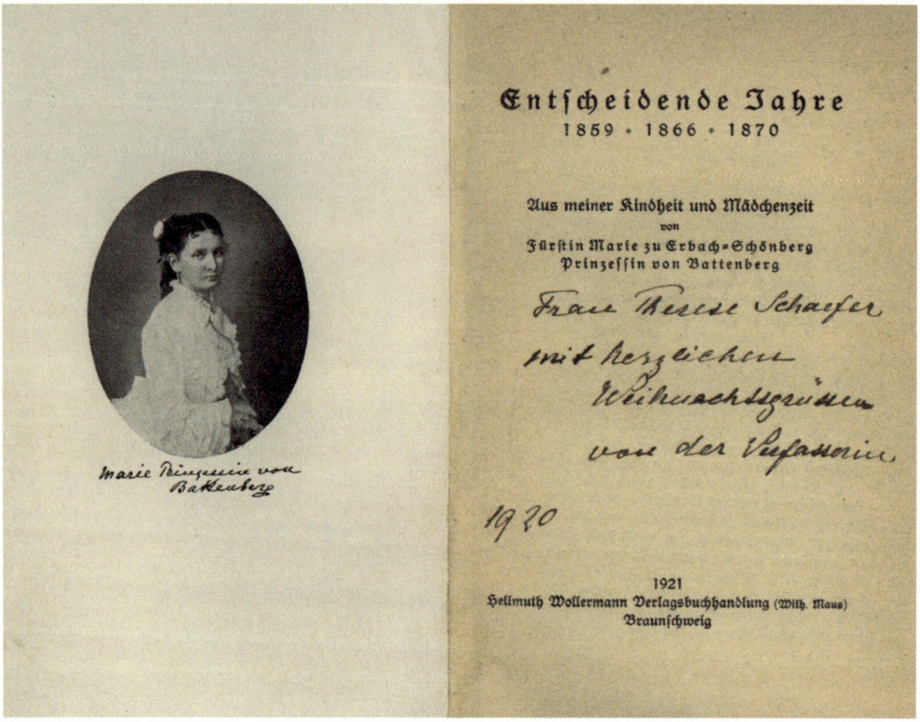
Marie Prinzessin von Battenberg

Entscheidende Jahre
1859 · 1866 · 1870

Aus meiner Kindheit und Mädchenzeit
von
Fürstin Marie zu Erbach-Schönberg
Prinzessin von Battenberg

Frau Therese Schaefer
mit herzlichen
Weihnachtsgrüssen
von der Verfasserin

1920

1921
Hellmuth Wollermann Verlagsbuchhandlung (Wilh. Maus)
Braunschweig

Frontispiz und Titelblatt eines 1921 erschienenen Bandes der Erinnerungen von Fürstin Marie zu Erbach-Schönberg, Prinzessin von Battenberg, mit Bild der Autorin und ihrer handschriftlichen Widmung an eine Freundin

dem Zweiten Weltkrieg. Nicht zuletzt blieb ihr der Schock erspart, den im Herbst 1937 landesweit die Tragödie ihrer hessischen Verwandten auslöste. Im belgischen Ostende stürzte ein Flugzeug ab; an Bord befanden sich u. a. der frühere Erbgroßherzog Georg Donatus von Hessen und bei Rhein zusammen mit seiner Frau, seinen Kindern und seiner Mutter, die allesamt ums Leben kamen. Man war auf dem Weg nach London, um dort die Hochzeit von Ludwig, dem jüngeren Bruder von Georg Donatus, zu feiern.

Zu den Trauerfeierlichkeiten in Darmstadt reiste dann im Herbst 1937 auch ein Jüngling von gerade einmal 16 Jahren an, der bei diesem Unfall selbst die meisten seiner engsten Angehörigen verloren hatte: Philip, der heutige Prinzgemahl der Queen. Er war das jüngste Kind der Ehe des Prinzen Andreas von Griechenland und seiner Frau Alice von Battenberg, deren Ehebund eben 1903 unter großem Gepränge in Darmstadt geschlossen worden war. Wiewohl Philip im Zweiten Weltkrieg in der britischen Marine gedient hatte, schlugen dem auch in der Internatsschule Schloss Salem erzogenen Griechenprinzen am englischen Königshof nach seiner Heirat mit der Thronfolgerin Elisabeth (1947) über längere Zeit offenes Misstrauen und Geringschätzung entgegen. Er galt eben als »Deutscher«, auch wenn seine Mutter sogar in Schloss Windsor geboren worden war. Diese gleichfalls als »Deutsche« wahrgenommene Mutter litt seit den 1930er-Jahren an einer psychischen Erkrankung, später gründete sie nach dem Vorbild ihrer Verwandten, der 1917 mit der Zarenfamilie ermordeten hessischen Prinzessin Elisabeth (als Großfürstin von Russland: Jelissaweta Fjodorowna – die oben bereits eingeführte »Ella«), eine orthodoxe Schwesternschaft. Nach dem Putsch in Griechenland 1967 verbrachte sie die letzten Lebensjahre an der Seite ihres Sohnes in Buckingham Palace, wo sie auch starb. Erst 1988 erfüllte man ihren letzten Wunsch und verbrachte ihre sterblichen Überreste nach Jerusalem, wo sie, wie diejenigen Ellas, in der einst von Zar Alexander III. errichteten Maria-Magdalena-Kirche am Ölberg gegenüber dem Garten Gethsemane beigesetzt wurden.[7]

Fürstin Marie von Erbach-Schönberg, die Großtante Prinz Philips, starb ein Jahr, nachdem die Familie Battenberg/Mountbatten Schloss Heiligenberg oberhalb Jugenheims verkauft hatte. Die Schicksale dieser Familie bzw. ihrer einzelnen Mitglieder, die auf dem Heiligenberg lebten, aufwuchsen und ihn immer wieder als gemeinsamen Bezugspunkt aufsuchten,[8] verweisen in alle Himmelsrichtungen Europas und verdeutlichen zugleich, welchen macht- und sicherheitspolitischen Grundlagen der alte Kontinent zwischen Wiener Kongress und Ausbruch des Ersten Weltkrieges verpflichtet und welchen Herausforderungen sowie Konfliktszenarien er ausgesetzt war.[9] Mit Darmstadt, St. Petersburg und London lassen sich die Fixpunkte benennen, zwischen denen sich die internationale Wirksamkeit des Hauses Hessen und, auf diplomatischem Terrain, insbesondere des aus ihm herausgewachsenen Hauses der Battenberger erprobte. Von entscheidender Bedeutung war für die Battenberger der Einsatz ihres familiär-persönlichen Einflusses und ihrer kurzen Wege auf den Korridoren der Macht zugunsten der Wahrung einer europäischen Friedensordnung, die zumindest bis 1890 hielt, ehe dieses internationale System bald in eine verhängnisvolle Strukturkrise geriet. Ab etwa diesem Zeitpunkt gelang es nicht mehr, die Gegensätze der Großmächte wirksam auszugleichen. Mit diesem Prozess kam eine Klimax rasch wechselnder Allianzen, Blockbildungen und Interessenkollisionen in Gang, der sich am Ende niemand mehr gewachsen zeigte. Die »Urkatastrophe« des 20. Jahrhunderts, der Erste Weltkrieg, trug die alte Ordnung endgültig zu Grabe, und mit ihr auch die politische Bedeutung der Monarchie in Europa, sofern man in ihr eine historische Potenz von mehr als nur inszenatorisch-repräsentativer Bedeutung sieht.

Merkmal des internationalen Ordnungsgefüges war das Prinzip eines relativ fein austarierten Mächtegleichgewichts. Dieses Prinzip hat beachtlich lange dazu beigetragen, Kriege zwischen den damaligen Großmächten einzudämmen. Der Vorstellungswelt dieses Systems sind, so weit zu sehen, jedenfalls die Mitglieder der Familien Hessen und Battenberg verhaftet gewesen, und ihr suchten sie unter Aktivierung ihres adeligen Netzwerkes zu dienen.

Mit dem Verkauf des Schlosses Heiligenberg verloren die den Ersten Weltkrieg überlebenden Battenberger schließlich ihren Mittelpunkt. Das Schloss selbst wie überhaupt das gesamte Ensemble auf dem Heiligenberg, bezeichnenderweise einschließlich der kleinen Kapelle mit dem Battenberg-Mausoleum vorne auf dem Bergsporn, verfiel in einen Dornröschenschlaf. Immerhin hatte Queen Elizabeth in einer Sitzung des Geheimen Kronrates Anfang 1960 ihren Wunsch zum Ausdruck gebracht, dass ihre Nachkommen den Namen »Mountbatten-Windsor« tragen sollten. So hätte für alle Zeiten der Name ihres Gatten mit dem Königsgeschlecht der Windsors vereinigt werden können. Doch war ein Ansinnen selbst in dieser Form, kaum anderthalb Jahrzehnte nach Beendigung des Zweiten Weltkrieges, in der britischen Öffentlichkeit und bei einer noch immer heftig antideutsch aufgeladenen Generalstimmung, schwer durchzusetzen. Die Königinmutter war strikt dagegen, Winston Churchill erklärte seinen kategorischen Widerstand gegen alle Pläne, an traditionelle Bindungen der englischen Königsfamilie an Deutschland zu erinnern, und Premierminister Macmillan riet der Königin, mit Rücksicht auf die Gefühle ihrer Untertanen auf den erwogenen Schritt zu verzichten.

Als der letzte Vizekönig von Indien, der Onkel und Förderer Prinz Philips und später von der ›IRA‹ getötete Louis Mountbatten, 1. Earl Mountbatten of Burma († 1979), sich kurz vor der dynastiebezogenen Initiative der Königin, im Mai 1959, in das Gästebuch eines hessischen Hotels schlicht als »Prinz von Battenberg« einzutragen gewagt hatte, ließ das die englische Presse noch vor Empörung schäumen.[10] In den letzten Jahrzehnten schienen sich jedoch allmählich die Wogen zu glätten, und letzthin dürfte noch der eingangs erwähnte Besuch des englischen Königspaares 2015 in Deutschland atmosphärisch weiter seinen Teil dazu beigetragen haben.

Die Dynastie am Limit

Die Analyse von Chancen und Risiken der dynastischen Verflechtungen im 19. Jahrhundert schärft den Blick für die europäischen Krisen und Kriege jener Epoche, aber eben damit zugleich auch für die Bedingungen und Möglichkeiten, gefährliche Konflikte zu verhindern bzw. einzuhegen. Dieser Blickwinkel ist es, der das Thema »Der Heiligenberg und Europa«

Alexander (1857–1893), Prinz von Battenberg,
1879–1886 regierender Fürst von Bulgarien

so reizvoll und erkenntnisfördernd erscheinen lässt. Und das eben vor einem historischen Horizont, den allgemein der Niedergang monarchischer Staatsform im 19. Jahrhundert grundiert oder, neutraler ausgedrückt, die Transformation der Monarchie. Eine kürzlich von der Prinz-Albert-Gesellschaft, die sich speziell der historischen Verbindungen Deutschlands und Englands annimmt, veranstaltete Tagung brachte diesen Prozess einprägsam auf den Punkt, indem sie die europäischen Monarchien von 1815 bis heute vergleichend musterte und sie, wenn auch mit einem Fragezeichen versehen, als Verlierer der Geschichte apostrophierte.[11]

Doch mag bei näherem Zusehen die Verlustbilanz vielleicht nicht nur für die regierenden Häuser Europas aufzumachen sein, deren Weg ab 1848 allenthalben vom Absolutismus bzw. der Autokratie in die Bahnen der konstitutionellen Monarchie gelenkt wurde, selbst noch für kurze Zeit in Russland, wie dessen »Staatsgrundgesetz« von 1906 vor Augen stellt, allen konträren Ambitionen des letzten Zaren zum Trotz.[12]

Allein, das Nachverfolgen der Spuren, wie sie die politischen und diplomatischen Bestrebungen der Battenberger erkennbar zogen, lassen über die Handlungsspielräume und die Handlungslogik exemplarisch erfahrbar werden, welchen Grundlagen jenes ›alte‹ Europa zwischen Wiener Kongress und Ausbruch des Ersten Weltkrieges, doch immerhin ein Jahrhundert lang, auf makropolitischer Ebene verpflichtet und welchen Herausforderungen es ausgesetzt war. Vor allem erfährt man, jenseits aller wechselnden Bündniskonstellationen und des Erhitzens ehedem schon alter wie neuer Konfliktherde, etwas über die grundlegenden Voraussetzungen und Rettungsversuche einer Großraumordnung, die ungeachtet diverser revolutionärer Bestrebungen und blutiger militärischer Auseinandersetzungen immer wieder Frieden und Ausgleich suchte – ein, wie man es damals schon nannte, »Mächtekonzert«, das freilich, und hierüber muss man sich auch klar werden, mehr als einmal auf Kosten des Unabhängigkeits- und Freiheitsstrebens einzelner Völker ging, die es ihrerseits nach Bildung eines eigenen, einheitlichen und souveränen Staates verlangte. Alexander Prinz von Battenberg (1857–1893) hat das als von der Nationalversammlung in Sofia 1879 frei gewählter Fürst von Bulgarien selbst bitter erfahren müssen.

Gleichwohl haben insbesondere er und sein Bruder Ludwig (1854–1921), der als 14-jähriger Kadett in den Dienst der britischen Marine getreten war, fast über ihr gesamtes Erwachsenenleben hinweg ihre vielfältigen, weitreichenden familiären Verbindungen zu nutzen versucht, um Verständigungsmöglichkeiten über trennende nationale Grenzen und Interessen hinweg auszuloten, Ludwig noch am Vorabend des Ersten Weltkrieges zwischen England, Frankreich und Deutschland. Das wurde oft misstrauisch beäugt: ihre Internationalität und Weltläufigkeit trug der am Heiligenberg beheimateten Familie häufig üble, denunziatorische Verdächtigungen ein; über ihren Mitgliedern schwebte chronisch der Verdacht der Illoyalität, gar des Verrats. So konnte etwa ein harmloses Treffen der beiden Brüder Alexander und Ludwig Battenberg 1878 in Konstantinopel sich zu einer Staatsaffäre auswachsen: denn Russland, in dessen Diensten Alexander von Battenberg seinerzeit noch stand, befand sich mit der Türkei im Kriege, und seinen Bruder Ludwig, der als englischer Offizier die Ankerung seines Schiffes im Bosporus lediglich zum Landgang nutzen wollte, um endlich wieder einmal Bruder »Sandro« zu sehen, hätte das nach der dadurch ausgelösten Pressekampagne um ein Haar seine Marinelaufbahn gekostet.[13]

Damit werfen wir auch einen jähen Blick auf die Kehrseite repräsentativer, einflussreicher Stellung, die solchen Sprösslingen fürstlichen Geblüts im 19. Jahrhundert zukam, sie fordern und eben auch überfordern konnte, auch, wenn sie keine thronfolgeberechtigten Glieder eines Herrscherhauses waren. Indessen waren Alexander oder Ludwig Battenberg mit tiefen Enttäuschungen und auch Demütigungen, die beiden aus Gründen der Staatsraison in Bulgarien und Deutschland bzw. England zugefügt wurden, noch vergleichsweise gut bedient, denkt man an ihre enge Verwandte Elisabeth Prinzessin von Hessen und bei Rhein, verheiratete Jelissaweta Fjodorowna, Großfürstin von Russland, deren Mann 1905 in St. Petersburg einem Bombenattentat zum Opfer gefallen war und die dann in Moskau ein Kloster gegründet hatte, das sich der Krankenpflege und Armensorge widmete. Nach dem Sturz des Zaren 1917 wurde sie verhaftet, mit der Romanow-Familie von den Bolschewiki in den Ural verschleppt und dort ermordet. Ihre aus einem Grubenschacht geborgenen sterblichen Überreste rettete ein Mönch über die chinesische Grenze; auf Betreiben von Elisabeths Schwester Victoria, Gemahlin Ludwigs von Battenberg, wurde Elisabeths Leiche 1921 zur ewigen Ruhe ins Heilige Land überführt.

Die unverkennbar ehrgeizigen Aktivitäten der Familie Battenberg auf politischem Parkett erscheinen gleichsam als Konsequenz ihrer exklusiven dynastischen Verflechtungen. Ablesbar ist das schon an der ersten Generation, d. h. mit dem Begründer dieser Nebenlinie des großherzoglich-hessischen Hauses, Alexander Prinz von Hessen und bei Rhein (1823–1888),[14] der zwischen dem österreichischen Kaiser Franz-Joseph, dem Taufpaten seines nach dem Kaiser benannten jüngeren Bruders, Franz-Joseph Prinz von Battenberg (1861–1924), Zar Alexander II., Kaiser Napoléon III. von Frankreich und König Wilhelm I. von Preußen eifrig zu vermitteln suchte. 1864 hat der Prinz auf dem Heiligenberg seine Schwester Marie und ihren Gemahl, den russischen Zaren (Alexander II.), wie auch den Preußenkönig und nachmaligen deutschen Kaiser Wilhelm I. gemeinsam als Gäste empfangen. Auf der Vorgängertagung ist die geheimnisschwangere Abstammung Alexanders von Battenberg ebenso thematisiert worden wie dessen militärische Karriere und sein anschließendes diplomatisches Wirken, das sich in der Generation seiner Kinder inmitten des damaligen Netzwerks einander eng verbundener europäischer Fürstenhäuser unilateral ebenso erweiterte wie verdichtete. Die Spuren führen immer wieder nach Russland und England, aber eben auch nach Bulgarien, über Heiratsverbindungen nach Montenegro und Griechenland, Schweden und Spanien. Anhand der Informationsmaterialien und Schautafeln, die das Dokumentationszentrum auf dem Heiligenberg im »Russenbau« bietet, kann jeder Besucher diese Spuren sogleich selbst aufnehmen, und so können an dieser Stelle auch gemütvolle Heirats- oder Familienanekdoten bzw. der Hofklatsch ausgespart bleiben, dem die Battenberger öfters willkommenen Stoff boten.[15] Nicht unterschlagen sei hingegen, dass der Dynastiegründer Prinz Alexander,

der gegen Ende seines Lebens übrigens auch als Präsident der Ersten Kammer des Darmstädter Parlaments vorstand, als österreichischer Offizier 1859 in Oberitalien am Krieg gegen Savoyen und Frankreich teilgenommen und in der fürchterlichen Schlacht von Solferino einen nicht unerheblichen Part gespielt hat. Vielleicht, so darf spekuliert werden, hat ihn das grauenhafte Geschehen an diesem gemeineuropäischen *lieu de mémoire* nicht weniger beeindruckt als einen zufälligen Augenzeugen des Gemetzels: den Schweizer Kaufmann Jean-Henri Dunant, der dieses traumatische Erlebnis in einem Buch verarbeitete, das er wenige Jahre später auf eigene Kosten drucken ließ und dessen Wirkung eine wichtige Etappe markiert auf dem Weg zur Gründung des Internationalen Komitees vom Roten Kreuz, aber auch, das wird manchmal nicht mitgedacht, zur 1864 vereinbarten Genfer Konvention. 1901 erhielt Dunant zusammen mit dem französischen Pazifisten Frédéric Passy den ersten Friedensnobelpreis.

Sicherlich, Pazifisten waren die Battenberger nicht. Doch von elementarer Bedeutung war für sie, soviel darf wenigstens verantwortbar gesagt werden, inmitten eines harten Konkurrenzkampfes nationaler Begehrlichkeiten der Einsatz für die letzthin 1815 grundgelegte, kontinentumspannende Friedensordnung, die dann mit dem Ersten Weltkrieg endgültig zusammenbrach. Ihre Wirkkraft war, das sei nochmals unterstrichen, das Prinzip eines anpassungsfähigen Mächtegleichgewichts in Europa. Wo es trotz dieser bemühten Balance zu Kriegen kam, entstanden sie durch Expansionsgelüste in Südost-/Osteuropa sowie im Zeichen von Unabhängigkeits- bzw. Einheitsbestrebungen, etwa in Deutschland und Italien. Doch war es bis 1914, alles in allem, gelungen, diese Konflikte weitgehend unter Kontrolle zu bringen, selbst nach dem Deutsch-Französischen Krieg, von dem sich die französische Seite auch deshalb recht schnell erholen konnte. An den Schaltstellen der Macht, jedenfalls in den Regierungszentren der kontinentalen Großmächte, dominierte das Kalkül einer internationalen Ordnung, die prioritär auf den Machtausgleich ebendieser Großmächte setzte.

Der Systemlogik dieser Vorstellungswelt sind die Mitglieder der Familie Battenberg überwiegend verhaftet geblieben. Allerdings konnten sie dabei auch selbst zum Opfer dieses Systems werden, wie »Sandros« Scheitern in Bulgarien drastisch vor Augen stellt. Denn, wie man sich schon Jahrzehnte vor dem Ausbruch des Ersten Weltkriegs in Europa sarkastisch zuzuraunen gewohnt war: In seinem Zorn müsse Gott den Balkan erschaffen haben, um Europa in Angst und Sorge zu versetzen. Durch die Vereinigung Bulgariens unter der Fürstenherrschaft Alexander Battenbergs, der sich auch noch gegen das neu auf die politische Bühne drängende Serbien militärisch behauptete,[16] war ein auf der berühmten Berliner Konferenz von 1878 müh-

Abschließende Sitzung des ›Berliner Kongresses‹ am 13. Juli 1878.
Monumentalgemälde (Öl auf Leinwand) von Anton von Werner für das ›Rote Rathaus‹ in Berlin, 1881

sam errungener Interessenkompromiss, hier hauptsächlich zwischen Russland Österreich-Ungarn und England, gefährdet. Bismarck, der sich schon damals ostentativ für die russischen Forderungen eingesetzt hatte, gleichwohl das in Russland aufkeimende Misstrauen über das Verhältnis Deutschlands zu Österreich-Ungarn kaum zu besänftigen vermochte, war eher bereit, mit Alexander von Battenberg einen Fürsten deutschen Ursprungs zu opfern als Russland herauszufordern. Dem Interesse der Großmächte an der Erhaltung des Friedens hätten sich, so Bismarck wörtlich, die »Hammeldiebe« auf dem Balkan gefälligst unterzuordnen. Pech für »Sandro« Battenberg, der fallengelassen wurde und dem russischen Druck weichen musste.

Sein politisches Unglück in Bulgarien vollendete und eine durchaus vielsprechende Karriere zumindest noch in Deutschland verhinderte dann eine Affäre, die wegen ihrer denkbar weitreichenden internationalen Dimensionen zum Schluss wenigstens noch anzureißen ist. Der englische Kollege John C. G. Röhl hat sie im Rahmen des ersten Bandes seiner monumentalen Biografie Kaiser Wilhelms II. 1993 auf der Basis bis dahin noch vielfach unveröffentlichten Materials ausgeleuchtet und kürzlich beim ersten Heiligenberg-Kolloquium noch einmal im Wesentlichen zusammengefasst,[17] weshalb hier nur ganz knapp auf die Herauspräparierung der Aspekte und Motive Wert gelegt werden soll, die das vorgegebene Thema paradigmatisch erhellen.

Heutzutage sind Heiratsprojekte in den verbliebenen Königshäusern allenfalls ein Thema für die *yellow press* und Euphorisierungsschübe in sonstigen Medien, wobei, zur Seite gesprochen, die lebhafte öffentliche Anteilnahme an externen Geschehnissen jenes Zuschnitts selbst in seit Langem republikanischen Gemeinwesen den Diagnostiker herausfordern kann.

Aber als seit 1883 ein Heiratsprojekt zwischen Alexander »Sandro« Battenberg und der gerade einmal 17 Jahre alten Hohenzollern-Prinzessin Victoria, der Schwester des späteren Kaisers Wilhelms II., Gestalt annahm, wurde damit eine dramatische, der politischen Öffentlichkeit zunächst weitgehend verborgen gebliebene Krise losgetreten. Diese brachte über ein halbes Jahrzehnt hinweg nicht nur gleich drei Generationen in der Familie des deutschen Kaiserhauses gegeneinander auf, sondern mündete in regelrechte Hassexzesse des Kronprinzensohnes Wilhelm insbesondere gegen seine aus England stammende Mutter wie überhaupt in eine tiefe Abneigung Großbritannien und dessen Regentin gegenüber. Sie trieb im Weiteren den Reichskanzler Bismarck zeitweilig an den Rand des von ihm schon (gewiss auch aus taktischen Gründen) angedrohten Rücktritts und belastete vor allem die Beziehungen der drei Mächte Deutschland, Großbritannien und Russland schwer – mit unterschiedlich eingeschätzten Risiken, teils sogar abenteuerlich ausgemalten Konsequenzen. Mustert man dazu insbesondere die von John Röhl ans Licht gezogenen Korrespondenzzeugnisse näher, so öffnet sich ein gähnender Abgrund von Intrigen, eitlen Albernheiten, übelsten Verleumdungen, schwersten Beleidigungen und jedenfalls heutigen Lesern womöglich brutal, zumindest frivol anmutenden Machtspielen. Von besonderem Interesse ist sicher auch, dass die beteiligten Frauen dabei keineswegs einen passiven Part spielten, sondern wiederholt und vehement die Initiative an sich rissen.

In der bewährten Gewissheit, den eigenen Gemahl, den preußischen Kronprinz Friedrich Wilhelm, den nachmaligen 99-Tage-Kaiser Friedrich, für ihr Lieblingsprojekt einspannen zu können, wie auch im Bewusstsein des erklärten Rückhalts durch ihre Mutter, Queen Victoria, ging die deutsche Kronprinzessin in ihren dynastisch überhitzten Fantasien dabei wohl am weitesten. Sie plante nicht nur, den von ihr offensichtlich wie einen Sohn geliebten »Sandro« Battenberg in Bulgarien gegen Russland zu stützen, sondern über die Verheiratung ihrer drei Töchter eben nach Bulgarien, aber auch Rumänien und Griechenland zunächst eine politisch-kulturelle Flurbereinigung des Balkans herbeizuführen und, *last but not least,* auf diesem Weg indirekt – wörtlich zitiert – »eine neue Ordnung in Europa« zu etablieren. Dieses fantasievolle Programm, nach dem sich England, Österreich, Italien und Deutschland »zusammentun« sollten, um Russlands Ambitionen einen Riegel vorzuschieben, liest sich im Originalton auszugsweise wie folgt:[18]

Victoria (1840–1901),
geborene Prinzessin von Großbritannien und Irland, nachmals deutsche Kaiserin

»*Politisch* finde ich es von einer *Wichtigkeit*, die man noch sehr unterschätzt, sein [Sandros] Fürstenthum *stützen* u. *consolidiren* zu helfen, ihn aus den Klauen der Russen *heraus reißen* zu helfen, – *deutschen* Einfluß dort zu vergrößern, im Verein mit *England, Österreich* und *Italien*! Sollte Rußland so *wahnsinnig sein gegen uns* Krieg machen zu wollen, so *müßten* wir uns doch die Sicherheit schaffen daß Bulgarien Roumänien Serbien, die Türkei u. *Griechenland ihnen keine Hülfe leistet*! – Unter der Hand müßten diese Länder sich mit Deutschland, Österreich, Italien u. England sich hierüber *einigen*! *Russland* u. *Frankreich* muß man versuchen *möglich* zu *isoliren*, ihnen *jede* Allianz abschneiden, mit anderen Worten ihnen die Klauen abzuschneiden; dann aber auf so friedlichen u. guten Fuß als möglich mit ihnen zu stehen. Darum finde ich es auch klug Spanien u. Portugal an sich heranzuziehen damit sie nicht *Frankreich* jemals zu Hülfe kommen.«

Porträtaufnahme des Prinzen, späterer Kaiser Wilhelm (II.), etwa zur Zeit der ›Battenberg-Krise‹ (ca. 1884)

Doch zielten die Prospektionen der Kronprinzessin damit noch über die unmittelbaren politischen Zwecksetzungen hinaus, denn:

> »In der schönen Aufgabe den *Orient* der Civilisation zuzuführen, finde ich kann Deutschland sehr Ersprießliches leisten, u. deutsche Hände können im dortigen Boden der so fruchtbar u. schön ist auch gute Arbeit finden, deutsches Capital sich dort anlegen, u. mit England Hand in Hand gehen! *An u. für sich* kann ich es einer deutschen Prinzessin durchaus nicht unwürdig finden dort Souveränin zu sein [...] Deutsche Protestantische Prinzessinnen hätten dort keine schlechte Aufgabe, – u. Deutschland gewänne einen bestimmenden Einfluß«.

Wie man weiß, wurde aus diesen ambitionierten Träumereien nichts. Die zu deren Verwirklichung vorausgesetzte Heirat von Fürst Alexander Battenberg und der Prinzessin Victoria, von ihrer Mutter zärtlich »Möhrchen« genannt, scheiterte am energischen Widerstand der alles andere als zimperlichen deutschen Gegenpartei um den alten Kaiser Wilhelm (I.) und dessen Gattin, Reichskanzler Bismarck wie dessen ränkesüchtigen Sohn und, hier durchaus eine Schlüsselrolle spielend, den Bruder der präsumptiven Braut und damaligen ältesten Kronprinzensohn, den späteren Kaiser Wilhelm (II.). Dabei brachen sich nicht nur, wie immer wieder zu lesen, legitimistische Vorbehalte gegen den morganatischer Liaison entstammenden »Sandro« Battenberg Bahn,[19] sondern auch Ängste vor dessen spektakulären politischen Karrierechancen in Deutschland selbst noch nach einem Scheitern in Bulgarien, außenpolitisch aber die Rücksichtnahme auf das zaristische Russland, das seinerseits nicht nur die Hand über die bulgarischen Verhältnissen halten wollte, sondern auch eine englische Annäherung an Deutschland fürchtete. Den Weiterungen, die sich aus der Battenberg-Krise nach 1888 für den Interessensabgleich zwischen Deutschland, Russland und England ergaben, mit Abschattierungen dann wiederum im Verhältnis der Protagonisten etwa auch zur Donaumonarchie und zu Frankreich, kann hier und jetzt natürlich nicht nachgegangen werden.

Doch darf dieser kleine Exkurs als Probe aufs Exempel dafür genommen werden, dass auch 1888 mit der Beilegung eines potenziell verheerende Folgen bergenden Konflikts nicht nur in Berlin die Raison der *balance of power* noch einmal gegen gefährliche Partikular- oder gar Suprematieansprüche die Oberhand behielt – noch.

»Sandro« Battenberg indes, für den 2020 eine eigene Ausstellung auf dem Heiligenberg vorbereitet wird, musste sich von der politischen Bühne verabschieden und zog sich für den Rest seines kurzen, unglücklichen Lebens in steirische Graz zurück,[20] eine österreichische Offiziersdotierung verzehrend. Seine letzten Lebensjahre verbrachte er nicht, wie noch von der neuen Kaiserin 1888 erhofft, mit deren Tochter, sondern mit der ihm auffälligerweise schon zu Anfang des Jahres 1889 angetrauten Darmstädter Opernsängerin Johanna Loisinger, nach der Trauung übrigens zu einer »Gräfin von Hartenau« erhoben und damit Teilhaberin des letzten Titels, der ihrem Gatten, dem einst so erwartungsfrohen Prinzen von Battenberg, zuteilwurde. Auch, wenn sein Leichnam später feierlich nach Bulgarien überführt wurde und seiner dortigen Memoria heute noch oder eben wieder etwas eigentümlich Traditionsstiftendes anhaftet, endete Alexander »Sandro« Battenberg realpolitisch bzw. über die Abfindung mit seiner letzten Titulatur doch nur im regionalen Gesichtskreis des Heiligenberges. Seinem sich in englischen Diensten bewährenden Bruder Ludwig ging es, wie schon erwähnt, nach Ausbruch des Ersten Weltkrieges nicht viel besser, auch wenn dieser sogar noch 1914 im überkommenen dynastischen Interesse an internationaler Kooperation sein Möglichstes tat.

Johanna Gräfin von Hartenau, geborene Loisinger (1865–1951),
mit ihren Kindern Assen und Zwetana

Monarchischer Modernisierung gegenüber, um einen jüngsthin in die Diskussion geworfenen Begriff Frank-Lothar Krolls zu verwenden,[21] dürften beide sehr aufgeschlossen gewesen sein; »Sandro« Battenberg war in Bulgarien ein vom Parlament gewählter Monarch. Dem Prozess der Konstitutionalisierung, in dem historische Forschung *eine* wichtige Ursache des sich im 19. Jahrhundert abzeichnenden Verlusts monarchischer Wirkungsmacht erkennt, standen die Battenberger keineswegs ablehnend gegenüber, anders als Kaiser Wilhelm I. und sein gleichnamiger Enkel, um nur noch einmal zwei der legitimistischen Hauptkontrahenten »Sandros« in der Battenberg-Krise anzusprechen. Doch die analoge Entwicklung allmählicher Nationalisierung der Monarchien zerriss seit dem 19. Jahrhundert die dynastischen Netzwerke und beendete damit, wie Kroll bei der Heiligenberger Vorgängertagung 2018 meines Erachtens zurecht bilanzierte, eine eigentümliche Form transnationalen Zusammenwirkens, die das Fundament der europäischen Sicherheitstektonik zwischen 1815 und 1914 abgegeben hatte.

Ausblick

Der Streifzug zum Thema »Der Heiligenberg und Europa« soll aber nicht beschlossen werden, ohne der Stiftung Heiligenberg und ihren Unterstützern zu wünschen, dass es gelingen möge, hier vor Ort und in der Region wie zuletzt bei den Tagungen 2018 und 2020 historische Verbindungslinien aufzugreifen und die Internationalität, die international getönte Aura dieses Schlosses im Sinne von Verständigung und Ausgleich über die Landschaft der Bergstraße hinweg neu erlebbar zu machen. Vielleicht kann ja zu diesem Zweck das exponierte goldene Kreuz neben dem Battenberg-Mausoleum, das seit 1866 weit hinaus in die Rheinebene auch von der eigentümlichen Bedeutung dieses geschichtsbeladenen Berges kündet, noch viele neugierige Besucher anziehen und verantwortungsbewussten, weitblickenden Förderern in Politik und Wirtschaft den Weg hinauf weisen.

1 So die Selbstdarstellung auf der Website: http://www.heiligenberg-jugenheim.de/forum-heiligenberg/(zuletzt aufgerufen am 26. Mai 2020).

2 Vgl. insgesamt den aus der Vorgängertagung 2018 auf Schloss Heiligenberg erwachsenen Sammelband: Die Battenbergs. Eine europäische Familie, hg. v. Horn, Joachim/Jehn, Alexander/Sarkowicz, Hans/Hessen, Rainer von, Wiesbaden 2019. Der hier jetzt vorgelegte Essay versucht lediglich, die dort in einer Reihe eindringlicher Einzelbeiträge ausgelegten Informationen und Argumentationslinien zugunsten der Leitperspektive, die das Zusammenspiel von Makro- und Mikrohistorie beleuchtet, prägnant zusammenzuziehen. Insofern kann für das Folgende, wo nicht gezielt die Referenz benannt wird, summarisch verwiesen werden auf die detaillierten Belege und reichhaltigen rezenten Literaturhinweise in den Beiträgen insbesondere von Hessen, Rainer von, Die Battenbergs. Eine europäische Familie, ebd., S. 17–29; Kroll, Frank-Lothar, Möglichkeiten und Grenzen dynastischer Netzwerkbildung im 19. und frühen 20. Jahrhundert, ebd., S. 31–51; Dölemeyer, Barbara, Der Heiligenberg im Spiegel der Memoiren der Fürstin Marie von Erbach-Schönberg, ebd., S. 111–129; Zlatarsky, Vladimir, Prinz Alexander von Battenberg, Fürst von Bulgarien, ebd., S. 131–152; Röhl, John C. G., Prinz Alexander »Sandro« von Battenberg: Monarchie und Staatskunst in der Battenberg-Affäre, ebd., S. 153–173; Seligmann, Matthew S., Prince Louis of Battenberg as First Sea Lord, ebd., S. 189–201; Ziegler, Philip, Mountbatten, ebd., S. 217–229 sowie Kielinger, Thomas, Philip Mountbatten, Herzog von Edinburgh, ebd., S. 231–247.

3 Gilbert, Martin/Churchill, Winston S.: The Challenge of War, 1914–1916 (Volume III), London 1971/Ndr. Hillsdale, Michigan 2015, S. 31.

4 »Gesetz über die Abänderung des Staatsgrundgesetzes vom 3. Mai 1852 und des Gesetzes, betreffend die Thronfolge in den Herzogthümern Coburg und Gotha vom 15. Juli 1899, vom 12. März 1917«, gedruckt tags darauf in der *Gesetz-Sammlung für das Herzogthum Gotha* (Nr. 13 vom 13. März) 1917, S. 29 f.; hier zitiert nach Kotulla, Michael (Hg.), Thüringische Verfassungsurkunden. Vom Beginn des 19. Jahrhunderts bis heute, Berlin/Heidelberg 2015, Nr. [2/15] S. 276 f.

5 Aufzeichnungen dieses großherzoglich-hessischen Pfarrers und Kirchenrates (1837–1921) veröffentlichte sein Urenkel: Erzieher der Prinzen Battenberg 1862–1871. Aus den Erinnerungen des Kirchenrates Dr. Heinrich Hager, hg. v. Heinz, Karl Eckhart, Bonn 2003. Hagers Disposition zum Hauslehrer vornehmer Eleven ist allerdings nicht nur im lokalen Rahmen zu beurteilen, hatte er doch vormals schon als Erzieher von Söhnen aus der Zarenverwandtschaft jahrelang in St. Petersburg gewirkt und diese auf Reisen quer durch Europa begleitet; ebd., S. 5.

6 Dölemeyer, Fürstin Marie (wie Anm. 2).

7 Zu beiden genannten Prinzessinnen vgl. die Personen-Artikel s. v. bei Franz, Eckhart G. (Hg.), Haus Hessen. Biografisches Lexikon (Arbeiten der Hessischen Historischen Kommission, Neue Folge Bd. 34), Darmstadt 2012, S. 370 f. bzw. S. 380–382, zu Prinz Philip die jüngste Studie von Kielinger, Philip Mountbatten (wie Anm. 2).

8 Vgl. Maaß, Rainer, Großherzogin Wilhelmine von Hessen und bei Rhein, ihre Kinder und ihr Refugium Heiligenberg, in: Die Battenbergs (wie Anm. 2), S. 53–70; Dölemeyer, Fürstin Marie (ebd.), bes. S. 113 f.

9 Vgl. hierzu näherhin die grundlegende Bestandsaufnahme auf neuestem Forschungsstand in dem Sammelband von de Graaf, Beatrice/de Haan, Ido/Vick, Brian (Hg., Redaktion: Keesmann, Susanne), Securing Europe after Napoleon: 1815 and the new European Security culture, Cambridge 2019.

10 Dieses Vorkommnis wie die feindselige Reaktion darauf ist ebenso wie die politische Ablehnung des Vorstoßes von Queen Elizabeth, den Dynastienamen des englischen Königshauses in »Mountbatten« zu ändern, vom deutschen Nachrichtenmagazin DER SPIEGEL in einem instruktiven Artikel mit dem munteren Titel *Die Rache der Battenberger* eingefangen worden (Ausgabe vom 24. Februar 1960, S. 48–50).

11 Vom Olymp zum Boulevard: Die europäischen Monarchien von 1815 bis heute – Verlierer der Geschichte?, hg. von Hasselhorn, Benjamin/Knorring, Marc von (Prinz-Albert-Forschungen/Prince Albert Research Publications, Neue Folge Bd. 1), Berlin 2018.

12 Dazu jetzt Kroll, Frank-Lothar: *Zwischen Autokratie und Konstitutionalismus. Herrschaftsbegründung und Herrschaftsausübung im späten Zarenreich*, in: Hasselhorn/von Knorring (Hg.), Vom Olymp zum Boulevard (wie Anm. 11), S. 101–124.

13 Vgl. den Artikel *Ludwig Prinz von Battenberg, (ab 1917) Louis Mountbatten Marquess of Milford Haven*, in: Franz (Hg.), Haus Hessen (wie Anm. 7), S. 363.

14 Vgl. Müller, Frank Lorenz: *»Man heiratet für sich und nicht für die anderen.« Alexander von Hessen, Julie von Hauke und die Überwindung eines Skandals*, in: Die Battenbergs (wie Anm. 2), S. 93–109, hier S. 103–107; zur Abstammungsproblematik Alexanders: Lehsten, Ludwig von: August Freiherr von Senarclens-Grancy – eine Spurensuche, ebd., S. 73–90.

15 Aus dem hier angefallenen reichen Fundus bediente noch in den 1960er-Jahren die Regionalzeitung *Darmstädter Tagblatt*, eine der ältesten Tageszeitungen Deutschlands, ihre Leserschaft lange mit der offenbar stark nachgefragten Artikelserie *Prinzessinnen und Fürstinnen um den Hessischen Thron. Geschichte und Geschichten.*

16 Vgl. jetzt Zlatarsky, Vladimir: Prinz Alexander von Battenberg. Fürst von Bulgarien (wie Anm. 2), S. 131–152.

17 Röhl, John C. G.: Wilhelm II. Die Jugend des Kaisers. München 1993, Kapitel 20 (»Battenbergerei«), S. 518–546; Ders., Battenberg-Affäre (wie Anm. 2).

18 Durchweg zitiert nach Röhl, Wilhelm II. Jugend eines Kaisers (wie Anm. 17), S. 525.

19 Zu den Hintergründen vgl. die Hinweise in der oben Anm. 14 zitierten Literatur.

20 In einem Dankesschreiben auf eine Gratulation zur Geburt seines Sohnes Assen schrieb Alexander selbst: »Ich führe hier [in Graz; V. H.] ein stilles und glückliches Leben und lebe sehr zurückgezogen; ich hasse die Welt, die mich abstösst, und bedaure erst 30, statt 60 Jahre alt zu sein« (16. Januar 1890); vgl. Golowine, A. F., *Fürst Alexander von Bulgarien (1879–1886)*, Wien 1896, S. 491.

21 Vgl. Kroll, Frank-Lothar: *Monarchische Modernisierung. Überlegungen zum Verhältnis von Königsherrschaft und Elitenanpassung im Europa des 19. und frühen 20. Jahrhunderts*, in: Hannover – Coburg-Gotha – Windsor. Probleme und Perspektiven einer vergleichenden deutsch-britischen Dynastiegeschichte vom 18. bis in das 20. Jahrhundert/ Problems and perspectives of a comparative German-British dynastic history from the 18th to the 20th century. Hg. von Dems. und Munke, Martin (Prinz-Albert-Studien, Bd. 32), Berlin 2015, S. 201–242.

Villa Metzendorf, das eigene Haus des Architekten in der Ernst-Ludwig-Straße in Bensheim

4. »DER HANG FLIESST DURCH DIE HÄUSERZEILE«

DIE ARCHITEKTUR DER JAHRHUNDERTWENDE UND IHR LANDSCHAFTSBEZUG AN DER BERGSTRASSE – ZUM WERK DES ARCHITEKTEN HEINRICH METZENDORF

Frank Oppermann

Die zeitige Mandelblüte im Frühjahr, die pittoresken historischen Ortsbilder und vor allem das reizvolle Bild der Landschaft gelten von jeher als charakteristisch für die Bergstraße. Die Architekten des 19. Jahrhunderts – speziell die der Villen und Landhäuser – bedienten sich dieser Attribute, um daraus eine eigene Programmatik zu entwickeln. Heute können die Ergebnisse dieser Arbeit besichtigt werden: An der Bergstraße entstanden mehr als 500 Villen in einem neuen Stil, der eine Einheit mit der Landschaft herzustellen versuchte. Der herausragende Architekt der Region war dabei Heinrich Metzendorf (1866–1923).[1]

Landschaft

Im geologischen Aufbau der Bergstraße lassen sich drei Zonen erkennen: im Osten die Berge des Odenwaldes, davor liegt die durch Erosion in Jahrmillionen entstandene Schutt- und Schwemmterrasse (geologisch: »Diluvialterrasse« genannt). Mit einem deutlichen Knick im Geländeprofil, der eigentlichen »Hangabbruchkante«, schließt sich daran das Grab- und Ackerland der Ebene an. Deutlich zu erkennen ist diese Struktur im *Prospect des hochfürstlichen Residenzschlosses und der Hauptstadt Darmstadt nebst Bessungen und umliegender Situation* von Jakob Hill 1776. Aber Hill arbeitet mit einem Trick: Im Verhältnis zur Länge und zur Ausdehnung der Landschaft sind die Hügel und Berge höher und steiler gezeichnet als es der Realität entspricht. Die Höhendifferenz zwischen dem Dorf Bessungen und der Spitze des Dachsbergs zum Beispiel beträgt rund 80 Meter; dargestellt ist das drei- bis vierfache. Dem Zeichner sind also die Berge wichtig. Dadurch wirkt die westlich vor den Bergen liegende geologische Schuttterrasse mit der historischen Siedlung wesentlich stärker an das Gebirge angeschmiegt. Viele Betrachter empfinden diese Sichtweise als harmonisch und »anheimelnd«.

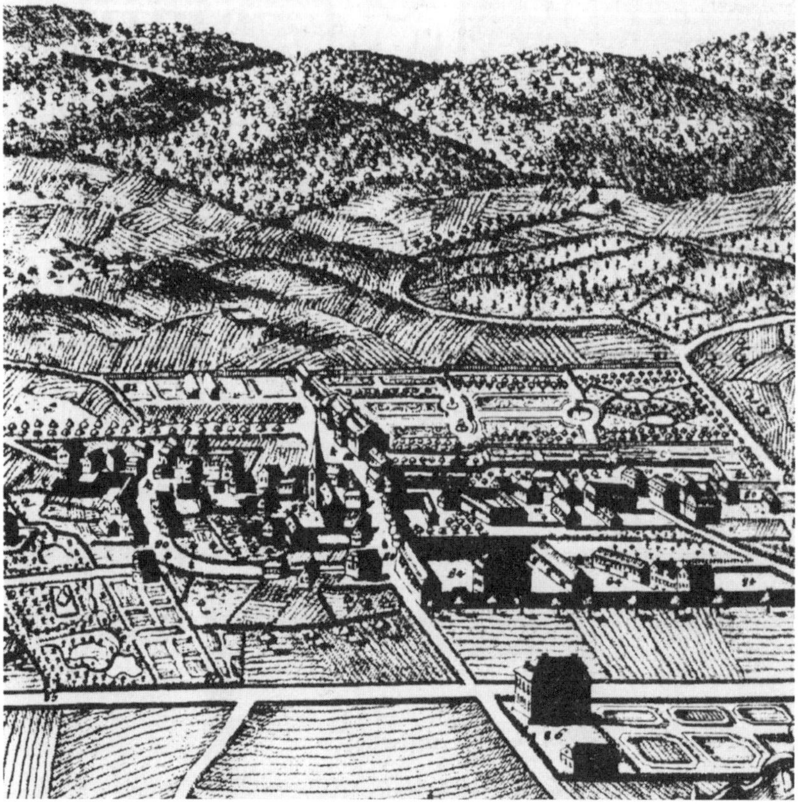

»Hillscher Prospekt«, 1776: Das Dorf Bessungen an der »Hangabbruchkante« vor den überdimensionierten Bergen des Odenwaldes, aus: Georg Haupt, *Die Kunstdenkmäler der Stadt Darmstadt*, Bd. II, 1954

Die Bebauung – hier das Dorf Bessungen mit der Orangerie und dem Jagdhof – liegt am Bruch zwischen »Terrasse« und »Ebene«. An dieser Stelle entstand bereits zur Römerzeit eine Straßenanlage von Süden nach Norden: die Bergstraße. Es war einerseits zu mühsam, die Straße durch die Berge zu bauen; andererseits war es unmöglich, sie durch das sumpfige Ried zu führen. Hierfür bot sich idealerweise die »Hangabbruchkante« an.

Auf einem Schmuckblatt über die Bergstraße aus dem 19. Jahrhundert kommt aber eine Neuheit dazu: 1846 taucht die Eisenbahn als neue technische Errungenschaft in Bensheim auf. In der Mitte: die Lokomotive

Schmuckblatt der Bergstraße um 1850: Mit viel Rauch und Dampf kommt 1846 die neue Technologie der Eisenbahn nach Bensheim. Zeitgleich entsteht auf dem zu hoch gezeichneten Kirchberg das Lusthäuschen, aus: Ulrike Mayer, »Die Entwicklung des Fremdenverkehrs in Bensheim und an der Bergstraße«, in: *Bensheim – Spuren der Geschichte*, 2006

mit hohem Schornstein und Rauchfahne, dunkel dargestellt. Dies kontrastiert zu den helleren Gebäuden des stilisierten neuen Bahnhofs und des Turms der alten Stadtbefestigung am Dalberger Hof. Die Sichtweise ist aber die überlieferte: von der Ebene zu den Hängen des Gebirges, wobei auch der Kirchberg überhöht ist. Auf seinem Gipfel thront – überdimensioniert gezeichnet – das Kirchberghäuschen. Ein Kreis etablierter Bensheimer Bürger ließ es 1849 als Aussichtspunkt in die Landschaft nahezu zeitgleich mit der neuen Bahnlinie bauen.

Eisenbahnbau und Landschaftsbezug? Zunächst scheint das ein Widerspruch: technische Innovation und romantische Verklärung parallel nebeneinander? Jedenfalls siedelten sich in der Gründerzeit ab 1872, als etliche Unternehmer und Industrielle zu wirtschaftlichem Erfolg kamen, die ersten »Rentiers« und »Finanziers« in Bensheim an – wegen des Klimas, wegen der Landschaft, aber auch wegen der guten Eisenbahnanbindung in die Wirtschaftszentren Mannheim oder Frankfurt. Die ersten schlossartigen Villen entstanden, zum Beispiel in der Nibelungenstraße die »Villa Valckenberg« und das »Schloß Falkenhof« im Stile des Historismus.

Diese vermögenden potenziellen Bauherren von außerhalb wurden eigens beworben: »Sehr beliebter Ansiedlungsplatz, herrliche Ausflüge in den Odenwald, mildes Klima, Mandelblüte im März« waren die Schlagworte, mit denen der Verkehrs- und Verschönerungsverein Bensheim für die »modernen Villenviertel nach Prof. Metzendorf« in der *Illustrierten Zeitung, Leipzig, Berlin, Wien, Budapest* vom 21. März 1912 Reklame machte.

Illustrirte Zeitung
Leipzig, Berlin, Wien, Budapest.
Nr. 3586. 138. Band. 21. März 1912.

Gartenstädten u. Luftkurorten I. Ranges, als Ruhesitz für Rentner und Pensionäre, bei günstigen Steuerverhältnissen.

DIE BERGSTRASSE

des Odenwaldes, an der Bahnlinie : zwischen : Frankfurt - Darmstadt u. Heidelberg. Gebirgige, waldreiche u. landschaftlich hervorragend schöne Gegend.

Deutschlands mildestes und fast nebelfreies Klima.

Bensheim.

Kreisstadt mit 9000 Einw., malerisch gelegen, Schnellzugstation, Sitz vieler Behörden, Gymnasium, Höhere Töchterschulen, Seminar, Gewerbe- und Malerschule etc., Gas Kanalis., städt. Schwimmbad, Heim.- u. Odenw.-Museum. Obstkultur, Weinbau. Schöne moderne Villenviertel nach Prof. Metzendorf-Bensheim. Abwechselungsreiche Spazierg. Herrliche Ausflüge in den Odenwald. Mild. Klima. Mandelblüte im März. Sehr beliebter Ansiedlungsplatz. — Nähere Auskunft „Verschönerungs- und Verkehrsverein Bensheim."

Hotels:

„Zum Deutschen Haus" Hotel I. Ranges. Völlig neu umgebaut. Zentralheizung. Schattiger Garten. Terrassen, Festsäle, Pension Autogarage. Tel. 3 . . . Karl Heimberger.

Bahnhofshotel. Zentralheizg. Komfortable Fremdenzimmer. Pension. Schatt. Garten. Gesellschaftsaal. Haltestelle der Motoromnibusse Bensheim-Lindenfels. Tel. 12. Bes. A. Baumgart.

Odenwald

Waldreiches Mittelgebirge im Herzen Deutschlands, durchzogen vom Main und Neckar mit ihren Zuflüssen, gegen die Rheinebene begrenzt von der Bergstrasse zwischen Darmstadt und Heidelberg; reich an romantischen Ruinen, alten Burgen und Schlössern; zahlreiche schöne Aussichtspunkte und Aussichtstürme mit weiter Fernsicht; vielbesuchte Sommerfrischen mit guter Verpflegung und Unterkunft bei mässigen Preisen. Bequemer Zugang durch gute Zugverbindungen nach allen Richtungen, insbesondere Frankfurt a. M., Darmstadt, Mannheim, Heidelberg, Würzburg usw. Geeignet für kürzere und ausgedehnte Wanderungen nach der von dem Odenwaldklub herausgegebenen Karte seiner bewährten Wegbezeichnung (Führer mit histor. Darstellungen usw., von Windhaus-Anthes im Auftrag des Odenwaldklubs herausgeg.). Auskunft über Sommerfrischen, über empfehlenswerte Wanderungen usw. unentgeltl. durch den Zentralausschuss des Odenwaldklubs in Darmstadt.

Bensheim :: Landhausgesellschaft Bergstrasse m. b. H. Bensheim

Billige, schmucke Landhäuser

erteilt unentgeltliche Auskünfte über Ansiedelung an der Bergstrasse. — Gemeinnütziges Unternehmen zur Förderung von Siedelungen nach Plänen von Professor Heinrich Metzendorf. Prospekte gratis.

Mod., komfortable Ausstattung

Luftkurort **Lindenfels**

„Perle des Odenwalds".
370 m über dem Meer, trocken, waldreich, in landschaftlich hervorragend schöner Lage mit günstigen klimatischen Verhältnissen. Auskunft durch Bürgermeisterei.
Gasthäuser (in alphabet. Reihenfolge):
Augusta Viktoria,
Cafe Bismarckwarte,
Darmstädter Hof,
Harfe, Burgstrasse.
Hessisches Haus, Burgstr.
Kühler Grund,
Odenwald,
Traube, Burgstrasse.
Gasthaus von Peter Rauch
Pensionen:
Einsiedel, im Steckwald
Villa Elisabeth, Obergasse
Kurhaus u. Sanatorium Lindenfels
Sanitätsrat Dr. Klaus Schmitt.
Pension Villa Maria
Sanitätsrat Dr. Klaus Schmitt.

Hervorragender Luftkur- und :: Villenort :: als Ruhesitz für Rentner u. Pensionäre.
Gas, Elektrisches Licht, Quellwasser.
Niedrige Gemeindesteuer.
Ein Jahr steuerfrei.
20 Minuten zum Gymnasium u. höh. Töchterschule.
Militär- und Künstler-Konzerte.
Vorträge.

AUERBACH AN DER BERGSTRASSE

Mildestes Klima Deutschlands.
Keine Belästigung durch Industrie.
Auerbacher Schlossruine.
Grossherzogliches Fürstenlager.
Ausgangspunkt für Touren in den Odenwald.
Herrlicher Wald und Umgebung.
Erstklassige Hotels und Pensionen.

Kostenlose Auskunft u. Vermittelung bei Ansiedelung durch d. Haus- u. Grundbesitzerverein Auerbach E. V.

Hotel zur Krone,
Park Hotel,
Restauration in der Auerbacher Schlossruine.
„Zur Bergstrasse"
Brauerei Restaurat. Schützenhof.
Karl Klingel,
Greeff und Hoffmann,
Villenviertel Eichenböhl,
Villenviertel „Parkstrasse",
Gross & Co., Geflügelpark,
Dr. Hofmann, G. m. b. H.,
Gg. Meckel, Architekt,
Ad. Brack,
Chr. Brack, Maurermeister.
Ph. Semmler, Maurermeister.
Hch. Fuchs, Zimmermeister.
Wilh. Ast,
Fr. Utech,
Ad. Seeger,
Hch. Schroth,

Luftkurort **Seeheim**
(Hessen)
Endpunkt der Nebenbahn Bickenbach (M. N. B.)-Seeheim

Hotel Hufnagel
I. und ältestes Hotel am Platz,
Hotel und Pension Victoria
Bes.: Carl Hufnagel.
Gasthaus und Pension „zum Löwen"
Bes.: Georg Heldmann
Privatpension Amtshaus
Inhaber: Karl Vetter.
Luftkurort Lichtenberg
im Odenwald (Hessen)

Illustrierte Zeitung, Leipzig, Berlin 1912

Auch die Nachbargemeinden Auerbach, Heppenheim, Jugenheim und andere warben um diese vermögende Bauherren. Sie kamen aus ganz Deutschland und sogar aus dem benachbarten Ausland. Für die Villa Ernst-Ludwig-Straße 31, entworfen 1902 von Architekt Heinrich Metzendorf, sind bis 1917 nacheinander Käufer und Bewohner nachgewiesen,[2] die aus Posen, dem Baltikum, Albanien, Mannheim, Ludwigshafen, Ottweiler und anderen Orten stammen.

Heinrich Metzendorf wurde »der« Architekt dieser Bauherrschaft. Er stammte aus einer alteingesessenen Heppenheimer Steinmetzfamilie und lernte im elterlichen Betrieb das Steinmetz- und Maurerhandwerk. Ein akademisches Architekturstudium absolvierte er nicht, sondern besuchte lediglich zwei »Winterkurse« an der Landesbaugewerkschule in Darmstadt und »hospitierte« ein Wintersemester an der dortigen Technischen Hochschule. Er begann seine Laufbahn in Elberfeld (heute Stadtteil von Wuppertal), kehrte 1895 an die Bergstraße zurück und entwickelte bis zu seinem Tod mehr als 410 architektonische Projekte – die meisten davon an der Bergstraße.

Sein jüngerer Bruder Georg (1874–1934) wurde der bekanntere Architekt von beiden. Er baute ab 1909 die Gartenstadt Margarethenhöhe in Essen mit 1400 Wohneinheiten als »Dichtung in Stein und Grün«.[3] Mit diesem Großprojekt und etlichen anderen programmatischen Entwürfen hat er sich einen Namen gemacht.

Villen und Landschaft

Drei Beispiele von jeweils mehreren zusammenhängenden Villen mit Landschaftsbezug zeigen die neuen gestalterischen Entwurfsprinzipien, die Heinrich Metzendorf eigens für die Region entwickelte. Es sind dies die Siedlung *Höhnsches Viertel am Maiberg in Heppenheim* ab 1896, die Siedlung *Kirchbergviertel in der Ernst-Ludwig-Straße in Bensheim* ab 1902 und vier auffällig platzierte Gebäude der *Odenwaldschule in Ober-Hambach* (heute Stadtteil von Heppenheim) ab1910.

Die Gemeinsamkeit: Heinrich Metzendorf reiht die Villen dieser drei Projekte jeweils »wie Perlen an der Schnur« auf – linear nebeneinander an der Hangabbruchkante des Geländes. Leuchtend helle Giebel stehen vor der dunklen Silhouette der Berge und des Waldes. Vor den Gebäuden liegt das flach abfallende Grab- und Ackerland. Es ist frei von anderen Gebäuden und von Bäumen, und lässt so einen ungestörten Blick auf die »Perlen« zu. Dadurch entfaltet sich die Wirkung des Ensembles schon von Weitem.

Die Villen sind miteinander durch architektonische Elemente wie offene Pergolen oder Natursteinmauern mit großen bogenförmigen Öffnungen verbunden. Diese »halbdurchlässigen« Verbindungen lassen den Hang hinter den Gebäuden förmlich durch die Häuserzeile hindurchfließen. Die großen Grundstücke und die Gärten hinter, seitlich und vor den Gebäuden verstärken diese Wirkung.

Heinrich Metzendorf hat diese Gestaltungselemente eigens für die Bergstraße kreiert: Er komponierte die Villen in die Landschaft, er »spielte« bei der Wahl des Bauplatzes mit den unterschiedlichen Steigungen im Geländeprofil und benutzte die dunkle Silhouette hinter seinen Villen wie eine Hintergrundkulisse auf einer Bühne. Ein solches bewusstes Einbeziehen der Landschaft und der Umgebung in den Entwurf von Villen war für die Architektur der Bergstraße völlig neu.

Die drei Villenensembles wurden jeweils von Unternehmern initiiert, die um die Jahrhundertwende aktiv in der Politik und im gesellschaftlichen Leben der Bergstraße engagiert waren.

Höhnsches Viertel Heppenheim

Der Westhang des Maibergs in Heppenheim in unmittelbarer Nachbarschaft zur Altstadt und in Sichtnähe zu der 1904 fertiggestellten neugotischen Stadtkirche St. Peter, dem im Volksmund genannten »Dom der Bergstraße«, bot sich Ende des 19. Jahrhunderts zur Bebauung förmlich an. Besitzer des Geländes war der Weinhändler Wilhelm August Höhn, der seine dortigen Weinberge parzellieren und bebauen ließ. Höhn war der Bruder des damaligen Bürgermeisters Wilhelm Höhn – was wahrscheinlich einen raschen Verkauf der schlüsselfertigen Villen an Zuzügler aus Berlin, Leipzig, Köln, Straßburg ermöglichte.

Das Architekturbüro Heinrich Metzendorf – an dem zu dieser Zeit auch sein Bruder Georg beteiligt war – lieferte für das Projekt die Entwürfe von acht Villen. Als die ersten Bauanträge 1896 eingereicht wurden, standen die Käufer noch nicht fest: die Gebäude wurden mit »Villa I«, »Villa II« usw. durchnummeriert. Später tauchen in einer anderen Handschrift auf den Lageplänen die Namen der Käufer auf: »verkauft an Otto Haupp«, verkauft an Fabrikant »Schüssel«, »für Joseph Fischer aus Berlin« oder »Fabrikant Schifferdecker« aus Köln.

Ganz bewusst nutzte Metzendorf den Verlauf zweier Straßen, um eine »malerische Wirkung« in der Landschaft zu erzeugen. Die relativ kurze Merianstraße führt steil den Hang hinauf; die längere Ernst-Ludwig-Straße hingegen schmiegt sich sanft ansteigend an die Höhenlinien. Eine Gabelung unterstützt dieses »Bauen mit der Landschaft«. Die Häuser erscheinen als Solitäre; die Landschaft des abfallenden Maibergs »umspült« die Villen; die großen Gärten, die alle vier Seiten der Häuser umgeben, verstärken diese Wirkung.

Höhnsches Viertel Heppenheim (Foto um 1904): Die Villen leuchten mit ihren Giebeln ins Tal, optisch gefasst durch die dunkle Silhouette des Odenwaldes – seitlich der neue »Dom« und die alte Starkenburg

Kirchbergviertel Bensheim

Die Entstehungsbedingungen des Baugebietes unterhalb des Kirchbergs in Bensheim sind denen in Heppenheim ähnlich. Hier trat der Papierfabrikant Wilhelm Euler als Bauherr zweier »Schlüsselbauten« in Erscheinung: die Villa »Euleneck«, Ernst-Ludwig-Straße 21, für seinen Sohn Carl und dessen Familie und die Villa Dürerstraße 2, die zum Vermieten bestimmt war. Fabrikant Euler war eine wichtige Persönlichkeit der Stadt: Er war Arbeitgeber für 300 Beschäftigte seiner Papierfabrik, er hatte Abgeordnetenmandate im Stadtparlament und im hessischen Landtag inne und engagierte sich in den Vorständen des Verkehrsvereins, des Odenwaldklubs und des Obst- und Gartenbauvereins Bergstraße. Seine guten Verbindungen zogen potenzielle Bauherren und Käufer, besonders von außerhalb, nach Bensheim. Und er vermittelte wie selbstverständlich das damals neu etablierte Architekturbüro Metzendorf, das in Heppenheim schon sein Können gezeigt hatte.

Die städtebaulich-landschaftliche Situation im Baugebiet des Kirchbergviertels in Bensheim ist deutlicher abzulesen als in der Nachbarstadt.

Kirchbergviertel Bensheim (Foto um 1903): »Der Hang fließt durch die Häuserzeile«; die Villen sind wie »Perlen an der Schnur« an der Hangabbruchkante aufgereiht, aus: Georg Krahl, *Bildatlas Baukunst*, 1908

Ab 1902 wurden in der hiesigen Ernst-Ludwig-Straße die Villen ebenfalls wie Perlen an einer Schnur entlang der Hangabbruchkante aufgereiht. Hier konnte Metzendorf die von ihm entwickelten Elemente seiner Landhausarchitektur zur Vollendung bringen: helle Giebel; »natürliche«, aus dem Odenwald stammende Materialien wie gelber Sandstein und dunkle Holzschindeln; komplizierte Dachverschneidungen; Erker, die sich als Gauben und Zwerchhäuser auf den Dächern fortsetzen; geschwungene Wege zwischen den Gartentürchen und den Eingangsloggien. Nicht zu Unrecht fand das Foto der Häuserzeile am Kirchberg Eingang in viele Architekturlehrbücher und Fachpublikationen der Zeit.

Odenwaldschule Oberhambach

In Ober-Hambach war der Berliner Bankier und Stadtrat Paul Cassirer für die Anlage der Häuser entscheidend: Er finanzierte seinem Schwiegersohn, dem Reformpädagogen Paul Geheeb, 1910 die Gründung der Odenwaldschule. Zunächst begann der Unterricht in der wenige Jahre vorher von Heinrich Metzendorf erbauten Kurpension »Lindenheim«, aus der durch

Odenwaldschule Oberhambach (Foto um 1988): Helle Giebel vor dunklem Wald; die Materialien korrespondieren mit der Umgebung

einen Metzendorf'schen Um- und Anbau bald das augenfällig größte Haus der Schulanlage, das »Goethehaus« wurde. Auf gleicher Höhenlinie des leicht konvexen Hangs entstanden um 1910 vier weitere Bauten für den Schul- und Internatsbetrieb nach Entwürfen des Architekten.

Metzendorf plante in Ober-Hambach Schulgebäude, die wie repräsentative Villen für das großbürgerliche Wohnen aussehen. Die beiden äußeren Häuser (»Herderhaus« und »Humboldthaus«) sind spiegelgleich, gleiches gilt für die beiden mittleren (»Fichtehaus« und »Schillerhaus«).

Vor dunkler Waldsilhouette leuchten die hier mit Odenwälder Kleinschindeln verkleideten Giebel der beiden Außengebäude. Diese wiederum korrespondieren mit den großen Zwerchhäusern auf den vom Tal aus sichtbaren Dachflächen der Mittelbauten.

Für die Bauten der Odenwaldschule verwendete Metzendorf gelben Sandstein, der besonders in den Sockelzonen zusammen mit den vielen Stützmäuerchen aus gleichem Material eine Architektur zeigt, die mit der Topografie und der Gestalt der Odenwaldberge verwachsen scheint.

Exkurs: Gärten und Häuser – Zur Architektur von Moller, Sitte und Pützer

Vor dem 19. Jahrhundert war dem Adel die Gestaltung von Gärten vorbehalten. Im Barock wurden Spaliere, Alleen und Sichtbezüge so ausgerichtet, dass die Landschaft in die Gärten einbezogen war. Im bürger-

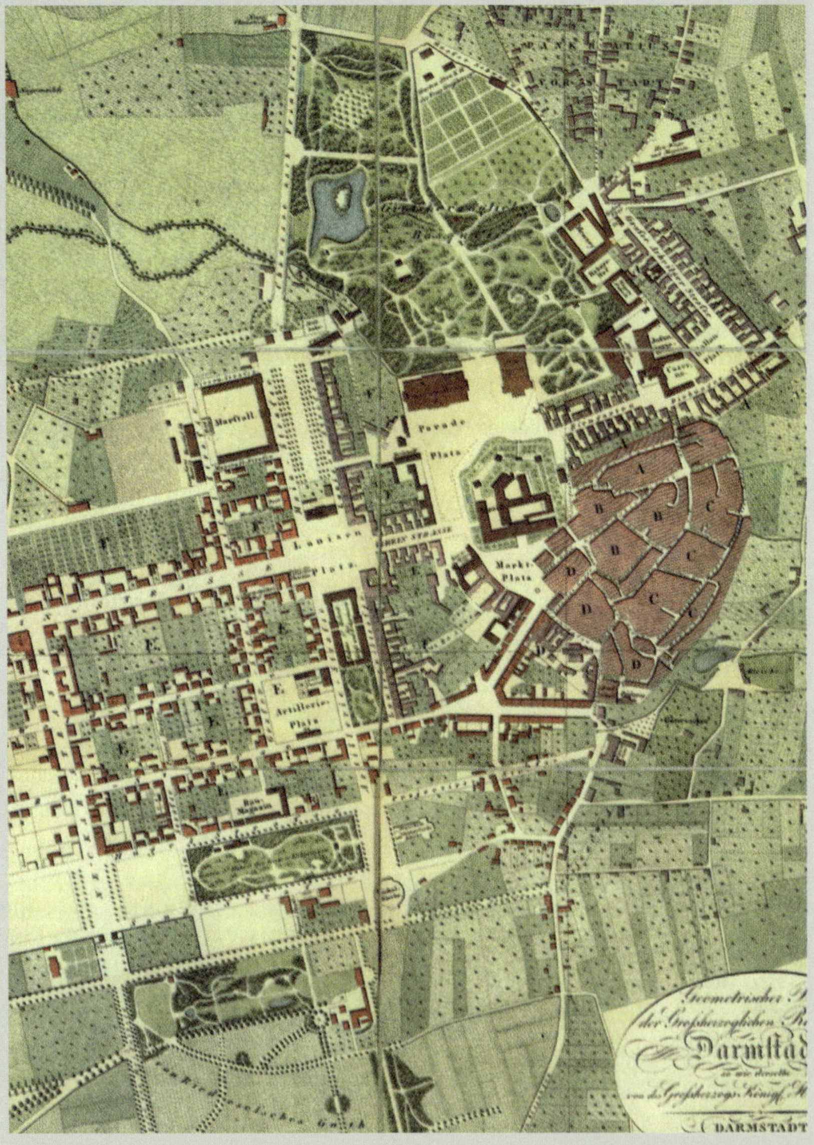

»Leske-Plan«: Darmstadt wächst planmäßig, 1822, aus: *Denkmaltopographie Stadt Darmstadt*, 1994

lichen Städte- und Siedlungsbau hingegen gab es kaum öffentliche Grünanlagen und erst recht keine Landschaftsbezüge. Die privaten Gärten waren wichtig.

Regionales Beispiel ist der sogenannte »Leske-Plan« von 1822 für die Erweiterung von Darmstadt. Dort sind erstmals einzeln stehende Villen geplant: in einem orthogonalen, großflächigen System von geraden Straßen, Fluchtlinien, reichlich bemessenen Parzellen mit rechtwinkligen Grundstücksbegrenzungen und großen Gärten im Blockinneren. Dieses Planquartier schließt sich an die ersten westlichen Erweiterungsgebiete Darmstadts um die Rheinstraße und an die verbaute, unübersichtliche Altstadt an.

In einer zeitgenössischen Reisebeschreibung des Großherzogtums Hessen 1849 wird der neue Stadtteil gepriesen: »[…] in den übrigen Straßen der Neustadt ist zwischen den Häusern ein Raum […] gelassen, der […] als Garten angelegt, namentlich im Sommer durch sein überhangendes Grün einen freundlichen Eindruck macht, in dem die Starrheit der langen Häuser-Zeile durch die beweglichen Baumgruppen dazwischen angenehm unterbrochen wird. Diese schöne […] Eigenthümlichkeit verleiht der Neustadt einen wahren Vorzug vor anderen Städten, da sie die Annehmlichkeit des Stadt- und Landlebens vermittelt.«[4] Die städtebauliche Konzeption sieht also Bäume und Gärten zwischen und hinter den Gebäuden vor – als privates Grün.

Villen von Architekt Moller in Darmstadt, 1817: »Kaffeemühlen« und dazwischen Bäume, aus: Georg Haupt, *Die Kunstdenkmäler der Stadt Darmstadt*, Bd.II, 1954

Der Architekt dieses neuen Darmstädter Stadtviertels, der die »Angenehmlichkeit der Stadt« mit der »Angenehmlichkeit des Landes« verbindet, war Georg Moller (1784–1852), der, 1810 von Großherzog Ludwig I. berufen, nun ab 1818 Darmstadt zur Residenz ausbauen sollte. Zum ersten Mal in Südhessen wurden Villen als Privathäuser gebaut, für Bauherren aus dem gehobenen Bürgertum und aus der Verwaltung, die nach Darmstadt zogen. Der Architekt entwarf hierzu freistehende Kuben, meist auf quadratischem oder fast quadratischem Grundriss. Flache Zeltdächer und eine strenge Fassadengliederung mittels vertikaler Achsen und horizontaler Gesimse sind die beherrschenden Elemente in der Architektur Mollers.

Rund 70 Jahre später – der orthogonale Rasterstädtebau hatte sich unterdessen überall etabliert – wetterte Camillo Sitte (1843–1903), Stadtbauprofessor in Wien, in seinem Buch *Der Städtebau nach seinen künstlerischen Grundsätzen* von 1889 gegen die rechtwinkligen Rastersysteme und die endlos langen Fluchten. Er propagierte vielmehr geschwungene Straßen mit einem »point de vue«, einem Zielpunkt für das Auge, in Form einer pittoresken Hausecke oder einer malerischen Baumgruppe. Seine Ideen wurden rasch aufgegriffen und weiterentwickelt. So sollten die Höhenlinien des Neubaugeländes als Grundlage der Straßenführung herangezogen werden. Ähnlich wie ihre Krümmung wurden die Straßen »gebogen«, sanfte Auf- und Abstiege steigerten das »Raumerlebnis«. Platzbildungen und öffentliche Grünanlagen machten – folgt man zeitgenössischen Beschreibungen – diese Neubauquartiere »anheimelnd«. Waren in Mollers Schachbrettsystem die großen Grünflächen alle privat – als Hausgärten hinter und zwischen den Häusern –, so wurden nun die Grünanlagen öffentlich gebaut – von den Bürgern für die Bürger.

Lageplan Buchschlag, 1905: Der Bach als »grüne Ader«, aus: Theodor Fuchs, *Die Villenkolonie Buchschlag bei Darmstadt*, 1910

Dabei bot es sich an, das vorhandene Grün in Form von Bachläufen und Hängen sowie Blickbeziehungen zu naheliegenden Hügeln als Elemente der städtebaulichen Gestaltung heranzuziehen. Ein Zeitgenosse Metzendorfs, der Architekt und Hochschulprofessor in Darmstadt Friedrich Pützer (1871–1922), maß 1905 beim Entwurf der Villenkolonie Buchschlag (heute Stadtteil von Dreieich) dem Verlauf des Hengstbachs große Bedeutung bei. Der Bach zieht sich wie eine »grüne Ader« durch die Siedlung.

Bei der Gestaltung des neuen Herdwegviertels in Darmstadt zeichnet Pützer 1900 den Paulusplatz mit nach Süden »offenem grünen Trichter«. Er war sich der Wirkung eines »grünen Blicks« vom Platz über die Baumallee des Niebergallwegs auf den Aussichtsturm auf der Ludwigshöhe bewusst. Genau wie Heinrich Metzendorf hat er seine Architektur »in die Umgebung hineingedichtet«.[5]

Paulusplatz Darmstadt mit »grünem Trichter« nach Süden, aus: *Denkmaltopographie Stadt Darmstadt*, 1994

RUNDGANG

Klassizismus und Historismus, Jugendstil und Landhaus am Beispiel von Bensheim an der Bergstraße

Die Architektur des 19. Jahrhunderts ist durch einen raschen Wandel der stilistischen Formen gekennzeichnet. Vielfältige Umbrüche in Politik, Gesellschaft und Technik brachten zu Beginn dieser Zeitspanne die sogenannte »Revolutionsarchitektur« hervor (benannt nach der Französischen Revolution). Sie stützte sich zum einen auf Vorbilder der Antike und Architekturelemente wie Säulen, Kapitelle und Gesimse, zum anderen auf mathematisch-geometrisch »reine« Formen, wie Würfel, Prismen, Kreise oder halbkreisförmige Bögen. Im südhessisch-badischen Raum entwickelten die Architekten Friedrich Weinbrenner und sein Schüler Georg Moller hierzu eine eigenständige Richtung innerhalb dieser stilistischen Epoche des Klassizismus.

Doch spätestens ab Mitte des 19. Jahrhunderts waren Klassizismus und Spätklassizismus überholt: Mit den aufkommenden Bestrebungen, Nationalstaaten zu bilden, suchten die Zeitgenossen nach einer passenden stilistischen Identität: Es galt, vermeintlich »deutsche« Stile, zum Beispiel Gotik oder Romanik, zu rezipieren. Architektonische Details wie Rundbogenfriese, Spitzbogenfenster oder vor die Fassaden »gehängte« Zierkonstruktionen wurden modern.

Ab 1872 bediente sich die Architektur der Gründerzeit dieser Formen in mannigfaltiger Weise – nicht zuletzt wegen der damals florierenden Baukonjunktur. Sie wurden zwar aus dem historischen Gestaltungskontext herausgerissen; konnten jedoch seriell in großer Stückzahl hergestellt werden und zur Zierde an den Fassaden angebracht werden. Ihre repräsentative Wirkung war bei Architekten und Bauherren geschätzt.

Dieser Trend hielt nicht lange an; Gegenbewegungen entstanden kurz vor der Jahrhundertwende: Gartenstädte – erstmals in England konzipiert – sollten städtebaulich neue Wege einschlagen. Die darüber hinaus sich entwickelnde Lebensreformbewegung wollte die Gesellschaft verändern. Die Jugendstil- und später die Landhausarchitektur waren die baulichen Ergebnisse dieser Änderungsprozesse. In diesem Kontext entwarf der Architekt Heinrich Metzendorf um die Jahrhundertwende mehr als 300 Villen und Landhäuser – die meisten davon in Bensheim. In einem Rundgang durch die dortige Darmstädter Straße, die Hochstraße, die Arnauer Straße und die Ernst-Ludwig-Straße im Rahmen des Kolloquiums *Eine optimistischere Welt? Mensch und Natur in den Umbrüchen des 19. Jahrhunderts* lässt sich der Wandel in der Architektur erkennen.

VILLA »IRENE« //
Darmstädter Straße 38

Das Haus von 1820 zeigt beispielhaft Elemente aus verschiedenen stilistischen Strömungen. Die Rundbogenfenster des Erdgeschosses erinnern an die klassizistischen Fensterformen des Architekten Moller aus Darmstadt. Die hohen Öffnungen des Obergeschosses mit Gittern in den Brüstungen und mit leicht überhöhten »Fensterbekrönungen« verweisen auf die Renaissance. Die Volutenform der sie tragenden Konsolen ist ebenso typisch für diese Epoche. Trotz der verschiedenen Formen entsteht durch den annähernd gleichseitigen Würfel des Baukubus mit dem flachen Zeltdach eine gestalterische Einheit.

EHEMALIGES ALTES KURFÜRSTLICHES GYMNASIUM/KIRCHBERGSCHULE // Darmstädter Straße 45

Der heute nicht mehr namentlich bekannte Architekt des Großherzoglichen Bauamtes benutzte 1879 virtuos die stilistischen Elemente des Historismus. Er betonte die Schaufassade des Baukörpers durch einen leicht vorspringenden Risalit mit Dreiecksgiebel. Von den fünf Fensterachsen treten die drei mittleren nochmals hervor. Pilaster – anstelle der Fenstergewände – tragen auf ihren Kapitellen kräftige Gesimse. Der wie ein Anbau wirkende Eingangsportikus wird durch Tympanon, Gesims und weitere Pilaster hervorgehoben. Dieses »Addieren« von einzelnen Elementen ergibt eine vielfältige, »gemischte« Gestalt, wie sie im Historismus populär ist.

Darmstädter Straße 53 (= Kirchbergstraße 24)

Dem wesentlich bescheideneren, um 1890 aus Natursteinmauerwerk errichteten Haus liegt dieselbe Gestaltskonzeption wie dem Gymnasium zugrunde. Ein Mittelteil mit Quergiebel (»Zwerchhaus«) springt wenige Zentimeter auf der Straßenfassade hervor. Somit wird die Regenrinne des traufenständigen Satteldachs unterbrochen. Das »Zick-Zack-Band« (»Deutsches Band«) an den Seitenteilen des Gebäudes, die großen Sandsteinplatten über den Fenstern des Obergeschosses und das Gesims in Höhe des Erdgeschosses sind die wenigen Zierelemente, die zugleich die Fassade des gründerzeitlichen Wohnhauses gliedern.

VILLA »CARSTANJEN« // Hochstraße 2

Diese Villa ist eines der ersten Gebäude in Bensheim, das von Heinrich Metzendorf konzipiert wurde. 1897 für den Zigarrenfabrikanten Ernst Carstanjen gebaut, benutzt sein Architekt noch das typische Repertoire des ausgehenden Historismus: Verzierungen, die wie vorgehängte gotische Stabwerke aussehen, betonen die Giebel und die Fenster des Obergeschosses. Im Erdgeschoss hingegen sind halbkreisförmige Bögen über Fenster und Eingangstür. Der Eckerker wirkt relativ gedrungen. Metzendorf entwickelte wenige Jahre später dieses Motiv – Eckturm kombiniert mit einem Bogen – zu einem »Markenzeichen« seiner Architektur.

VILLA HAUFF // Arnauer Straße 7

Oberlehrer Hauff lässt sich diese Villa 1895 von Heinrich Metzendorf bauen. Sie hat große Ähnlichkeiten mit Gebäuden, die der Architekt kurz vorher in Elberfeld (heute Stadtteil von Wuppertal) entwarf. Typisch für diese frühe Zeit des Architekten sind außer dem schmalen Bauteil in der Straßenfassade, die Fensterbekrönungen im Stile der Renaissance und das vor dem Giebel auf Holzkonsolen angebrachte »Schwebegespärre«. Solche aufwändigen historistischen Zierformen – wie auch bei der Villa Carstanjen – verwendete der Architekt schon fünf Jahre später nicht mehr. In der Ernst-Ludwig-Straße, in unmittelbarer Nachbarschaft, konzipierte er dann seine typische »Landhausarchitektur« mit von ihm entwickelten Gestaltselementen.

VILLA »EULENECK« // Ernst-Ludwig-Straße 21

1902 ließ Kommerzienrat Euler Heinrich Metzendorf diese Villa für seinen Sohn Carl entwerfen. Die runde Hausecke mit dem darüber befindlichen gedrungenen Turm in Verbindung mit dem großen Bogenfenster ist ein typisches Metzendorf'sches Gestaltsmotiv. Die Villa steht – anders als die benachbarten Häuser des Architekten – mit ihrer Traufseite zum Tal. Dies widerspricht der städtebaulichen Konzeption Metzendorfs, nach der die Giebel in die Rheinebene zeigen sollen. Doch dieser macht daraus eine Tugend: Das Zwerchhaus an der Westfassade wirkt wie ein großer Giebel. Es entwickelt sich aus einem dreiseitigen Erker im Erdgeschoss, wird als Aufsatz auf dem Mansarddach weitergeführt und hat dort beidseitig geschwungene Ortgangbretter, die nicht zusammenstoßen. Vielmehr drückt sich an dieser Stelle ein zweiter, darüberliegender Zwerchgiebel »explosionsartig« mit wiederum zwei geschweiften Ortgangbrettern nach oben, die aber jetzt zu einer Spitze mit Kupferstern führen.

VILLA METZENDORF // Ernst-Ludwig-Straße 25

Das eigene Haus des Architekten bot 1902 Platz für sein Architekturbüro mit mehreren Mitarbeitern im Sockelgeschoss und darüber reichlich Wohnraum für die damals vierköpfige Familie und ihr Personal. Als die Familie wuchs und weitere Kinderzimmer gebraucht wurden, fügte der Architekt 1904 einen Querbau an das giebelständige Gebäude. Es entstanden spannungsreiche Dachverschneidungen. Diese »Dynamik« in der Bauform wird unterstützt von der Durchdringung des Erkers durch den Walm. Optisch wird der mit Odenwälder Holzschindeln verkleidete Erker von vier Brettkonsolen getragen, stößt nach oben hinter der Regenrinne durch das Walmdach hindurch und wird von einem Zwerchhaus mit relativ steilem Satteldach und verzierten Ortgangbrettern aufgenommen. (siehe auch Foto S. 78)

DOPPELHAUS EULER //

Ernst-Ludwig-Straße 30 und 32

Fabrikant Euler ließ 1903 zwei weitere Villen von Heinrich Metzendorf bauen, die spiegelgleich mit einer überdachten Einfahrt verbunden sind. Das Foto, Ernst-Ludwig-Straße 30 von Süden, zeigt das Spiel des Architekten mit den Dachverschneidungen, dem Rundbogenfenster, der Eingangsloggia und der farbigen Gestaltung des Giebels.

1 Weiterführende Literatur zum Werk Heinrich Metzendorfs: Delarue, Dominic E./Kaffenberger, Thomas: Heinrich Metzendorf und die Reformarchitektur an der Bergstraße, Worms 2013; Oppermann, Frank: Architekt Heinrich Metzendorf. Der Baumeister der Bergstraße, in: Rainer Maaß und Manfred Berg (Hg.): Bensheim. Spuren der Geschichte, Weinheim 2006. Jeweils dort umfangreiche Literaturhinweise. Die Titelabbildung dieses Bandes zeigt Heinrich Metzendorf ca. 1905.

2 Müller-Falcke, Sigrid: Das Metzendorf-Ensemble Ernst-Ludwig-Straße 31 und 33 in Bensheim (Villen Weyl) und seine Bewohner, in: Mitteilungen des Museumsvereins Bensheim e. V., Nr. 43, 2. Hj. 2000.

3 Zitiert nach Kösters, Hans G.: Dichtung in Stein und Grün – Margarethenhöhe, Essen 1981. Zum Werk Georg Metzendorfs siehe auch: Metzendorf, Rainer: Georg Metzendorf, 1874–1934, Siedlungen und Bauten, hg. v. der Historischen Kommission Hessen (Bd. 96 der Quellen und Forschungen zur Hessischen Geschichte), Darmstadt und Marburg 1994. Und ders.: Georg Metzendorf. Sein Wirken an der Bergstraße, in: Geschichtsblätter Kreis Bergstraße Bd. 27, Heppenheim 1994.

4 Das Großherzogthum Hessen in malerischen Original Ansichten, 1. Band, Darmstadt 1849, zitiert nach: Denkmaltopographie Darmstadt, Braunschweig-Wiesbaden 1994, S. 32.

5 Stephan, Regine: Friedrich Pützer. Bauten und Projekte, Baunach, 2015.

In der Historischen Bibliothek der Firma Merck

5. MERCK CORPORATE HISTORY:

DAS FORSCHUNGSZENTRUM VON MERCK FÜR ALLE FRAGEN ZUR UNTERNEHMENSHISTORIE SEIT 1668

Sabine Bernschneider-Reif

Unter dieser Überschrift war im Programm des Symposiums eine Exkursion zu Merck angekündigt. Die Covid-19-Krise machte diesen Besuch unmöglich. So sollen in diesem Beitrag Informationen zur Abteilung *Corporate History* und zu den wichtigsten Aspekten der mehr als 350 Jahre währenden Geschichte des Darmstädter Unternehmens gegeben werden.

Merck Corporate History: Ein besonderes Konzept

Corporate History ist das Forschungszentrum von Merck für alle Fragen zur Unternehmenshistorie. *Corporate History* ist das Gedächtnis eines lebendigen Wissenschafts- und Technologieunternehmens. Hier wird gesammelt, bewahrt, bewertet und erschlossen, woran man sich für zukunftsgerichtetes Handeln erinnern muss und auch erinnern will. Dies eröffnet den Raum, in dem sich Mitarbeiter und Gäste mit der Geschichte des Unternehmens vertraut machen können sowie Wissenschaftler aus aller Welt in Forschungskooperationen arbeiten. Die Bereiche Archiv, Bibliothek, Museum und Auditorium sind ein ganzheitliches Konzept. Auf diesen vier Säulen ruht die Arbeit für das Unternehmen und für die Scientific Community. Das Team, in dem Wissenschaftler verschiedenster Fachrichtung zusammenarbeiten, wird durch einen Stab ehrenamtlicher Mitarbeiter ergänzt, die ihr Wissen aus einer meist jahrzehntelangen leitenden Tätigkeit bei Merck einbringen.

Das Historische Archiv

Merck führt ein Familienarchiv und ein internationales Unternehmensarchiv. Die Pflege der Beziehungen zur Eigentümerfamilie ist ein besonderer Schwerpunkt. Eine professionelle Zusammenarbeit bei allen Fragen zur Entwicklung von Merck, die sowohl aus dem Unternehmen als auch von externen Institutionen gestellt werden, ermöglicht die Untersuchung vielfältiger Themen. Auch Fragenstellungen, die über das

Unternehmen hinausgehen, etwa zur Wissenschafts- oder Wirtschaftsgeschichte, werden recherchiert.

Die Historische Bibliothek

Die Präsenzbibliothek enthält viele Tausend Bücher und Zeitschriften. Zahlreiche Werke werden in einem besonders gesicherten Magazin aufbewahrt. Wertvolle kolorierte Rezept- und Kräuterbücher des 15. Jahrhunderts sind ebenso zu finden wie aktuelle Fachbücher zu Strategiekonzepten von Unternehmen. Besondere Bedeutung für Forscher hat die Sammlung nationaler und internationaler Pharmakopöen und Herbarien.

Das Museum

In der Ausstellung wird in einer Dauerausstellung und mit regelmäßigen Sonderausstellungen zu aktuellen Themen der ständige Wandel des Unternehmens präsentiert. Fast alle ausgestellten Objekte stammen von Mitarbeitern – aus Darmstadt oder anderen internationalen Standorten. Großformatige Projektionen historischer Filme machen die Arbeitswelt im Unternehmen erlebbar.

Das Auditorium

Corporate History bietet ein international geschätztes Auditorium für Symposien, Vorträge oder Round Table-Gespräche. Mit individuell erstellten Präsentationen, die sich an den Themen der Gäste orientieren, können Veranstaltungen um ein historisches Element erweitert werden. Für Mitarbeiter werden Workshops zu verschiedensten Themen konzipiert. Auch eigene Forschungsergebnisse werden hier vorgestellt.

Von der Apotheke zum globalen Unternehmen

Merck ist das älteste pharmazeutisch-chemische Unternehmen der Welt. Ein gehobenes Alter in guter Verfassung bietet den augenfälligen Beweis, dass es gelungen ist, dem permanenten gesellschaftlichen, politischen, wirtschaftlichen und wissenschaftlichen Wandel erfolgreich zu begegnen. Viele kleine und große Schritte sind dafür nötig.

Anfänge im 17. Jahrhundert

Friedrich Jacob Merck, der der erste apothekenbesitzende Merck in Darmstadt werden sollte, wird 1621 in Schweinfurt geboren und erhält seine Ausbildung in der Ratsapotheke. Das Erlernen der Apothekerkunst bedeutet eine handwerkliche Lehr- und Gesellenzeit, noch ohne den Besuch einer Universität. Vereinzelte Anfänge einer wissenschaftlichen Ausbildung werden später in *collegia pharmaceutica* oder mit dem Besuch von

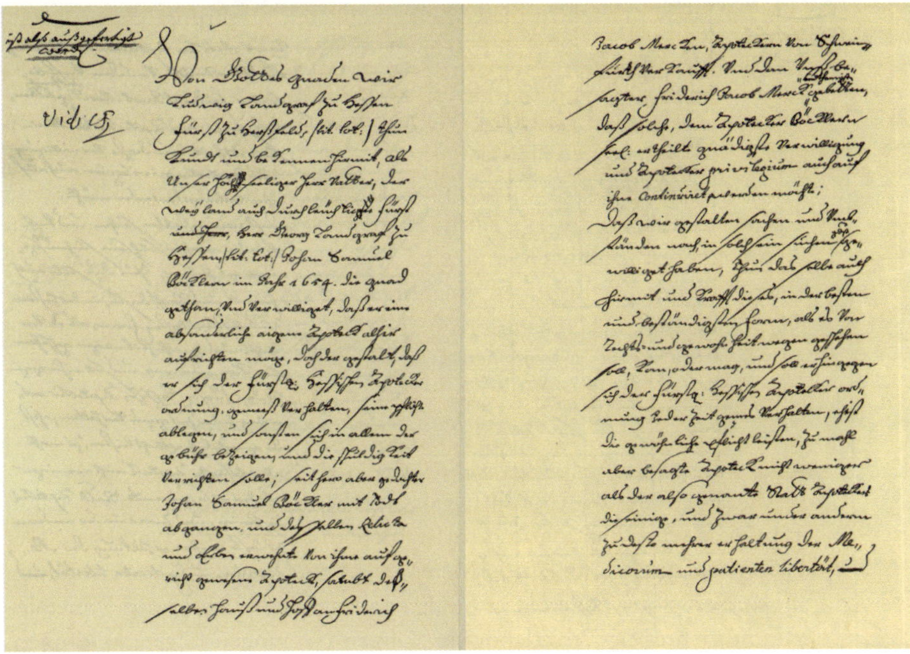

Ausschnitt aus dem Apothekenprivileg von Landgraf Ludwig VI. vom 26. August 1668

Vorlesungen an medizinischen Fakultäten möglich – die Emanzipation der Pharmazie vom Handwerk zur Wissenschaft wird aber noch ein bis ins 19. Jahrhundert andauernder Prozess sein. Andererseits bietet der Beruf des Apothekers begabten und unternehmerisch denkenden Persönlichkeiten Entfaltungschancen. Dies liegt begründet in seiner Positionierung in der Schnittmenge verschiedener naturwissenschaftlicher Disziplinen und an der Trennungslinie zwischen akademischer und handwerklicher Sphäre – aber auch in dem soliden finanziellen Rückhalt, den der Apothekenbetrieb bildet.

In Schweinfurt sieht Friedrich Jacob keine berufliche Zukunft – aber er zeigt die auch damals schon notwendige Flexibilität. In Danzig und in Holstein sammelt er Erfahrungen und Mittel, um Apotheke, Haus und Hof erwerben zu können. Nach Darmstadt kommt er 1668 in einer schwierigen Zeit, die aber gleichwohl unternehmerischem Sinn zuträglich ist. Nach den Verwüstungen durch den Dreißigjährigen Krieg und immer wiederkehrende Seuchen muss Landgraf Ludwig VI. das Wirtschaftsleben wie auch die Medikalisierung der Bevölkerung zu neuem Leben erwecken. Merck nutzt die Möglichkeit, die zweite Stadt-Apotheke zu erwerben. Am 26. August 1668 verleiht ihm der Landgraf das Apothekenprivileg.

Arzneibücher fassen zu dieser Zeit einen alten Erfahrungsschatz zusammen. Die *tria regna*, die drei Reiche der Natur, liefern die *materia medica*: aus pflanzlichen, tierischen und mineralischen Substanzen bereitet man Arzneien. Magische, astrologische und religiöse Vorstellungen haben große Bedeutung. Die ärztliche Therapie ist vom Polypragmatismus geprägt, folgt vielen und widersprüchlichen Prinzipien. Obgleich sich in der zweiten Hälfte des 17. Jahrhunderts neue Arzneimittel in amtlichen Pharmakopöen etablieren und eine wissenschaftliche Botanik existiert, obwohl Apotheker beginnen, analytisch zu arbeiten und herausragende Naturwissenschaftler revolutionäre Theorien aufstellen – in die öffentliche Apotheke findet dies nur in Ansätzen Eingang.

Die Verwissenschaftlichung der Pharmazie

Auch die Merck'sche Apotheke entspricht diesem Bild noch für lange Zeit. Erst gegen Ende des 18. Jahrhunderts zeichnet sich ab, dass man daran mitwirken wird, Pharmazie zur wissenschaftlichen Kunst zu erheben. Der 1756 geborene Johann Anton Merck strebt eine bestmögliche Ausbildung an, studiert unter anderem in Straßburg Botanik, Chemie und Mineralogie und richtet ein Privatlabor ein. Diesen Neigungen folgen zu können, ist sicher nur möglich, weil die Apotheke dazu die materielle Grundlage bietet – er ist ein klassisches Beispiel für den Typus Naturwissenschaftler mit breiter geistiger und ökonomischer Basis.

Sein Sohn Emanuel Merck wird 1794 in diese fortschrittliche Atmosphäre hineingeboren – und auch er durchläuft die beste Ausbildung seiner Zeit. Hier liegen die Wurzeln für den Aufstieg. Es spricht für seinen Weitblick, dass seine Forschungen sich auf einem Gebiet entwickeln, das ideengeschichtlich die Antwort auf eine alte Frage der Arzneikunde darstellt: die Suche nach dem *principium* der Scholastik, dem *magisterium* der Alchimisten, der *wirksamen Substanz* der Pharmakologie. Um diese Erkenntnisse auch der Praxis zugänglich zu machen, braucht es eine Strategie. Merck findet die tragfähige Lösung, indem er das Modell Apotheke in technische Dimensionen projiziert – und vor allem das progressive Element sieht, das in industrieller Forschung liegen wird.

Die Zeiten sind günstig. Etwas Neues liegt in der Luft. Die Suche nach dem arzneilich wirksamen Bestandteil einer Pflanze führt in der Naturstoffchemie zur Entdeckung einer ganzen Reihe pharmazeutisch nutzbarer Wirkstoffe. Besonders die Alkaloide sind ein großes Thema in der Wissenschaftlergemeinschaft. Doch Extraktion und Verarbeitung sind höchst aufwendig. Spezialisierungen und der Austausch von Präparaten und von Wissen unter Kollegen müssen ein neues Netzwerk-Denken generieren. Emanuel Merck gehört zu jenen, die diesen Trend durch eigene Forschungen selbst prägen und mit sichtbarem Erfolg wirtschaftlich

Emanuel Merck (1794–1855), um 1816

nutzen: Er kann ab 1827 *Novitäten* wie etwa das Pflanzen-Alkaloid Morphin *»im Großen«*[1] produzieren, um den pharmazeutischen Fortschritt weiten Kreisen zugänglich zu machen.

Von Darmstadt in die Welt

Reicht anfänglich noch das Labor der Apotheke als Produktionsstätte aus, so überblickt Emanuel Merck 1855, am Ende seines Lebens, eigene *Fabrikgebäulichkeiten*. Die strikte Beachtung hoher Qualitätsmaßstäbe ist entscheidend: »[Dies hat] seinen Präparaten [...] eine so günstige Aufnahme verschafft, dass sie [...] auch in außereuropäischen Ländern wie Nord- und Südamerika, Konstantinopel, Smyrna und Syrien bekannt sind

Kabinett mit einer Sammlung von Alkaloiden, 1863

und fortwährend dahin begehrt werden« – so würdigt es ein Bericht zur allgemeinen Deutsche Industrie-Ausstellung 1842.[2]

In der Mitarbeiterzeitung steht 1935 zu lesen: »Das vergrößerte Unternehmen bot im Gegensatz zu früher vollauf Arbeitsmöglichkeit für mehrere Mitglieder der Familie; daher erzog […] Emanuel Merck von vornherein seine sämtlichen 3 Söhne zu seinen Nachfolgern.« Die *Geschäftssocietät*, die er 1850 für sich und seine Söhne gründet, wird dort folgendermaßen kommentiert: »Nach handelsrechtlichem Brauch nahm das so entstandene Unternehmen eine eigene ›Firma‹ an, die den gesetzlichen Bestimmungen entsprechend vom Namen des Inhabers abgeleitet wurde und daher ›E. Merck‹ lautete.«[3]

Weltweite Expansion ist für die Zukunft unabdingbar. Seit den 1820er-Jahren ist Merck ein international agierendes Unternehmen. Zunächst handelt die Firma vor allem mit dem deutschsprachigen Ausland. Mitte des 19. Jahrhunderts zieht es Merck in alle Welt.

Ausgehend von Europa knüpft Merck dazu Geschäftskontakte nach Asien (1832), Nordamerika (1845), Südamerika (1851), Afrika (1867) und schließlich Australien (1879).

Das Unternehmen in Amerika

In die USA kann E. Merck ein erfolgreiches Exportgeschäft vorweisen, als sich Berichte über gefälschte Etiketten und über den Verkauf minderwertiger Ware unter der berühmten Marke häufen. Der gute Name ist in Gefahr. Die Entscheidung, eine eigene Niederlassung in New York zu gründen, ist schnell gefallen. Zunächst beschränkt man sich auf den Import Darmstädter Waren und schickt als Gesandten den Chemiker Theodor Weicker. Die komplexen Aufgaben lassen es aber bald geraten sein, einen Familienvertreter vor Ort zu haben: Im August 1889 gründen Georg Merck und Theodor Weicker eine Handelsgesellschaft. Nachdem Weicker und Merck dann 1890 eine Gesellschaft »mit dem Sitze in New York unter der Firma Merck & Co.«[4] gegründet haben, etabliert sich das Geschäft 1891 öffentlich als *new branch*, ein nach außen selbstständiges Unternehmen. Die Verbindungen zum Mutterhaus bleiben trotzdem eng. In Folge des Ersten Weltkriegs verliert Merck jedoch seine ausländischen Niederlassungen, auch die in den USA gegründete Tochterfirma. Merck & Co. wird ein eigenständiges amerikanisches Unternehmen. Heute besitzt Merck & Co. in den USA und Kanada, in der übrigen Welt Merck in Darmstadt das alleinige Recht zur Führung des Namens Merck.

Die Apotheke im Merck Building in New York, 1895

Vom deutlichen Wachstum der Geschäfte zeugt der 1904 vollendete Umzug der Fabrik vom Ostteil der Stadt in den Norden Darmstadts. Fertigarzneimittel, Grundsubstanzen, Reagenzien, Elektrochemikalien, Pigmente oder Flüssigkristalle – das 20. Jahrhundert sieht ein Unternehmen, das von der Vielfalt der Forschung und Produktion geprägt wird. Kriege und unterschiedlichste Rahmenbedingungen erfordern eine permanente Bereitschaft zur Veränderung. Das 250. Jubiläum von Merck im Jahr 1918 ist überschattet vom Ersten Weltkrieg, die folgenden Jahre geprägt von schwerwiegenden Veränderungen.

Die neue Fabrik in Darmstadt, Atelier Bollhagen, um 1924

Prägend bleiben die soziale Verantwortung der Firma, die Umsetzung wissenschaftlichen Fortschritts in marktfähige Produkte oder die Anstrengungen, die Internationalisierung voranzutreiben – besonders in Südamerika.

1927 bringt Merck gemeinsam mit Bayer das erste standardisierte Vitamin-D-Präparat auf den Markt: Vigantol wird gegen die Rachitis – eine bis dahin häufig und vor allem im Kindesalter auftretende Mangelkrankheit – dringend benötigt. Zu den Vitaminen, die Merck aus natürlich vorkommenden Rohstoffen oder synthetisch herstellt, gehört die Ascorbinsäure, die 1934 unter dem Namen Cebion als erstes Vitamin-C-Präparat in den Handel kommt. Auf Anregung des späteren Medizin-Nobelpreis-

Die neue Fabrik in Darmstadt, Atelier Bollhagen, um 1924

trägers Albert Szent-Györgyi wird Cebion zunächst aus Gladiolen und Paprika extrahiert, wenig später aber schon durch Synthese produziert.

Um dem Arbeitskräftemangel im Zweiten Weltkrieg zu begegnen, versucht man zunächst, vermehrt Frauen für die Fabrikarbeit zu gewinnen. Bald verstärken auch französische Kriegsgefangene und ausländische Zivilarbeiter die Zahl der Arbeitskräfte. 1942 treffen die ersten Arbeitskräfte aus dem besetzten Osteuropa ein. Bis Kriegsende sind es 257 Russen und acht Polen, zum Großteil Frauen, die als Zwangsarbeiter zu Merck kommen. Bei einem gezielten Luftangriff auf die Fabrik im Dezember 1944 sterben 60 Mitarbeiter. Über 200 Spreng- und Brandbomben fallen auf das Werksgelände und zerstören den Großteil der Gebäude. Dennoch läuft die Produktion weiter – teilweise unter freiem Himmel. Am 25. März 1945 besetzen amerikanische Truppen das Werk.

Marshall-Plan und Währungsreform bringen einen sichtbaren Aufschwung in die Ökonomie der Nachkriegszeit. Bereits 1947 wird bei Merck das Exportgeschäft wieder aufgenommen. Außerdem gelingt der Rückerwerb im Zweiten Weltkrieg verlorener Tochterunternehmen, etwa in Spanien, Mittel- und Südamerika.

Forschungsprogramme und Kooperationen verändern das Produktportfolio

Anfang der 1950er-Jahre sind Corticoide ein hochaktuelles Forschungsgebiet – und Hoffnung für viele Patienten. Merck übernimmt Lizenzen für ein mikrobiologisches Verfahren zur Herstellung von Prednison und Prednisolon. Mit Gerobion wird 1955 das erste Vitamin-Kombinationspräparat für die Altersheilkunde eingeführt. 1969 erreicht die Apollo-11-Mission ihren Höhepunkt: Neil Armstrong und Edwin Aldrin sind die ersten Menschen auf dem Mond. In der Bordapotheke befinden sich von der NASA streng ausgewählte Arzneimittel, darunter das von Merck entwickelte Oxymetazolin. 1970 gelingt ein entscheidender Durchbruch bei der Herstellung von Perlglanzpigmenten. Auf der Suche nach einem Substrat, auf das man die Pigmente in dünner Schicht auftragen könnte, stößt man auf das in großer Menge in der Natur verfügbare Mineral Glimmer. Die Beschichtung des inerten Materials führt zu herausragenden Ergebnissen. Am Beginn der 1990er-Jahre wird mit dem weltweit überaus erfolgreichen Präparat Glucophage die Behandlung des Typ-2-Diabetes ein wichtiges Therapiefeld. 2003 erhalten Flüssigkristall-Forscher den Deutschen Zukunftspreis. Bereits Mitte der 1980er-Jahre waren die Grundlagen für die eigene Onkologieforschung gelegt worden. Ende 2003 wird der Wirkstoff Cetuximab als Erbitux zur Behandlung von Darmkrebs zugelassen. Erbitux ist in Europa eine der erfolgreichsten Produkteinführungen im Onkologie-Markt.

Pietro Donini, Forschung zur künstlichen Befruchtung im
Istituto Nazionale Medico Farmacologico Serono, 1940er-Jahre

Merck an der Börse

Der Börsengang des Gesamtunternehmens im Jahr 1995 markiert einen besonderen Meilenstein in der Unternehmensgeschichte. Eine ungewöhnliche Rechtsform wird gewählt – eine Kommanditgesellschaft auf Aktien. Sie erleichtert es, den Familiencharakter des Unternehmens beizubehalten. Die Familiengemeinschaft kann – trotz der Ausweitung des Gesellschafterkreises – das Unternehmen weiter beherrschen, gleichwohl aber zusätzliche Finanziers aufnehmen. Die Gründerfamilie ist bis heute zu rund 70 Prozent Mehrheitseigentümerin des Unternehmens. 2007 wird

Die Merck-Aktie, 1995

die Merck KGaA in den DAX-30-Index aufgenommen. 2001 wird ein neues Markendesign eingeführt. Ein wesentliches Ziel der Reform ist es, Tochtergesellschaften und Beteiligungen in aller Welt unter ein Markendach zu bringen.

Strategische Neuausrichtung durch Akquisitionen und Devestitionen

Die transformierende Übernahme von Serono, mit der Merck 2007 zu einem führenden Biotech-Unternehmen wird, ist die bis dahin größte Akquisition in der Unternehmensgeschichte. Dass man den Bereich Pharma verstärken will, ist kein Geheimnis: Bereits 2006 will Merck Schering übernehmen, im Bieterwettstreit setzt sich jedoch Bayer durch. Bald danach überrascht Merck mit dem Angebot, die Serono S. A. zu übernehmen. Das von der Familie Bertarelli geführte Biotech-Unternehmen mit Sitz in Genf und rund 5 000 Mitarbeitern entspricht den Anforderungen der Unternehmensstrategie: eine kritische Masse in Forschung und Entwicklung erreichen, die Forschungspipeline sowie das Produktportfolio verstärken und die Präsenz weltweit verbessern – besonders in den USA. Mit ersten nachweisbaren Geschäftskontakten 1897/1898 hat Merck in China eine lange Tradition. Doch immer wie-

Produktionsanlagen in Corsier-sur-Vevey, 2007

der gibt es Rückschläge. Und so dauert es bis 1997, als mit der E. Merck (Shanghai) Trading Co., Ltd. die erste Gesellschaft in China nach dem Zweiten Weltkrieg gegründet wird. Ein selbstbewusster und erfolgreicher Aufbau im Reich der Mitte beginnt, so etwa mit der Eröffnung des ersten Flüssigkristall-Anwendungslabors im Jahr 2011.

Mit der Akquisition der Millipore Corporation, einem führenden Life-Science-Unternehmen mit Sitz in den USA, setzt Merck 2010 seine Strategie fort, sich auf hochprofitable Spezialprodukte mit attraktiven Wachstumsraten zu konzentrieren. Darüber hinaus führt die Übernahme zu einem ausgewogeneren Verhältnis zwischen Pharma und Chemie auf Konzernebene. 2014 wird Merck mit der Übernahme von AZ Electronic Materials zu einem führenden Anbieter von Lösungen im Premiumsegment der Hightech-Materialien und funktionalen Spezialchemikalien. 2015 schließt Merck die Übernahme von Sigma-Aldrich ab und wird durch die größte Akquisition der Unternehmensgeschichte zu einem der führenden Anbieter im weltweiten Life-Science-Markt. Ein weiterer Schritt der strategischen Ausrichtung auf innovationsgetriebene Geschäfte ist der 2018 erfolgte Verkauf des Consumer-Health-Geschäfts.

Die Konzernzentrale in Darmstadt im Jubiläumsjahr 2018

ONE Global Headquarters

Mit dem Programm *ONE Global Headquarters* wird der Standort Darmstadt zu einer weltoffenen, globalen Konzernzentrale weiterentwickelt. Auch der Markenauftritt wird neu ausgerichtet. Die grundlegende Überarbeitung des visuellen Erscheinungsbilds sowie die Einführung eines neuen Logos reflektieren den Wandel zum globalen Wissenschafts- und Technologieunternehmen. Das neu eröffnete Innovationszentrum in Darmstadt bietet mehr Platz für kluge Projekte außerhalb bestehender Geschäfte.

Familienunternehmen Merck

Grundlage des unternehmerischen Erfolgs sind die das unternehmerische Handeln bestimmenden Werte Mut, Leistung, Verantwortung, Respekt, Integrität und Transparenz.

2009 ist Merck Preisträger des Lombard Odier Global Family Business Award. Der *Nobelpreis für Familienunternehmen* honoriert globale Geschäftstätigkeit, Corporate Governance, die Einbeziehung mehrerer Generationen sowie Eindeutigkeit und Nachhaltigkeit des sozialen Engagements. Merck ist ein außergewöhnliches Beispiel für langfristige Führung, die sich geopolitischen Veränderungen und dem globalen Wettbewerb über 352 Jahre und 13 Generationen hinweg angepasst hat.[5]

1 Merck, Emanuel: Pharmaceutisch-chemisches Novitäten-Cabinet. Darmstadt 1827.

2 Rößler, Hektor: Ausführlicher Bericht über die von dem Gewerbeverein für das Großherzogthum Hessen im Jahre 1842 veranstaltete Allgemeine deutsche Industrie-Ausstellung zu Mainz. Darmstadt 1843, S. 284 f.

3 *Die Firma E. Merck, ihre Betriebsführer und Vertrauensmänner*, in: Das Merck-Blatt. (Nr. 1) 1935, S. 2. Vertrag zwischen Georg Merck und Theodor Weicker, November 1890 [Merck-Archiv H1/46].

4 Vertrag zwischen Georg Merck und Theodor Weicker, November 1890 [Merck-Archiv H1/46].

5 Alle Bilder stammen aus dem Merck-Archiv. https://www.merckgroup.com/de/company/who-we-are/history.html (20.05.2020).

Georg Büchner, nach einer Fotografie von Ernst Büchner der verlorenen Zeichnung von August Hoffmann, ca. 1832

6. DIE BÜCHNERS IM SÜDHESSEN DES 19. JAHRHUNDERTS

Peter Brunner

Am 17. Oktober 1813, dem Tag der Völkerschlacht zu Leipzig, wird im Haus des späteren Goddelauer Schultheißen dem Untermieter »Kreischirurgus« Dr. Ernst Büchner und seiner Frau Caroline ihr erstes Kind, *Karl Georg Büchner*, geboren.

Spätestens seit 1913 war in Goddelau bekannt, dass das Fachwerkhaus in der Weidstraße das Geburtshaus eines Großen ist: Georg Büchners Neffe Ernst Büchner schenkte der Gemeinde anlässlich des hundertsten Geburtstags des mittlerweile berühmten Dichters zwei Fotografien. Eine zeigt sein einzig authentisches Bildnis, eine Bleistiftzeichnung, gemalt von dem Darmstädter Maler August Hoffmann, das andere das Geburtshaus. Die beiden Fotografien werden heute im Museum Büchnerhaus gezeigt. Sie bilden das Ende des Museumsrundgangs unter dem Motto »Von Goddelau zur Weltbühne«, auf dem die Gäste entlang eines Zeitstrahls mit Leben und Werk des Republikaners, Dichters und Naturwissenschaftlers Büchner bekanntgemacht werden. Das Haus ist seit 1995 im Eigentum der Stadt Riedstadt, ein Förderverein hat es mit großem ehrenamtlichem Engagement saniert und zum Museum gemacht.

Büchner starb, noch nicht 24 Jahre alt, im Exil in Zürich, gerade erst zum Privatdozenten berufen und mitten in einem »stürmischen Leben auf fremdem Boden«, wie er selbst es im Brief an die Geliebte schon 1834 prophezeit hatte. Büchners Weltruhm ist heute auf sein literarisches Werk begründet, sein »Woyzeck«, unvollendet und stellenweise rätselhaft überliefert, ist in vielen Theaterjahren das am häufigsten aufgeführte Theaterstück in deutscher Sprache weltweit. Mit dem *Hessischen Landboten* hat er ein Flugblatt hinterlassen, das mit seiner Parole »Friede den Hütten! Krieg den Pallästen!« zu den bedeutendsten politischen Texten in Deutschland gehört, und dass ihn sein Bruder Ludwig im Rückblick zum »deutschen Darwin« hätte werden lassen, lässt sich mit seiner bahnbrechenden neurophysiologischen Doktorarbeit »Über das Nervensystem der Barbe« durchaus begründen.

Die Eltern Caroline Reuß und Ernst Büchner haben sechs Kinder erzogen, die zusammengenommen den Optimismus des 19. Jahrhunderts

Mathilde und Luise Büchner

repräsentieren, auch und vielleicht gerade, weil sich auch zweifelnde und melancholische Haltungen in ihren Werken finden. *Mathilde Büchner* führte von allen Geschwistern am ehesten ein Frauenleben, wie es im 19. Jahrhundert für unverheiratete Frauen üblich war. Sie lebte zunächst im Haus der Eltern in der Grafenstraße in Darmstadt, nach deren Tod in gemeinsamem Haushalt mit der Schwester Luise im Haus des Bruders Ludwig. Mathilde führte den Haushalt und ermöglichte so der Schwester Luise ihr außergewöhnliches Leben. Die Geschwister schildern sie, die nach Georgs frühem Tod die Älteste war, als den ruhenden Pol der Familie. Ihre Kaltblütigkeit hat sie Pfingsten 1849 (Pfingstsonntag war der 27. Mai) bei einem Odenwaldausflug bewiesen, von dem ihr Bruder Alexander in seinen autobiographischen Aufzeichnungen berichtet: Die Geschwister waren – mitten in den Auseinandersetzungen hessischer mit badischen Truppen, das »Gefecht bei Heppenheim« fand am 30. Mai statt! – im vorderen Odenwald unterwegs, während Gendarmen auf der Suche nach Aufständischen waren. Alexander trug ein Dolchmesser und, schlimmer noch, einen Aufstandsplan für die Odenwälder Bauern bei sich. Mathilde brachte beides an sich und ließ es im dichten Gebüsch verschwinden. So wurde Alexander zwar verhaftet, aber nach einer Vernehmung in Darmstadt wieder entlassen. Alexander schrieb: »[…] meine stets besonnene Schwester, die sich hier wie oft als mein Schutzgeist bewies«.

Das Stammhaus der Büchners in Neustadt/Odw. Hier arbeitete Georg Büchners sechsfacher Ur-Großvater Hans Büchner (1550–1620) als Bader. Foto: Peter Brunner

Mathilde hat sicher an allen Kindsbetten ihrer Schwägerinnen gesessen, eines der ganz wenigen authentischen Lebenszeugnisse von ihr ist dann auch die Unterschrift im Pfungstädter Kirchenbuch anlässlich der Geburt ihrer Nichte Elisabeth im Januar 1848. Erst im Frühjahr 2009 identifizierte die Leiterin der Darmstädter Luise-Büchner-Bibliothek, Agnes Schmidt, im Hessischen Staatsarchiv eine dort falsch zugeordnete Fotografie als Bildnis von Mathilde Büchner. Kurz darauf fand sich ihr Name unter den Begründerinnen des Darmstädter Hausfrauenvereins, der eine Art Einkaufsgenossenschaft betrieb und bis heute besteht. Inzwischen hat sich auch ein einziger handschriftlicher Brief Mathildes in Berlin gefunden. Die Namensprägung auf dem Briefbogen und die geübte Handschrift lassen die Vermutung zu, dass sie eine regelmäßige Korrespondenz unterhielt, vielleicht auch in Zusammenarbeit mit der Schwester. Beim

Das »Doktorhaus« in Reinheim. Hier wurde Georg Büchners Vater Ernst geboren. Foto: Peter Brunner

Feuersturm der Vernichtung, der 1944 in Darmstadt auch das Haus der Büchnernachfahren regelrecht ausradierte, sind zahllose Dokumente verloren gegangen – für immer verloren ist seitdem die sicher riesige Korrespondenz von Ludwig und Luise, vielleicht auch unbekannte Texte Georgs und – Mathildes.

Der Georg nächstgeborene Bruder *Wilhelm Büchner* (*1816) scheitert an den Anforderungen des humanistischen Gymnasiums, sein naturwissenschaftliches Talent entfaltet sich erst in der notgedrungen begonnenen Ausbildung zum Apotheker. Ein Chemiestudium zunächst bei Gmelin in Heidelberg, später bei Liebig in Gießen, schließt sich an. Bald ist er selbständiger Chemiefabrikant, und mit der Vereinfachung der Herstellung von künstlicher blauer Farbe wird er der Motor der Moderne im Bauerndorf Pfungstadt. Seine »Blaufabrik« gründet er 1845 am idealen Standort einer ehemaligen Mühle, übernimmt mit Hilfe der stattlichen Mitgift seiner Ehefrau die Gründungsanteile seiner Partner (u. a. des Darmstädter Chemiefabrikanten Merck) und wird der Krösus der Familie. Wilhelm war in Darmstadt engagiertes Mitglied einer Vorform der Volkshochschule, wo er Vorträge über naturwissenschaftliche Themen hält. 1849/50 ist er gewählter Abgeordneter im sogenannten »Revolutionslandtag«, der wie vorher schon die Abgeordneten zum

Paulskirchenparlament in freier, gleicher und geheimer Wahl der volljährigen Männer gewählt worden war. Der Großherzog löste ihn auf, sobald das revolutionäre Pulver verraucht war, und Büchner ist erst nach 1862 erneut Abgeordneter geworden, von 1877 bis 1884 saß er auch im Reichstag. Sein Unternehmen führt er mit vorbildlichem unternehmerischem Ethos, richtet freiwillig Kranken- und Invalidenversorgung ein und zahlt Tantiemen aus dem Unternehmensertrag. Als Gemeindevertreter setzt er die Moderne in die Tat um: Eine weiterführende Schule, ein Kindergarten und öffentlich geförderter Wohnungsbau gehört zu seiner Agenda. 1862 wird ihm das Wohnen mitten in der Fabrik zu ungemütlich, sein Wohlstand ist erheblich und er kennt als »Doyen« der deutschen Ultramarinfabrikanten die Lebensverhältnisse vergleichbarer Unternehmer wie Leverkues und Hoffmann. Er beauftragt den Darmstädter Architekten Balthasar Harres mit den Plänen für eine Villa: »im Äußeren bescheiden, im Inneren an Mitteln nicht zu sparen«, die Villa Büchner entsteht. Nach höchst wechselhafter Geschichte ist das Haus heute ein bedeutendes und seltenes Denkmal des Historismus, nahezu die gesamte bauliche Ausstattung konnte renoviert oder restauriert werden. Mit Vorrats- und Versorgungsräumen im Souterrain, Gesellschaftsräumen in der Beletage und der eigentlichen Wohnung im ersten Stock, verbunden mit einem Speiseaufzug und ausgestattet mit Innentoiletten auf den Zwischengeschossen, ist das Haus exemplarisch für eine hochmoderne Unternehmervilla der Zeit. Wilhelm Büchner hat als Unternehmer, anders als seine Chemiefabrikantenkollegen, nie diversifiziert: Ihm genügte der scheinbar sichere Ertrag aus der Ultramarinproduktion. Das Aufkommen der organischen Chemie und die völlig neuen Möglichkeiten, fast beliebig und äußerst günstig Farben herzustellen, beendet den unternehmerischen Erfolg. Im Kartell mit anderen stellt er 1890 »vorübergehend« die Produktion ein, die nie wieder aufgenommen wird. 1892 stirbt er an der Cholera.

Luise Büchner, geboren 1821, wurde mit Förderung der Eltern zu einer gebildeten jungen Frau, die nach dem Ende der ihr zugänglichen Schulausbildung zuhause den Lernstoff ihrer Brüder mitvollziehen durfte. 1850 wird sie zusammen mit ihrem Bruder Ludwig Mitherausgeberin der ersten Werkausgabe ihres Bruders Georg. 1855 erscheint anonym – »aus Frauenhand« – ihr erstes Buch: *Die Frauen und ihr Beruf*. Mit durchaus konservativer Grundhaltung, die Ehe und Kinderglück als Aufgabe »des Weibes« anerkennt, fordert die selbst ehe- und kinderlos Gebliebene das Recht auf weibliche Berufstätigkeit. Schon im Erscheinungsjahr wird ihre Autorschaft bekannt, eine zweite, überarbeitete Auflage erscheint unter ihrem Namen. Bis zur vierten Auflage des erfolgreichen Buches aktualisiert und verändert sie ihre Thesen und zeigt sich immer aufgeschlossener gegenüber

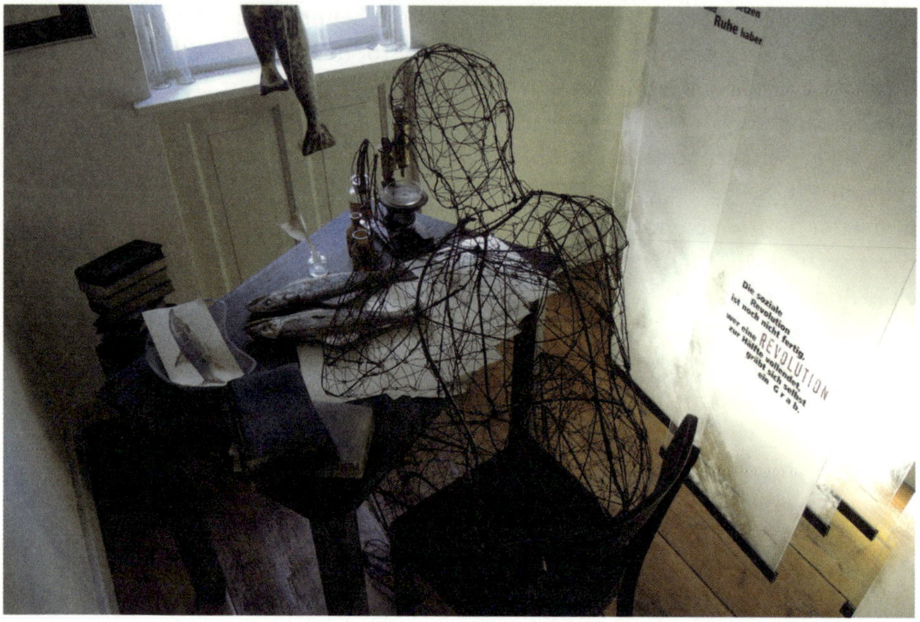

Im Museum Büchnerhaus: Georg Büchner sitzt über seiner Doktorarbeit zum Nervensystem der Barbe. Foto: Peter Brunner

weiblicher Autonomie. Sie wird eine anerkannte Autorin und Referentin, schreibt zahlreiche Zeitschriftenbeiträge, veröffentlicht ein Märchenbuch, literarische Erzählungen und, zusammen mit ihrem Bruder Alexander, eine große Gedichtsammlung. Vorträge zur Geschichte, die sie in einer Art privater Volkshochschule in ihrer Wohnung hielt, veröffentlicht sie unter dem Titel *Deutsche Geschichte von 1815–1870* mit so klar republikanischer Grundhaltung, dass das Buch in Preußen nicht erscheinen kann. In Darmstadt arbeitet sie eng mit der jungen Prinzessin und späteren Großherzogin Alice (1843–1878), einer Tochter Queen Victorias, zusammen. Es entstehen zahlreiche Initiativen zur Förderung weiblicher Berufsbildung, darunter der Alice-Basar, der bürgerlichen Frauen erstmals die Gelegenheit zum eigenen Geldverdienst eröffnet, eine Mädchenschule und erste Ausbildungsstätten für Frauen als zivile Krankenschwestern. Luise Büchner ist die erste Frau, die von der preußischen Regierung mit der Erstellung eines Gutachtens (über weibliche Berufsbildung) beauftragt wird. Ihr zu Lebzeiten unveröffentlicht gebliebenes Romanfragment *Ein Dichter* ist eine bedeutende Quelle zur Jugend Georg Büchners. 2021, anlässlich ihres zweihundertsten Geburtstages, soll eines ihrer unveröffentlichten Theaterstücke uraufgeführt werden.

Ludwig Büchner

Ludwig Büchner (* 1824) studierte in der Familientradition Medizin in Gießen, wo er 1848 promovierte. Gleichzeitig stürzte er sich zusammen mit dem Bruder Alexander in die Aufregungen der 48er-Revolution, kommandierte eine Bürgergarde und schrieb in der republikanischen Zeitung *Der jüngste Tag*, die ein Freund Georg Büchners, August Becker, dort herausgab. Als Assistenzarzt und Dozent in Tübingen veröffentlichte er 1855 unter dem Titel *Kraft und Stoff* eine populärwissenschaftliche Welterklärung, deren aufklärerischer Gestus, unter anderem mit der Behauptung des Rechts auf Abtreibung, ihn die Stellung kostet. Ludwig Büchner geht zurück nach Darmstadt und übernimmt die Praxis des Vaters. Der Sensationserfolg seines Buches, das in den nächsten 50 Jahren an die dreißig Auflagen in Deutschland und Übersetzungen in alle Weltsprachen erleben wird, macht ihn über Nacht zu einem der bekanntesten Materialisten Deutschlands. Er veröffentlicht zahlreiche weitere Bücher und Aufsätze, stets *Im Dienste der Wahrheit*, wie er einen späteren Sammelband nennen wird. Ludwig Büchner gehört zu den Gründern des Freien Deutschen Hochstifts in Frankfurt, von dem er sich trennt, als sein Plan, es zu einer landesweiten Volkshochschule umzugestalten, verworfen wird. Stattdessen gründet er einen Arbeiterbildungsverein in Darmstadt, der zu den Vorläufern der SPD gehört, nimmt als einer von wenigen deutschen Delegierten am Gründungskongress der Ersten Internationale teil und reist 1872/73 auf einer triumphalen Vortragsreise monatelang durch die USA. Er gehört zu den Gründern des Freidenkerbundes, engagiert sich für die Feuerbestattung und ist viele Jahre lang Stadtverordneter in Darmstadt, eine Zeitlang auch Abgeordneter im hessen-darmstädtischen Landtag. 1899, *Am Sterbelager des Jahrhunderts*, wie seine vorletzte Veröffentlichung heißt, stirbt er im Kreise der Familie in Darmstadt.

Der jüngste Bruder *Alexander Büchner* (* 1827) ist 1848 Jurastudent in Gießen. Als leidenschaftlicher Anhänger der Republik agitiert zusammen mit dem Bruder Ludwig für den Paulskirchensitz des Gießeners Carl Vogt. Für einen Aufsatz über den Tod von Friedrich Weidig, dem Freund und Mitkämpfer Georg Büchners, unter ungeklärten Umständen im Darmstädter Arresthaus, wird ihm der Prozess gemacht. In einem der ersten Geschworenengerichtsverfahren gegen den »Doktor beider Rechte« in Hessen-Darmstadt erfolgt ein sensationeller Freispruch. Alexander Büchner wird Landgerichtsakzessist in Langen. 1851 wird ihm dieser »Acceß« wegen »staatsfeindlicher Gesinnung« entzogen, nachdem er mit seinem Bruder Wilhelm zur Weltausstellung in London gereist war und dort deutsche Exilanten, unter ihnen den späteren US-Innenminister Carl Schurz, getroffen hatte. Ihr Plan, für eine künftige Deutsche Republik in den USA Anleihen aufzulegen und so revolutionäre Truppen auszustatten, war von einem Spitzel verraten worden. Alexander geht nach München, um dort Sprachen und Literatur zu studieren, und habilitiert sich 1852 als Privatdozent an der philosophischen Fakultät zu Zürich. Für kurze Zeit lebte er mit seinem Bruder Ludwig in Tübingen zusammen. 1855 wird er Lehrer für Neuere Sprachen am katholischen College Notre Dame im französischen Valenciennes. Er tritt 1857 als Gymnasiallehrer in den französischen Staatsdienst und wird 1862 Professor der fremden Literaturen zu Caen. 1870 nimmt er die französische Staatsbürgerschaft an. Seine Arbeiten in französischer Sprache gehören zu den frühen Arbeiten der Vergleichenden Sprachwissenschaft. Zusammen mit seinem Freund Léon Dumont übersetzte er Jean Pauls Poetik ins Französische. Die Übersetzung von Georg Büchners *Dantons Tod* durch seinen Schüler Auguste Dietrich hat er angeregt. In deutschen und französischen Zeitschriften erscheinen hunderte von Aufsätzen, die bis heute erst teilweise erfasst sind. Seine Korrespondenz mit dem Darmstädter Freund Elissen ebenso wie weitere Arbeiten, unter anderem eine Satire auf mesmeristische Experimente seines Bruders Ludwig, liegen unveröffentlicht in der Darmstädter Landesbibliothek. Als einziger der Büchnergeschwister erlebt er das 20. Jahrhundert. 1904 stirbt er am Herkunftsort seiner zweiten Frau Martha Bahlsen in Hannover.

Unübersehbar ist »Volksbildung« das zentrale Moment im Leben und Werk der Büchnergeschwister. Sie sind verbunden in der festen Überzeugung, dass Erkenntnis der Welt unaufhaltsam auch Verbesserung der Welt bedeuten wird. Obwohl authentische Belege fehlen, darf sicher unterstellt werden, dass Georg Büchner im Kreis seiner Mitverschworenen in der von ihm gegründeten Darmstädter »Gesellschaft für Menschenrechte« als »Volksbildner« auftrat und die Notwendigkeit zur Veränderung mit dem Wissen über die Mängel der Gegenwart begründete. Im *Landboten* finden sich zahlreiche Belege für diese Haltung: indem er vorrechnet, welche Beträge der Fürstenhof verprasst, begründet er den Sturz der Herrschenden. In den literarischen Werken hat die Forschung oft Melancholie und Fatalismus als zentrale Momente betont, aber sie bergen auch die Hoffnung auf Verbesserung, und sei es, indem die Gegenwart als dunkler Ort mit wenig Aussicht auf Verbesserung im Bestehenden beschrieben wird. In den naturwissenschaftlichen Schriften begegnet uns der vorurteilslose moderne Forscher, der in der Untersuchung des Nervensystems eines Fisches die Metamorphose beschreibt, die in der Natur von Klein zu Groß, von Niedrig zu Hoch führt, und die Ludwig Büchner in ihm den Vorgänger Darwins erkennen lässt.

Für Ludwig, Luise und Alexander ist das noch offensichtlicher: Ihr ganzes Leben kann als eine einzige Vorlesung beschrieben werden. Wohin sie kamen, wen sie trafen, was sie schrieben: Es ging stets um Erkennen und Erklären. Gemeinsam sind sie davon überzeugt, dass nur, indem »das unmündige Volk« zu Wissen und Bildung, zum Verstehen des Bestehenden, gebracht wird, die Welt zum Besseren geändert werden kann. Wilhelms frühe Vortragstätigkeit in Darmstadt passt ebenso gut in dieses Bild wie sein Engagement für Schulbildung in Pfungstadt, und das wenige, das wir von Mathilde wissen, stellt auch sie in die gleiche Tradition.

Das ist der Optimismus der Büchners: dass die Verbesserung der Lage des unmündigen Volkes möglich ist und dass sie dazu beitragen können.

Das Auerbacher Schloss (Ausschnitt von Seite 131)

7. ROMANTIKER ZEICHNEN DIE BERGSTRASSE UND DEN ODENWALD

Mechthild Haas

Die politische Ausgangssituation

Als Landgraf Ludwig X. (1753–1830) 1790 die Amtsgeschäfte von seinem Vater Landgraf Ludwig IX. (1719–1790) übernahm, begann für Hessen-Darmstadt die Zeit der Umwälzungen. 1798 hatte sich die Landgrafschaft mit dem neuen Frankreich und Napoleon Bonaparte arrangiert und wurde so bei der Neuverteilung des zerfallenen Heiligen Römischen Reiches angemessen berücksichtigt. Der *Reichsdeputationshauptschluß* brachte 1803 mit der Südprovinz Starkenburg, der Wetterau und Westfalen territoriale Zuwächse. Um einer Invasion durch Frankreich zu entgehen, war Hessen-Darmstadt der Rheinbundakte beigetreten und hatte hohe Militärkontingente an Frankreich gestellt, worauf Napoleon am 14. August 1806 die Landgrafschaft zum Großherzogtum erhob. Ein zusätzliches »e« machte aus dem »Landgraf Ludwig X.« nun den »Großherzog Ludewig I.«.

Nach der endgültigen Niederlage Napoleons regelte der Wiener Kongress 1815 die Gebietsverhältnisse für Hessen. Als Ersatz für Westfalen erhielt das Großherzogtum das linksrheinische Rheinhessen und der Großherzog erweiterte seinen Titel zu »von Hessen und bei Rhein«. Im Jahr 1814 war die Leibeigenschaft im Land aufgehoben worden. Wegen Ludewigs verzögerter Umsetzung des Verfassungsversprechens der Bundesakte kam es 1818/19 unter dem Einfluss der studentisch liberal geprägten Gesinnung der Gießener und Darmstädter »Schwarzen« zu heftigen Protesten. Nach zähen Verhandlungen mit dem ersten gewählten Landtag erhielt das Großherzogtum am 17. Dezember 1820 die Verfassung einer konstitutionellen Monarchie. Diese knappe Schilderung der Ereignisse lässt ahnen, mit welch massiven Umwälzungen in politisch-gesellschaftlicher Hinsicht jene Jahre vor und nach der Französischen Revolution, die Spätzeit der Aufklärung und die Anfänge der Romantik verbunden waren.

Nicht nur die 1803 und 1815 zu Hessen-Darmstadt neu hinzugekommenen territorialen Gebiete, sondern das ganze Land bedurfte neben der Vermessung auch der Darstellung. Wie wandelte sich der künstlerische

Blick auf die Region Bergstraße und den Odenwald im Laufe des 19. Jahrhunderts? Der reiche Bestand an Zeichnungen der Romantik in der Graphischen Sammlung am Hessischen Landesmuseum Darmstadt liefert das Material für die nachfolgende Studie, die Beispiele vom Ende des 18. Jahrhunderts bis zur Mitte des 19. Jahrhunderts vorstellt.

Die ersten Veduten des Großherzogtums

Am Anfang stand der in Heidelberg geborene Carl Philipp Fohr (1795–1818), dessen künstlerischer Werdegang eng mit Darmstadt verknüpft war. Früh hatte der Darmstädter Maler Georg Wilhelm Issel (1785–1870) Fohrs künstlerisches Talent in Heidelberg entdeckt, ihn 1811 nach Darmstadt eingeladen und dafür gesorgt, dass die Erbprinzessin Wilhelmine von Hessen (1788–1836) seine Mäzenin wurde.[1] In der kleinen hessischen Residenzstadt, wo sich Fohr von 1811 bis 1813 überwiegend aufhielt, wuchs dem 16-Jährigen schnell die Aufgabe zu, topographisch getreue Prospekt-Landschaften zu zeichnen. Denn dieses Fach hatte er bei seinem Heidelberger Lehrer, dem Landschaftsmaler Friedrich Rottmann (1768–1816), bereits ausgiebig studiert.[2] Als Landschaftsspezialist war Fohr in Darmstadt außer Konkurrenz und der junge Künstler erfüllte die in ihn gesetzten Erwartungen zu vollster Zufriedenheit.[3] Die Nachfrage nach Veduten des Großherzogtums war groß, weshalb Fohr zum Hauptlieferanten dieser Ansichten wurde.

Reichlich Stoff dafür boten der Odenwald und die Bergstraße mit ihren Dörfern, Ruinen und Burgen, die seit Beginn des 19. Jahrhunderts in Reiseführern als lohnende Reiseziele empfohlen wurden.[4] Den bildlichen Kanon dieser Sehenswürdigkeiten prägten insbesondere die Reproduktionen im *Grossherzoglich hessischen Hofkalender*. Von 1813 bis 1816 lieferten ausschließlich Fohrs Landschaftszeichnungen dafür die Motivvorlagen. In diesen Kalenderkupfern waren die realen Landschaftselemente vereinfachend und unter kompositorischen Gesichtspunkten idealisierend zusammengefasst, um damit der Verewigung der Hessischen »Residenzlandschaft« zu dienen.

Die erste so entstandene Ansicht war das Auerbacher Schloss. Der oben rechts mit »1« nummerierte Stich des Karlsruher Kupferstechers Christian Haldenwang (1770–1831)[5] erschien 1813 im *Grossherzoglich hessischen Hofkalender* gegenüber dem Monat Juni. Die Vorlage von Fohr ist eines der frühesten Aquarelle, die der Künstler auf Wunsch bzw. Auftrag seiner Darmstädter Förderer hin ausführte. Mit diesen Ansichten, die sämtlich Aufnahme in den Bestand der Handzeichnungen der Großherzoglichen Graphischen Sammlung fanden, konnte Fohr seinen Aufenthalt und seine Ausbildung in der Darmstädter Residenzstadt finanzieren.[6]

Carl Philipp Fohr, *Auerbacher Schloss*, um 1812,
Aquarell und Gouache über Bleistift auf leicht vergilbtem Papier, 386 × 475 mm

Christian Haldenwang (nach Carl Philipp Fohr), *Das Auerbacher Schloß*, 72 × 95 mm,
Radierung aus: *Grossherzoglich hessischer Hofkalender für das Jahr 1813*

Den üblichen Konventionen der Prospektmalerei folgend teilt sich die Ansicht in Vorder-, Mittel- und Hintergrund. Das Hauptmotiv ist zentral in Untersicht ins Bild gerückt, sodass der Blick vom Tal zur hoch aufragenden Burganlage mit ihren charakteristischen zwei Türmen führt. Die Himmelzone wird von dekorativen Wolken belebt, fern am Horizont ist links der Melibokus zu erkennen. Als Repoussoir in der Bildmitte dient eine Gruppe wandernder Bauern, die Haldenwang im Stich auf eine Figur (oder zwei?) reduziert hat. In Anlehnung an die niederländische Landschaftsmalerei wird die Farbigkeit von einem gelblich braunen Gesamtton dominiert. Fohr hat die großformatige Vedute in tüpfelnder Pinseltechnik aquarelliert, wobei er äußerst malerisch den dunkleren üppigen Busch- und Baumbewuchs in das hellere Mauergestein der imposanten mittelalterlichen Ruine übergehen lässt.

Skizze wird Bild

Fohrs Vorgehensweise beim Zeichnen seiner Landschaftsprospekte war Usus unter den meisten europäischen topographisch arbeitenden Künstlern. Zunächst hielt eine vor Ort aufgenommene Bleistiftskizze die grundlegenden Elemente fest. Quasi die Gegend ertastend entstanden so unter Fohrs Händen karge, hauchdünne Bleistiftstudien. Nur wenige davon haben sich erhalten, etwa die Ansicht von Krumbach in der damaligen Provinz Starkenburg, die ob ihrer Zartheit kaum abbildbar ist. Um die Identifikation seiner Aufnahmen wachzuhalten, notierte Fohr die Ortsnamen auf den Blättern. In einem zweiten Schritt legte der Künstler ein Liniengerüst mit der Feder über die Bleistiftskizzen, wobei er diese auch in ein größeres Format bringen konnte.

Die Schritte einer solchen Bildgenese verdeutlichen drei Zeichnungen von Lindenfels im Odenwald. Mit der ersten handtellergroßen Skizze hatte Fohr die topographischen Details des hochgelegenen Ortes fixiert und danach die Umrisse mit der Feder übergangen. Der zweite etwas größere Entwurf reproduzierte den identischen Blick durch die rahmende Baumkulisse aus dem Odenwald auf die in der Ferne sichtbare Silhouette der Burg mit Städtchen. Schließlich überführte Fohr seine vor der Natur aufgenommene Vedute in ein bildmäßig komponiertes Blatt, wobei er die Flächen mit Tusche und Pinsel in differenzierten Brauntönen füllte. Zu dieser gemäldehaften Umsetzung passte die bedeutungsvolle Staffage im Vordergrund rechts: Andächtig betend kniet ein Wanderer vor einer mächtigen Eiche, an der ein Marterl angebracht ist.

Carl Philipp Fohr, *Landschaft mit Bach und kleinem Wasserfall bei Krumbach im Odenwald*, 1813,
Bleistift auf bräunlichem, fleckigem Papier, auf alter Unterlage montiert, 257 × 338 mm

Carl Philipp Fohr, *Blick auf Lindenfels*, 1813,
Feder in Schwarzgrau über Bleistift auf gelblichem Papier, 59 × 74 mm

Carl Philipp Fohr, *Blick auf Lindenfels*, 1813,
Bleistift und Feder in Grau auf Papier, 248 × 333 mm

Carl Philipp Fohr, *Blick aus einem Wald auf Lindenfels im Odenwald*, 1813,
Feder und Pinsel in Braun über Bleistift auf bräunlichem Papier, 415 × 537 mm

Landschaft mit Bauern

Fohr ging es in seinen Darstellungen um das Ineinander des von Menschen Gebauten und des natürlich Gewachsenen, weshalb in seinen Landschaftszeichnungen den Burgen und Ruinen oft Dörfer und Bauern gegenübergestellt sind. Bemerkenswert ist, dass der Künstler in seinen Bildräumen ausschließlich Landbevölkerung, meist bei der Arbeit, sowie deren spielende Kinder auftreten lässt.[7] Auch wenn Bergstraße und Odenwald seit Ende des 18. Jahrhunderts touristisch erschlossen wurden und sie v. a. wegen ihrer pittoresken Burgen und Ruinen im 19. Jahrhundert zunehmend als Ausflugs- und Reiseziel dienten,[8] finden wir bei Fohr nirgends städtische Spaziergänger oder Touristen. Die Menschen in Fohrs Landschaften leben vor Ort, zu Füßen der historischen Relikte. Sie verhalten sich eher naiv-unbedarft gegenüber der bedeutungsvollen Architektur, ohne über die Zeugnisse vergangener Größe zu reflektieren, wie das Touristen und Ausflügler gemeinhin zu tun pflegen.[9]

Die Kombination von historischen Ruinen und einfachem bäuerlichem Dasein erscheint bisweilen wie die Aktualisierung des Kontrastes von Palast und Hütte. Seit der Aufklärung war dies ein geläufiger Topos,[10] dem gerade in Hessen-Darmstadt eine besondere Aktualität zukam. So hatte Georg Büchner noch im Jahr 1834 sein revolutionäres Manifest *Der Hessische Landbote* mit dem Schlachtruf der französischen Revolutionsarme von 1792 »Friede den Hütten! Krieg den Palästen!« beginnen lassen.

Auf Wunsch von Landgraf Ludwig IX. war 1772 auf dem höchsten Berg des Odenwaldes, dem Malchen, später Melibokus genannt, ein 21 Meter hoher Aussichtsturm errichtet worden,[11] der bald ein vielbesuchtes Ausflugsziel wurde. Wer die Bergstraße bereiste und es nicht so eilig hatte, wanderte über den 517 Meter hohen Melibokus, um die an klaren Tagen wundervolle Aussicht auf Bergstraße und Rheinebene zu genießen. Als Fohr 1813 sein Aquarell anfertigte, wählte er seinen Standpunkt in Zwingenberg so, dass der Aussichtsturm auf dem östlich des Ortes gelegenen Berg nicht nur an höchster Stelle, sondern auch in der Mitte des Blattes steht und rechts und links symmetrisch von zwei vorgelagerten Hügeln flankiert wird. Diese auf Achsensymmetrie ausgerichtete Inszenierung betonte die geodätische Vermessung der Welt[12] und die ordnende Übersicht auf die hessische Region. Unterhalb des »Bergtryptichons« sehen wir den zentralen Platz mit Brunnen und der Dorfgemeinschaft, von alt bis jung, bei ihrem alltäglichen Tun. Im Schatten rechts rückt der lange Bau des Gasthauses »Zum Löwen« (heute »Bunter Löwe«) ins Bild. Es war bereits um 1600 als »gebannte« Herberge von der Stadt Zwingenberg errichtet worden und hatte die Pflicht, Speisen und Getränke für die durchreisenden Händler und Fuhrleute bereitzuhalten.[13]

Carl Philipp Fohr, *Ein Platz in Zwingenberg an der Bergstraße mit dem Melibokus*, 1813, Aquarell und Feder in Grau über Bleistift auf Papier, 430 × 485 mm

Als Vorlage für den Stich von Haldenwang, der den Monat August im *Grossherzoglichen hessischen Hofkalender* des Jahres 1815 illustrieren sollte, fertigte Fohr eine zweite kleinformatige Fassung seiner Ansicht von Zwingenberg. Darin hat er alles mit gedeckteren Tönen und nahsichtiger erfasst, sodass der Blick weniger klar und nicht so distanziert erscheint. Das bunte dörfliche Treiben ist zusammengeschrumpft auf eine kleine Marktszene neben dem Brunnen. Der auffallendste Unterschied ist jedoch der Verzicht auf die Betonung der Mittelsenkrechten. In der ersten Fassung schob in der Blattmitte, genau auf der Schattengrenze, ein Landarbeiter mühsam seinen schwer beladenen Schubkarren durch den Morast der Straße. Im Kalenderkupfer bleibt diese Stelle leer, nach rechts versetzt geht ein Bauer hinter seinem Schlitten über das Pflaster, wobei seine gebückte Haltung eher dem Alter als der Schwere seiner Last geschuldet sein dürfte.
Die gestochenen Veduten im *Grossherzoglich hessischen Hofkalender* dienten als Werbekampagne für die regionale Landschaft und das prosperierende junge Großherzogtum. Eine innerbildliche Kritik an den gesellschaftlichen Verhältnissen war hier unangebracht, genauso wie Hinweise auf die

Christian Haldenwang (nach Carl Philipp Fohr), *Der Melibocus*, 70 × 94 mm,
Radierung aus: *Großherzoglicher hessischer Hofkalender für das Jahr 1815*

Carl Philipp Fohr, *Zwingenberg an der Bergstraße mit dem Melibokus*, 1813,
Aquarell und Feder in Grauschwarz über Bleistift auf stark gebräuntem Karton, 200 × 251 mm

Unbekannter Fotograf, *Luftkurort Zwingenberg a. d. Bergstraße, Löwenplatz*, 1915, Foto-Postkarte, Verlag Ph. Bernhardt, 88 × 140 mm

Dichotomie zwischen touristischer Erschließung und den Einheimischen, der autochthonen Bevölkerung. Deshalb scheint der Künstler für die Hofkalender-Publikation seinen Primärentwurf einer Art Zensur unterworfen zu haben: Fohr hat bäuerliche Arbeit durch Handel ersetzt und durch den Verzicht auf das Achsenschema nicht nur die optische Verbindung zwischen Berg und Tal gekappt, sondern auch die pointierte Gegenüberstellung von städtischer und ländlicher Naturerfahrung zurückgenommen.

Wie eine Foto-Postkarte aus dem Jahr 1915 zeigt, setzte 100 Jahre später der Fremdenverkehr der Region Bergstraße-Odenwald noch immer auf Fohrs Blickachse vom Löwenplatz hoch zum Melibokus, und auch hier wurde nachjustiert: Dank Fotoretusche ist die touristische Attraktion – der ferne, schwarze Aussichtsturm – vor weißem Himmel scharf wie eine Pfeilspitze zu sehen.

Sightseeing im Felsenmeer

Ende des 18. Jahrhunderts hatte der Darmstädter Maler Johann Jacob Bogen (1767–1801) ein Landschaftsbild vom Felsenmeer im Odenwald komponiert. Im Bildzentrum lag die Riesensäule, jener berühmte behauene Granitblock aus der Zeit der Römer. Die megalomane Größe der

Johann Jacob Bogen, *Felsenmeer mit Riesensäule*. Ende 18. Jahrhundert, Kreide, weiß gehöht auf blauem Papier, 305 × 443 mm

Gesteinsmassen unterstreicht die maßstäblich übertrieben klein gewählte Staffage: Zwei junge Damen der gehobenen Gesellschaft wandeln mit Kindern zwischen den Felsblöcken, während ihre beiden Begleiter einen Brocken erklommen haben, um von dort die Aussicht zu genießen. Gleichsam als Wächter der Idylle rastet im Vordergrund ein Jäger mit zwei Jagdhunden. Wie in einem Theaterprospekt sind knorrige Stämme und üppiges Blattwerk mit Gräsern dekorativ gruppiert. Die Pflanzen sind schematisiert und fern jeden Verständnisses von natürlichem Licht oder Wuchs. In seiner großformatigen weißgehöhten Kreidezeichnung auf blauem Papier arrangierte Bogen das Felsenmeer als pittoreskes Ausflugsziel der Aristokratie.

Gut eine Generation später datiert das kleine Blatt von Wilhelm von Harnier (1800–1838), Jurist und Künstler. Seit 1823 hatte er eine Anstellung am Darmstädter Hofgericht inne, 1817 war er in Rom Carl Philipp Fohr begegnet, dessen Künstlertum ihn nachdrücklich beeindruckte. Harnier hat seine Skizze 1823 im Felsenmeer mit dem Bleistift gezeichnet und dann mit der Tuschfeder akzentuiert. Wieder liegt die Riesensäule im Zentrum. Um ihre reale Größe erfahrbar zu machen, zeigt Harnier den behauenen Säulenschaft in Untersicht mit einem oberhalb sitzenden jungen

Wilhelm von Harnier, *Riesensäule im Felsenmeer*, 1823,
Schwarze Tusche über Bleistift auf bräunlichem Papier, 156 ×104 mm

Mann. Seine bürgerliche Kleidung, Frack und Zylinder, definieren ihn als zeitgenössischen Ausflügler aus der Stadt. Auch wenn die Bäume nur mit wenigen Strichen summarisch erfasst sind, charakterisiert Harnier dendrologisch korrekt den typisch schlanken Wuchs des am Felsberg wachsenden Waldes: Bei den Buchen sterben aus Lichtmangel die unteren Äste früh ab und die Starkäste sind durch den Konkurrenzdruck um das Licht eher aufrecht als waagerecht ausgerichtet.

Die Individualisierung der Natur

Johann Heinrich Schilbach (1798–1851), der seine Ausbildung in Darmstadt erhielt und ab 1828 dort Hoftheatermaler wurde, hatte wie viele Darmstädter Künstler in der ersten Hälfte des 19. Jahrhunderts vom hessischen Großherzog ein Stipendium für einen mehrjährigen Italienaufenthalt (1823–1828) erhalten.[14] Ausdrücklich betonte der in italienischen Gefilden Weilende in einem Brief von 1827 an seinen Darmstädter Künstlerfreund Jacob Felsing (1802–1883), dass ihm das Wandern an der Bergstraße und im Odenwald ebenso lieb sei, wie eine Reise nach Neapel.[15]

Nach seiner Rückkehr bereiste Schilbach die Gegend der Provinz Starkenburg an der Grenze zum Großherzogtum Baden. Bei einem dieser Ausflüge entstand das Aquarell mit dem Blick auf die Rheinebene vom Heiligenberg aus. Links von der vorkragenden Bergzunge blickt man auf das unterhalb, an der Bergstraße liegende Bickenbach mit seiner zu Beginn des 19. Jahrhunderts erneuerten Dorfkirche. Vom rechts gelegenen Jugenheim ragt zwischen grüner Lavierung der Turm der Kirche empor. An der Spitze des Plateaus sind mit zarten Bleistiftstrichen die hohen spätgotischen Maßwerkfenster der 1827 abgebrochenen Kirche von Gronau zu erkennen. Großherzogin Wilhelmine hatte die Kirchenfenster um 1831 an dieser Stelle als künstliche Ruine wieder errichten lassen. Trotz dieser Details liegt das künstlerische Hauptaugenmerk der Zeichnung jedoch weniger auf den topographischen Gegebenheiten, als vielmehr auf der Schilderung der Landschaft. Schilbachs Ziel war es, mit Bleistift, Tusche und Aquarellfarben – und ohne auf luminaristische Wirkung hin ausgerichtete Effekthascherei – das festzuhalten, was ihm vor Augen stand. Darauf verweisen seine ausführlichen Beschriftungen mit präzisen Angaben zu Tageszeit, Farbtönen, Licht und Schatten. So kommentierte er am linken Blattrand in der Mitte: »Sonnenuntergang/Rheinspiegel/Rhein« oder im ausgesparten Vordergrund: »bey Sonnenuntergang sind die Töne in der Ferne alle mehr zusammengeschmolzen und alles wärmer./ Die Kirche von Bickenbach ist im Schatten nur die Turmspitze ist hell glänzend – einige Dächer sind hell.«

Damals war die Rheinbegradigung noch nicht vollendet[16] und die weite Ebene durchzogen Auenwälder, Sümpfe und Feuchtwiesen. In zarten Grün-Blau-Tönen erfasste Schilbach diese spezielle Landschaft: Unter farblosem, dunstverhangenem Himmel produziert die vom Fluss aufsteigende Feuchtigkeit neblige Dampfschwaden am flirrenden Horizont. Dieser liegt genau auf der Mitte des Blattes, überragt vom Heiligenberg, dem Standort des Zeichners. Dort oben lag Schilbach das Panorama der Rheinebene zu Füßen.[17]

Johann Heinrich Schilbach, *Blick auf die Rheinebene vom Heiligenberg aus*, 1830er-Jahre, Aquarell und Tusche über Bleistift auf Büttenpapier, 301 × 485 mm

Schluss

Von ihren Italienreisen brachten die Künstler nicht nur reichlich Material an gezeichneten Motiven mit, sondern sie hatten in der Fremde auch gelernt, die heimatliche Landschaft neu zu schätzen und die Natur mit anderen Augen zu sehen. Ihre vor Ort entstandenen Skizzen und Studien der Bergstraße und des Odenwaldes belegen eindrucksvoll die Befreiung von allem Formelhaften. Denn leichter als in der Malerei entzogen sich die Künstler im privaten Medium der Zeichnung den Stilzwängen und Konventionen. Hier gelang es, die akademisch schematisierte Darstellung der pittoresken Vedute zu verlassen und sich der individuellen Naturerscheinung zu öffnen.

1 Der hessische Historiker und Pädagoge Dr. Johann Philipp Dieffenbach (1786–1860) vermittelte den Kontakt zur Erb- und Großprinzessin Wilhelmine. Die geborene Prinzessin von Baden war 1804 durch die Ehe mit ihrem Darmstädter Vetter Ludwig II. zur Erb- und Großprinzessin von Hessen geworden. Nach Fohrs tragischem Ertrinken im Tiber 1818 veröffentlichte Dieffenbach 1823 die erste Biographie des Künstlers: Dieffenbach, Philipp: Das Leben das Malers Karl Fohr, zunächst für seine Freunde und Bekannte geschrieben. Darmstadt 1823.

2 Vgl. Märker, Peter: Carl Philipp Fohr 1795–1818. Monographie und Werkverzeichnis. München 2015, S. 19, 28.

3 Vgl. Märker (wie Anm. 2), S. 31–32.

4 z. B. *Der Odenwald*, in: Chézy, Helmina von: Gemälde von Heidelberg, Mannheim, Schwetzingen, dem Odenwalde und Neckarthale. Wegweiser für Reisende und Freunde dieser Gegenden. Heidelberg 1816, S. 35–40; 2. *Route, ueber Heidelberg, die Bergstraße, Darmstadt und Frankfurt a. M.*, in: Schreiber, Alois Wilhelm: Handbuch für Reisende am Rhein. Heidelberg u. a. 1816, S. 109–133; Bamberger, F./Jügel, Carl: Album de la Bergstrasse. Vues Pittoresques de Darmstadt, du Mélibocus, de Auerbach, Weinheim, Heidelberg, Mannheim, Schwetzingen, Carlsrouhe et Baden. Frankfurt a. M. um 1830; Grimm, Albert Ludwig: Die malerischen und romantischen Stellen der Bergstrasse, des Odenwaldes und der Neckar-Gegenden, in ihrer Vorzeit und Gegenwart geschildert von A. L. Grimm, Darmstadt 1840; Eine Zusammenstellung an Reisbeschreibungen bei Demandt, Karl E. (Bearb.): Schrifttum zur Geschichte und geschichtlichen Landeskunde von Hessen, Bd. 2. Marburg 1965, S. 593 ff.

5 Zum Künstler vgl. Haldenwang, Hasso von: Christian Haldenwang, Kupferstecher (1770–1831) (Frankfurter Fundamente der Kunstgeschichte, Bd. 14). Frankfurt a. M. 1997.

6 Vgl. Märker (wie Anm. 2), S. 30.

7 Zur Bedeutung von Kindheit um 1800 vgl. Ewers, Hans-Heino: Kindheit als poetische Daseinsform. Studien zur Entstehung der romantischen Kindheitsutopie im 18. Jahrhundert. München 1989.

8 Zur »pittoresken« Ruine vgl. Hartmann, Günter: Die Ruine im Landschaftsgarten. Ihre Bedeutung für den frühen Historismus und die Landschaftsmalerei der Romantik. Worms 1981.

9 Vgl. Märker (wie Anm. 2), S. 35.

10 Schoch, Rainer: *Palast und Hütte. Zum Bedeutungswandel eines künstlerischen Motivs zwischen Aufklärung und Romantik*, in: Kritische Berichte 4/1989, S. 42–59.

11 Nachdem der Turm während der Bauphase eingestürzt war, konnte er unter Hinzuziehung des Bessunger Baumeisters Johann Martin Schuknecht (1724–1790) im Dezember 1772 fertiggestellt werden.

12 Im Großherzogtum übernahm der Historiker Georg Wilhelm Justin Wagner (1793–1874) als staatlich geprüfter Geometer u. a. diese Aufgabe. Vgl. Wagner, Wilhelm Justin: Statistisch-topographisch-historische Beschreibung des Großherzogtum Hessen, Bd. 1: Provinz Starkenburg. Darmstadt 1829.

13 Landesamt für Denkmalpflege Hessen: Bergstraße/Zwingenberg/Löwenplatz 6/Gasthaus »Zum Löwen«, https://denkxweb.denkmalpflege-hessen.de/1670/ [abgerufen am 16.05.2020].

14 Zu diesem Aspekt der Künstlerförderung im Großherzogtum Hessen-Darmstadt vgl. Haas, Mechthild: *Das Darmstädter Großherzogliche Museum als Akademie für das Volk*, in: Zwischen Aufklärung und Romantik. Zeichnungen, Aquarelle und Ölstudien aus der Gründungszeit des Hessischen Landesmuseums Darmstadt, Ausst. Kat. Hessischen Landesmuseum Darmstadt. Heidelberg 2015, (S. 11–20) S. 13.

15 *Brief vom 6. September 1827, HLMD Graphische Sammlung*, G 19:33, Brief Nr. 5, zitiert in: Der Traum vom Süden. Johann Heinrich Schilbach (1798–1851). Zeichnungen, Aquarelle, Ölstudien und Gemälde, Ausst. Kat. Hessisches Landesmuseum Darmstadt. Heidelberg 2000, S. 197.

16 Der badische Ingenieur Johann Gottfried Tulla (1770–1828) hatte 1817 das Jahrhundertprojekt der Rhein-Rectifi-cation begonnen. Bis 1840 wurde der Fluss zunächst von Knielingen bis Mannheim begradigt, dann zwischen Karlsruhe und Basel, erst 1876 war das gewaltige Vorhaben beendet.

17 Die Diskussion um Panoramadarstellungen war damals aktuell, z. B. Marquard Wocher: Thun-Panorama, 1814, das älteste erhaltene Rundbild der Welt.

Darmstadt, der Odenwald, die Bergstrasse und die Main-Neckar-Eisenbahn: ein Handbuch für Reisende. Darmstadt, 1846.

8. INFRASTRUKTURENTWICKLUNG DES 19. JAHRHUNDERTS IN HISTORISCHEN KARTENWERKEN

Silvia Uhlemann

Die Universitäts- und Landesbibliothek Darmstadt verwahrt als Nachfolgeinstitution der ehemaligen Hofbibliothek der Landgrafen und Großherzöge von Hessen(-Darmstadt) innerhalb ihrer historischen Sammlungen mit ca. 25 000 Blättern eine stattliche Anzahl von Landkarten und Plänen aus verschiedenen Phasen der Residenz- und Landesgeschichte. Dieser Fundus war geeignet, eine Fülle von Anschauungsbeispielen für zentrale Themen des Kolloquiums zu bieten: die Dienstbarmachung der Natur, die sich beispielsweise in landschaftsplanerischen Ansätzen, der Erschließung von »Wildnis« durch Wegenetze, Kanalbauten oder Eisenbahnlinien manifestiert; die Entwicklung des Vermessungswesens selbst als technisch-wissenschaftlicher Leistung; schließlich die kulturhistorische Bedeutung der Verdichtung von Verkehrswegen als Grundlage für das Reisen und die Ursprünge des Tourismus.

Die Teilnehmer der Führung hatten die Gelegenheit, aus regionaler Perspektive des Raumes Darmstadt und der Bergstraße einen Ausschnitt der Entwicklung des Kartenwesens nachzuvollziehen und sich ausgiebig in Details der Regionalplanung des 19. Jahrhunderts anhand von Kartenblättern und Reiseführern zwischen 1810 und 1890 zu vertiefen.

Detail Seeheim/ Jugenheim/ Heiligenberg/ Zwingenberg

Oben:
Situations Plan der Gegend zwischen Frankfurt und Heidelberg längs der Bergstraße, mit einer projectirten Canalverbidung zwischen dem Main und Neckar (ca. 1810)

Rechte Seite:
Details Zwingenberg/Jugenheim/Seeheim

Nächste Doppelseite:
Uebersichts Karte der Laubwaldungen bei Darmstadt : mit den darin befindlichen Anlagen, Wegen und Schneissen : Sr. Königlichen Hoheit dem Erbgrossherzoge von Hessen und bei Rhein dem hohen Stifter und Beschützer der Verschönerung der Wälder, in tiefster Ehrerbietigkeit gewidmet ... Darmstadt, 1843.

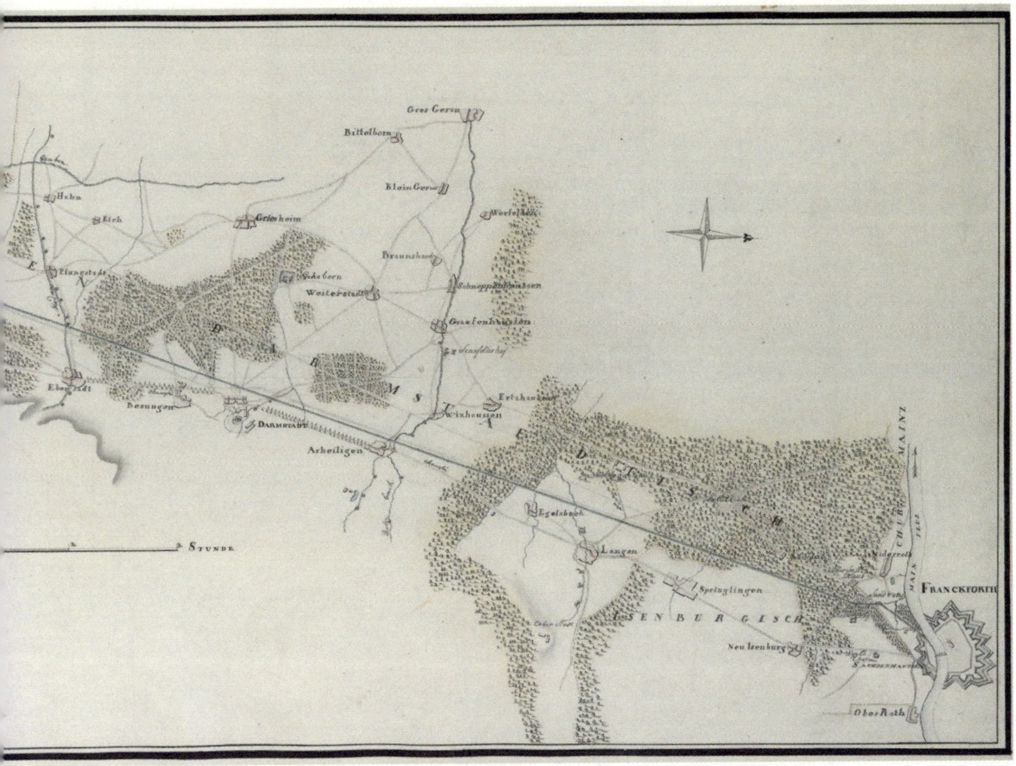

Bittelborn
Griesheim
Weiterstadt
Arheiligen
Darmstadt
Eberstadt
Egelsbach
Langen
Springlingen
Neu Isenburg
Ober Roth
Stunde

Schwanheim
Nellheim
I S C H
H
BENSHEIM,
Auerbach
ZWINGENBERG
altes Schloss
Auerbach
Hochstadten
Melibocus

Haenlein
Land
E S S E
Bickenbach
Iugenheim
Seeheim
L D

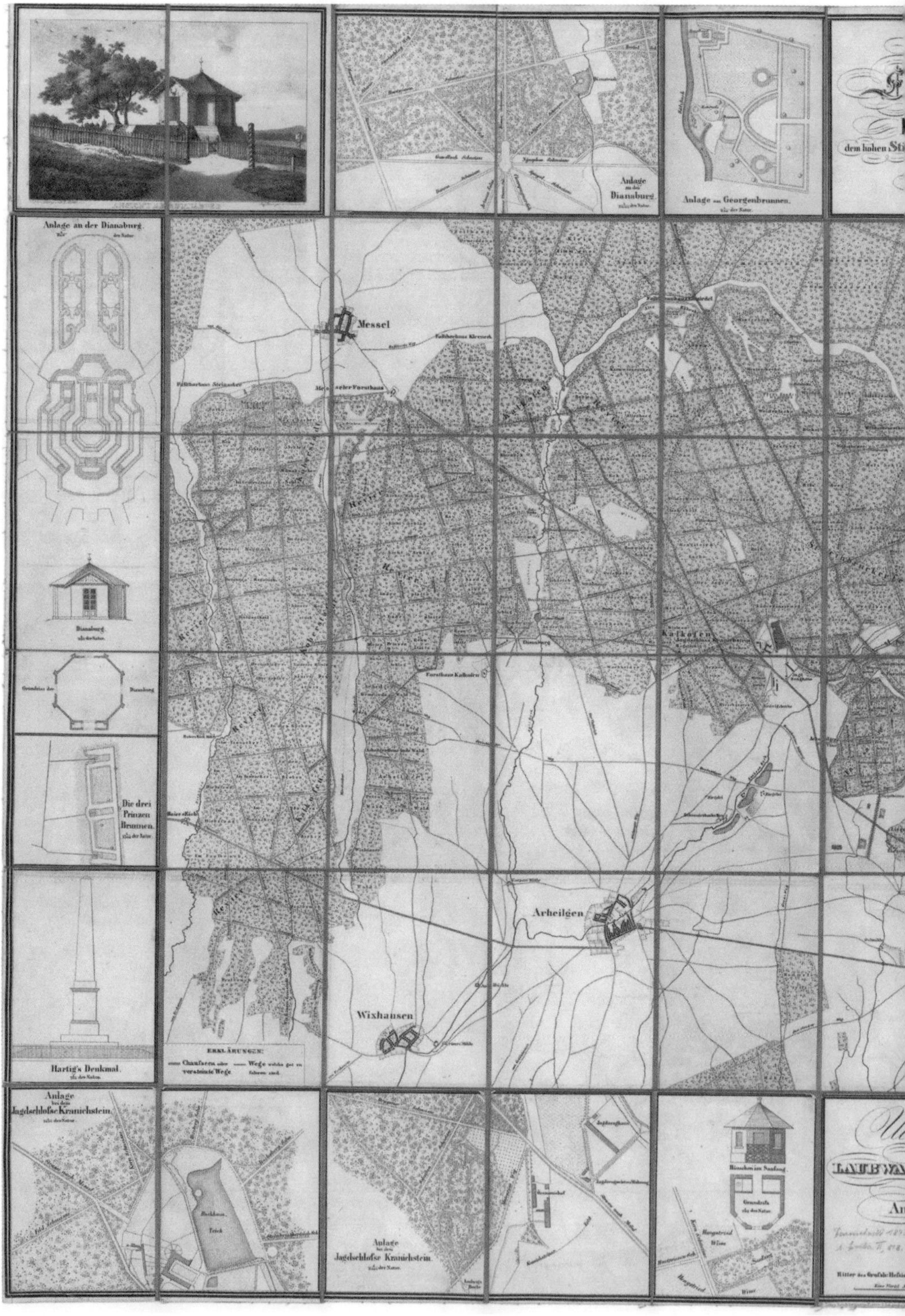
Anlage an der Dianaburg
Messel
Dianaburg
Hartig's Denkmal
Arheilgen
Wixhausen
Kalkofen
Anlage am Georgenbrunnen
ERKLÄRUNGEN:

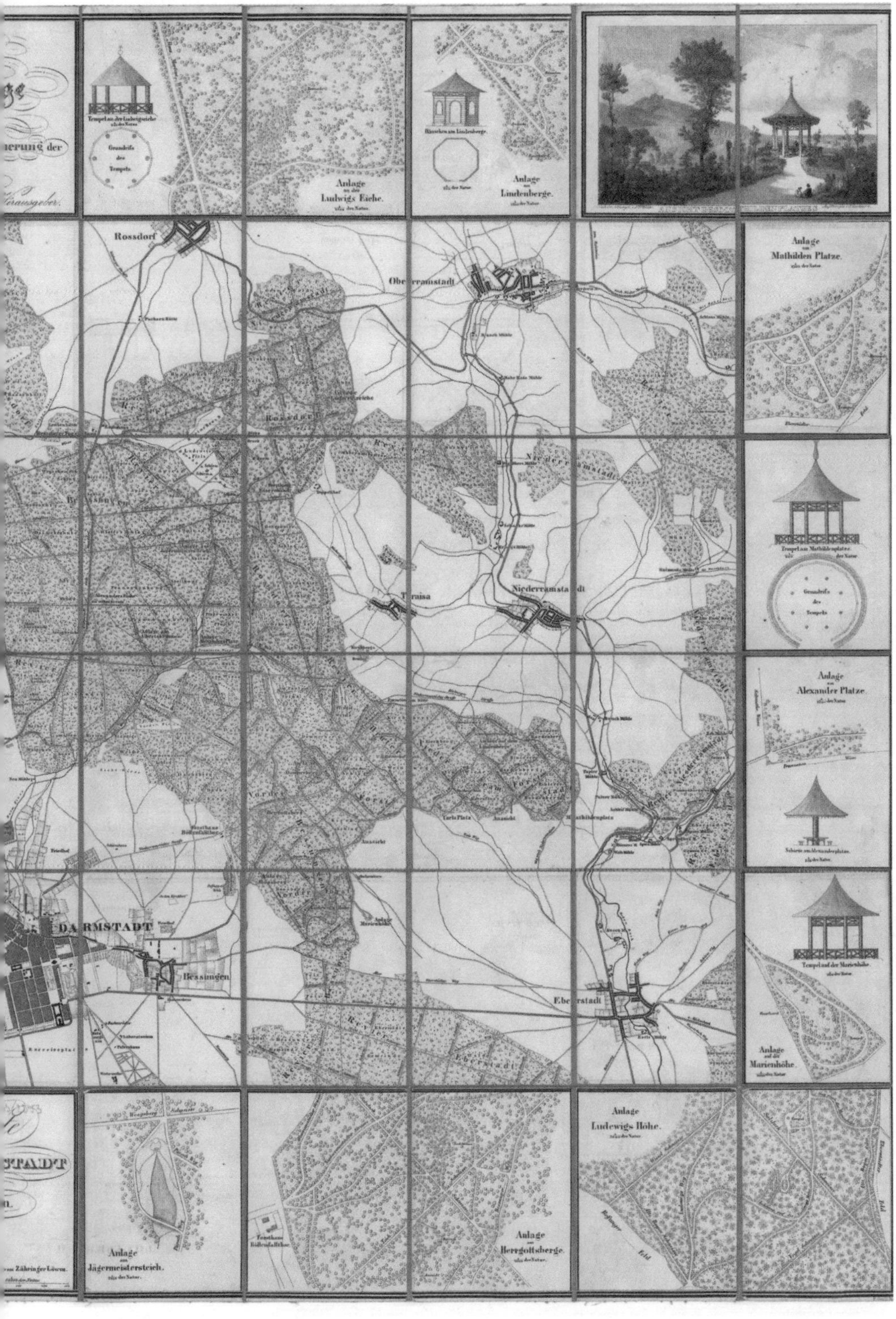
Rossdorf
Oberramstadt
Niederramstadt
Traisa
DARMSTADT
Bessungen
Eberstadt
Anlage am Mathilden Platze
Anlage am Alexander Platze
Anlage Ludewigs Höhe
Anlage am Herrgottsberge
Anlage am Jägermeisterstreich
Anlage am Lindenberge
Anlage Ludwigs Eiche
Anlage auf der Marienhöhe

Linke Seite:
Titel und Widmung als Vignetten am unteren bzw. oberen Rand der ausgefalteten Karte

Rechte Seite:
Herausgehobene Orte werden in der Randleiste um die eigentliche Karte vergrößert und angereichert.

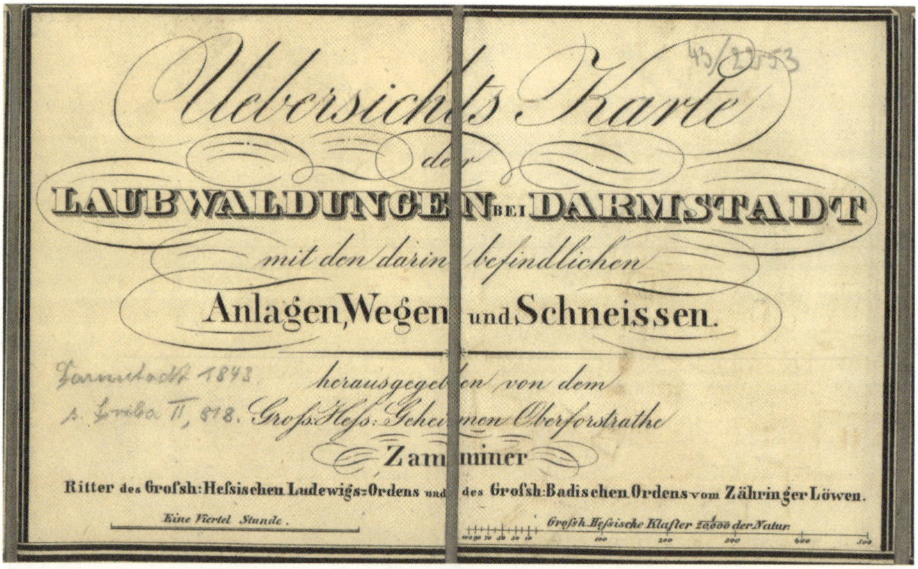

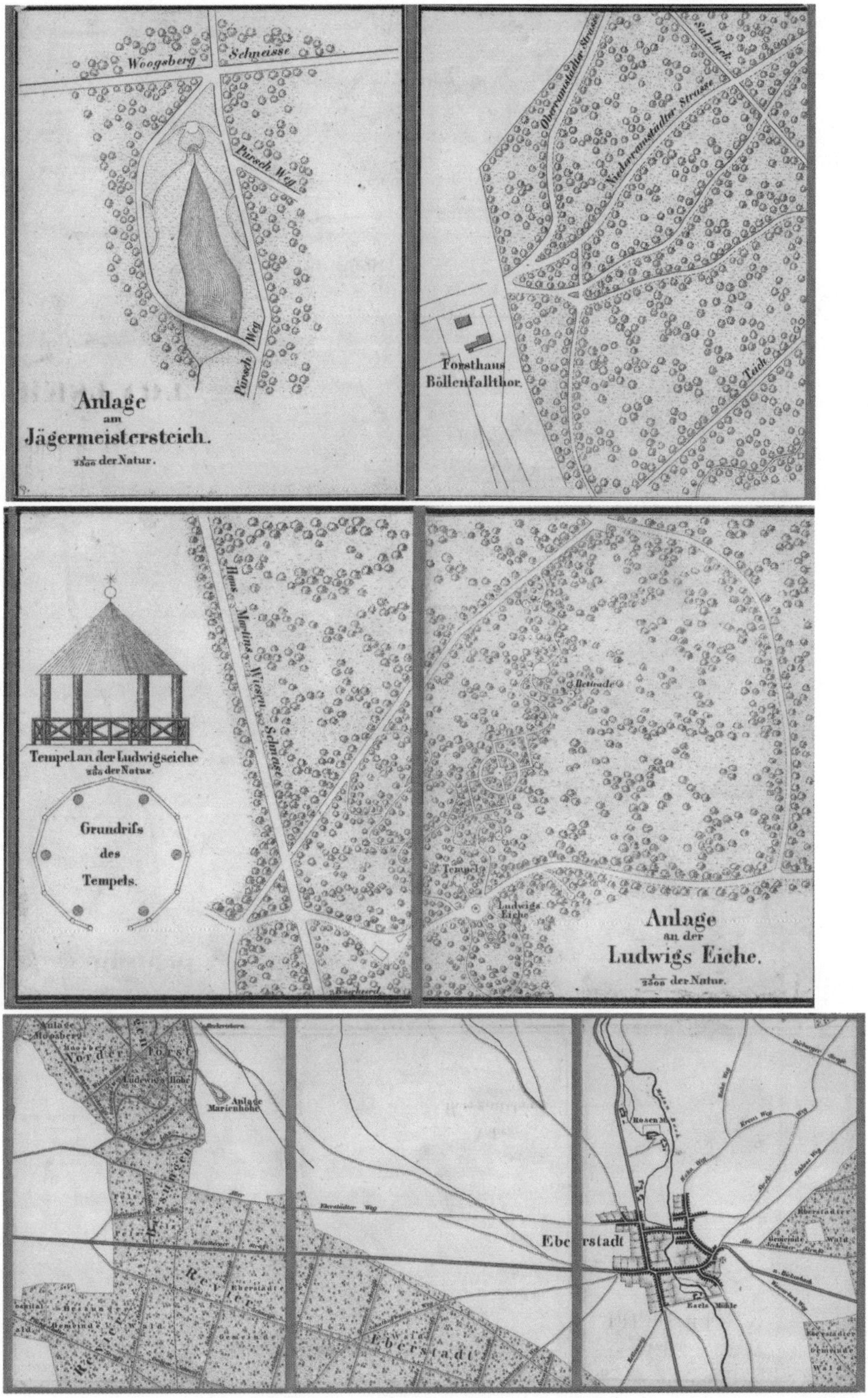
Woogsberg
Schneisse
Pürsch Weg
Pürsch Weg
Anlage am Jägermeistersteich.
der Natur.
Oberramstädter Strasse
Niederramstädter Strasse
Tuck
Forsthaus Böllenfallthor.
Tempel an der Ludwigseiche
der Natur.
Grundriß des Tempels.
Retirade
Tempel
Ludwigs Eiche
Anlage an der Ludwigs Eiche.
der Natur.
Vorder Forst
Anlage Marienhöhe
Eberstädter Weg
Eberstadt
Revier
Karls Mühle

Karte der Provinz Starkenburg: mit Angabe der Eisenbahnen, Staatsstrassen und Kreisstrassen; nach amtlichen Quellen bearbeitet. Darmstadt, 1889 [nördl. Teil]

HANAU
Kesselstadt
Dornigheim
Mühlheim
Dietesheim
Klein-Steinheim
GROSS-STEINHEIM
Bürgel
Lämmerspiel
Klein-Auheim
Grofs-Auheim
Bieber
Hausen
Hainstadt
Grofs-Krotzenburg
Klein-Krotzenburg
Obertshausen
Heusenstamm
Kahl
Froschhausen
Weiskirchen
Rembrücken
Grofs-Welzheim
Klein-Welzheim
SELIGENSTADT
Dettingen
Mainflingen
Jügesheim
Zellhausen
Dudenhofen
Nieder-Roden
Klein-Ostheim
Ober-Roden
Stockstadt
Main-Aschaff
Leider
ASCHAFFENBURG
Harreshausen
BABENHAUSEN
Eppertshausen
Sickenhofen
Hergershausen
Obernau
Münster
Langstadt
Schaafheim
GROSS-OSTHEIM
Altheim
Schlierbach
Niedernberg
Sulzbach
Pflaumheim
DIEBURG
Kleestadt
Mosbach
Radheim
Klein-Umstadt
Grofs-Wallstadt
Klein-Wallstadt
Semd
Raibach
Grofs-Zimmern
GROSS-UMSTADT
Dorndiel
Klein-Zimmern
Mömlingen
Habitzheim
OBERNBURG
Eisenfeld
Heubach
Wald-Amorbach
Lengfeld
Hainstadt
Spachbrücken
REINHEIM
Eisenbach
Sandbach
Hering
Ueberau
Nieder-Klingen
Wiebelsbach
Neustadt
Breitenbach
Raibach
Höchst
Grofs-Bieberau
Ober-Klingen
Wiebelsbach
WÖRTH
Hassenroth
Hummetroth
Brensbach
Wersau
Rimhorn
Lützelbach
Trennfurt
Breitenbrunn
Fürstengrund
Haingrund
Fränkisch-Crumbach
Kirch-Brombach
König
Laudenbach
Pfaffen-Beerfurth
Zell
Klinbach
Vielbrunn
Reichelsheim
Bockenrod
Frohnhofen

Friedrich Leopold zu Stolberg

9. LITERARISCHE BERGSTRASSE – VOM VORMÄRZ BIS IN DIE MODERNE

Zusammenstellung: Niklas Vogel
Moderation: Hans Sarkowicz

Der Aufbruchsgeist des 19. Jahrhunderts fand in der südhessischen Literatur nicht nur seinen Spiegel, sondern auch einige seiner größten Visionär*innen. Die 1848er-Revolution bekam hier entscheidende Impulse, hier träumte Georg Büchner von der politischen Freiheit, seine Schwester Luise von der Emanzipation der Frauen. Die Bergstraße öffnete sich zur großen Welt, hieß reisende Schriftstellerinnen wie Elizabeth Gaskell willkommen, und träumte selbst von Abenteuern in der Ferne. Tradition und Fortschritt, Romantik und Reiselust trafen hier aufeinander.

Mit einer Lesung von Originaltexten aus dieser bewegten Zeit rundeten die Sprecher*innen Birgitta Assheuer und Michael Schütz das Kolloquium ab.

Birgitta Assheuer ist Sprecherin und Rezitatorin. Zu erleben ist sie bei Lesungen, Konzerten und Literaturfestivals, häufig tritt sie gemeinsam mit renommierten Autor*innen und Schauspieler*innen auf. Als Erzählstimme hört man sie in Kinoproduktionen, TV-Dokumentationen und Hörbüchern. Seit vielen Jahren arbeitet sie für die öffentlich-rechtlichen Sender der ARD, für 3sat, arte, ZDF und ORF.

Michael Schütz besuchte die Schauspielschule Otto-Falckenberg in München. Engagements führten ihn zum Schauspiel der Staatstheater Stuttgart, für ein Jahrzehnt ans Schauspiel Essen, dann zum Schauspiel Leipzig und zum Düsseldorfer Schauspielhaus. 1999 erhielt er den Förderpreis junger Künstler des Landes NRW. 2010 bis 2017 gehörte er zum Ensemble des Schauspielhauses Bochum, 2017 wechselte er ans Schauspiel Frankfurt. Er arbeitete u. a. mit den Regisseur*innen Jürgen Bosse, Anselm Weber, Antoine Uitdehaag, Roger Vontobel, Marius von Mayenburg und Amélie Niermeyer. 2008 war er im preisgekrönten Kinofilm »Das weiße Rauschen« zu sehen; daneben wirkt er in TV-Produktionen und als Sprecher in Hörspielen und Lesungen mit.

Reisen, Tourismus, Landschaft, Natur

Die tiefgreifenden Umbrüche in Wissenschaft, Politik, Gesellschaft und Kultur schlugen sich gerade auch in der Literatur Südhessens nieder. Der Aufbruchsgeist des 19. Jahrhunderts fand in der literarischen Bergstraße nicht nur seinen Spiegel, sondern auch einige seiner größten Visionär*innen.

Aber auch das idealisierte Landschaftsbild der Bergstraße brachte einige vorbeireisende Schriftsteller*innen ins Schwärmen.

Adolf Freiherr Knigge,
Briefe, auf einer Reise aus Lothringen nach Niedersachsen geschrieben[1]

An einem schönen Frühlingstage durch die reizende Bergstraße zu fahren, den balsamischen Duft der Blüten einzuhauchen, nach allen Seiten hin die schönsten Gegenstände zu erblicken; hier eine Kettenreihe von Gebirgen, mit Weinstöcken und Obstbäumen und Wald, in so malerischer Abwechslung besetzt; auf den Gipfeln alte zerstörte Ritterschlösser; dort die weite Ebene – ein unübersehbarer Garten! und in der Entfernung die Städte und Dörfer – bedarf es mehr, um das Herz zu sanften Empfindungen zu stimmen?

Friedrich Leopold Graf zu Stolberg, Briefe[2]

Ach die Bergstraße, die ist vortrefflich. Immer am Fuß der Berge weg in einer Allee von alten Walnußbäumen, Kornfelder zur Seite, auf denen Fruchtbäume stehen, denn in unserem vaterländischen Klima kargt man mit dem Sonnenschein nicht so, die Saaten geraten doch und heben sich über Mann hoch, wenngleich die Bäume ihren Schatten auf sie werfen. Und die Weinberge!

Wilhelm Holzamer, Frühling an der Bergstraße[3]

Reich hat die Natur ihre Gaben an der Bergstraße ausgeteilt, ein gut Teil des Völkerverkehrs nahm ihren Weg an ihr vorbei, es ist zu wundern, wie trotz der Fülle der geschichtlichen Ereignisse, die mit diesem Landstrich verknüpft sind, sich hier kein Sammelpunkt einer vollkommeneren und höheren Kultur bilden konnte, oder bilden wollte. Hier blieben die Bewohner zu behäbig und geruhsam in der Fülle der Gaben, die die Natur ihnen spendete ohne eigene oder wenigstens allzu große Mühe. Hier fehlte der Auftrieb, das Streben, die Bewegung. Erst die neuere industrielle Entwicklung schafft hier Wandel. Sie ist es, die den beweglichen Geist hier einführen muß, der aus Eigenem und Altem, der auch aus dem Schönen nicht wachsen wollte. Der Bergstraße hat das Ringen gefehlt, da mussten ihre Bewohner in geistiger Trägheit erstarren.

Werner Bergengruen, Deutsche Reise[4]

Wenige deutsche Landschaften haben so viel Lindigkeit, so viel Zärtlichkeit wie diese. Nicht anders als mit Zärtlichkeit kann ich ihr erwidern.

Wer die Bergstraße südwärts reist – und dies ist die natürliche Richtung zur Gewinnung des immer südlicher werdenden Landes –, der hat zur Rechten die Rheinebene, zur Linken die Kette der Odenwaldberge. Nicht sehr weit hinter Darmstadt beginnt das Gebiet des Waldes, der Berge und der Burgen, in das hier oben freilich noch ein düsterer Streifen sandigen Kiefernlandes hineinreicht. Dann reiht sich eine Augenweide an die andere, Fahrt oder Wanderung werden zu einem einzigen Freudenlachen. Die Berge treten näher, doch bleibt noch Raum für eine Kette von Vorbergen, und sie sind es, welche die Burgen und Schlösser tragen, Frankenstein, Alsbach, Auerbach, Schönberg, die Starkenburg; sanft recken die bergsträßischen Ansiedlungen sich zu ihnen hinan. Jeder einzelne dieser Orte ist eine Verlockung, anzuhalten und zu bleiben, sich in den Gasthausgarten eines freudigen Städtchens zu setzen oder bergan in den Wald zu steigen, auf eine der Burgen, von denen der Blick weit über den Rhein trägt; einzubiegen in eine der seitlichen Talmündungen oder sich zu verlieren in den stillen, altfürstlichen Lustanlagen des Fürstenlagers.

Die Berge haben teil an der Heiterkeit, sie sind ohne Schroffen; selbst der mächtige Malchen, der daneben den herzensdrolligen Namen Melibokus führt, hat das Lächelnde, das Sanfte des Landes zu seinen Füßen. Lebhaft, zierlich, zutraulich sind die Städtchen, Seeheim, Jugenheim, Zwingenberg mit seiner hochgelegenen, ummauerten Kirche, Auerbach, Bensheim, Heppenheim, wo der schwere, hitzige Bergsträßer Wein wächst. Denn dies ist Weinland wie Obstland und ein rechtes südliches Paradies.

Elizabeth Gaskell, Sechs Wochen in Heppenheim[5]

Auch für die 1810 in London geborene Schriftstellerin Elisabeth Gaskell war die Bergstraße ein südliches Paradies und eine blühendes Weinland, das sie aus eigener Anschauung kannte. Um 1850 ist sie mehrfach durch Europa gereist, wie es damals viele gutsituierte Briten taten. Dabei kam sie auch nach Heppenheim. Die Stadt scheint ihr so gut gefallen zu haben, dass sie eine Erzählung mit dem Titel *6 Wochen in Heppenheim* schrieb. Die Inszenierung ihrer romantischen Geschichte vor der idyllischen Kulisse der Weinlese ist etwas ganz besonderes. Der Erzähler, ein junger Engländer, steigt darin im Heppenheimer Gasthof »Halber Mond« ab und erkrankt an einem schweren Fieber, das drei Wochen anhält. Der Gastwirt und die Magd Thekla pflegen ihn gesund.

Am Morgen des Vierzehnten weckten mich das fröhliche Geläut von Kirchenglocken und das unablässige Abfeuern und Knallen von Gewehren und Pistolen. Doch all das war vorbei, bis ich aufgestanden war, mich angezogen hatte und mich zum Frühstücken in meinen abgetrennten Raum gesetzt hatte. Es war ein perfekter Oktobertag; der Tau lag noch auf den Grashalmen und glitzerte auf den zarten Spinnweben, die sich von Blume zu Blume im Garten erstreckten, welcher im Morgenschatten des Hauses lag. Doch jenseits des Gartens, auf dem sonnenbeschienenen Berghang, erklommen Männer, Frauen und Kinder die Weingärten wie Ameisen – geschäftig, mit unregelmäßigen Bewegungen, sich an manchen Stellen sammelnd, an anderen weit auseinanderlaufend – wie ich so dasaß, konnte ich die gellenden, fröhlichen Stimmen hören – und das ganze Tal entlang war es überall ziemlich dasselbe, so weit ich sehen konnte; denn jeder füllte sein Haus für den Tag der Weinlese, diesen großen alljährlichen Festtag. Lottchen, die mein Frühstück hereingebracht hatte, trug ihre Sonntagskleider, nachdem sie früh aufgestanden war, um ihre Arbeit zu erledigen und dann zum Traubenlesen hinauszugehen. Es wimmelte nur so von lebhaften Farben; zwischen den verblassenden Blättern hindurch konnte ich scharlachrote, feuerrote und orangefarbene Flecken sehen; es war kein Tag, um tatenlos im Haus zu verweilen; und ich war im Begriff, allein hinauszugehen, als Herr Müller hereinkam, um mir seinen kräftigen Arm anzubieten und mir dabei zu helfen, zum Weinberg zu gehen.

Ganz langsam bewegten wir uns durch den Garten, der nach spät blühenden Blumen und sonnenbeschienenem Obst duftete – wir passierten das Tor, auf das ich so oft vom Sessel aus gestarrt hatte, und befanden uns im betriebsamen Weinberg. Große Körbe, die schon fast bis oben hin voll mit roten oder weißen Trauben waren, standen auf dem Gras. Der Wein, der aus ihnen bereitet wurde, mundete meinem Gaumen überhaupt nicht; denn der beste Rheinwein wird aus einer kleineren Frucht hergestellt, die in dichteren, festeren Trauben wächst; doch die größere und weniger einträgliche Frucht ist in ihrer Wuchsform bei Weitem schöner anzusehen und eignet sich obendrein viel besser zum Verzehr. Auf Schritt und Tritt hatten wir duftende zertretene Weinblätter unter unseren Füßen; jeder, den wir sahen, hatte Flecken von weinrotem Saft an Händen und Gesicht. Bald ließ ich mich auf einem sonnigen Stückchen Wiese nieder, und mein Wirt ließ mich zurück und setzte seinen Weg fort, um nach den weiter entfernten Weingärten zu sehen. Ich beobachtete sein Vorankommen. Nachdem er mich verlassen hatte, zog er Jacke und Weste aus, sodass sein schneeweißes Hemd und seine fröhlich bunten Hosenträger zum Vorschein kamen; und kurz darauf war er so fleißig wie jeder andere. Ich sah auf das Dorf hinunter; die grauen und orangefarbenen und ziegelroten Dächer lagen glühend in der Mittagssonne. Ich konnte in die Straßen hineinsehen, aber sie waren alle leer – sogar die alten Leute mühten sich den Hang hinauf, um sich an dem allgemeinen Fest zu beteiligen. Lottchen hatte ein kaltes Mittagessen für ein ganzes Regiment hinaufgebracht; jeder kam herbei und bediente sich daran.

Ich ging langsam hinunter zum Garten. Die große Arbeit des Tages war vollbracht, und der jüngere Teil der Einwohner war ins Dorf zurückgekehrt und bereitete das Feuerwerk und das Pistolenschießen für den Abend vor. In der Nähe der Weinbergpforte standen bereits ein oder zwei jener bekannten deutschen Karren (in der Form eines V), deren geduldige Ochsen friedlich warteten, während ein Korb voller Trauben nach dem anderen in den mit Blättern ausgelegten Behälter entleert wurde.

Als ich mich nahe der offenen Terrassentür, durch die ich hereingekommen war, in meinen Sessel setzte, konnte ich sehen, wie die Männer und Frauen am Berghang auf einen Mittelpunkt zustrebten, ihre Kopfbedeckung abnahmen und alle etwa eine Minute lang um den Pfarrer herumstanden. Ich vermutete, dass ein paar Worte heiliger Danksagung gesprochen wurden, und ich wünschte, ich wäre geblieben, um sie zu hören und meine besondere Dankbarkeit dafür auszudrücken, dass ich diesen Tag erleben durfte. Dann hörte ich die Stimmen in der Ferne – die tiefen Töne der Männer, die höheren Register der Frauen und Kinder – das deutsche Erntelied singen, das im Allgemeinen bei solchen Gelegenheiten angestimmt wird; dann Stille, während ich folgerte, dass der Pfarrer, der die Arme ausgebreitet hatte, einen Segen sprach; und dann zerstreuten sie sich wieder, einige in Richtung des Dorfes, andere, um ihre Arbeit zwischen den Reben für den Tag abzuschließen

Revolution/Politik

Nach so viel Idylle wird es Zeit, an das unruhige 19. Jahrhundert zu erinnern. Und dazu ist unser erster Gewährsmann Georg Büchner. Zusammen mit Friedrich Ludwig Weidig verfasste er 1834 die revolutionäre Schrift Der Hessische Landbote, die konspirativ im ganzen Großherzogtum Hessen verteilt wurde. Weidig bezahlte das mit seinem Leben, Georg Büchner musste ins Exil fliehen.

Auch die Frankfurter Nationalversammlung als erstes frei gewähltes, deutsches Parlament scheiterte 1849, gab aber der Demokratiebewegung in Deutschland wichtige Impulse. Ihre Wurzeln reichen bis Heppenheim, wo sich 1847 die südwestdeutschen Liberalen trafen. Ungerührt von demokratischen oder gar revolutionären Umtrieben scheint sich das Leben auf dem Heiligenberg abgespielt zu haben. Kronzeugin ist Marie zu Erbach-Schönberg, die 1852 als Marie Karoline von Battenberg geboren wurde.

Georg Büchner, Der Hessische Landbote[6]

Darmstadt, im Juli 1834.

Friede den Hütten! Krieg den Palästen!

Im Jahre 1834 siehet es aus, als würde die Bibel Lügen gestraft. Es sieht aus, als hätte Gott die Bauern und Handwerker am fünften Tage und die Fürsten und Vornehmen am sechsten gemacht, und als hätte der Herr zu diesen gesagt: ›Herrschet über alles Getier, das auf Erden kriecht‹, und hätte die Bauern und Bürger zum Gewürm gezählt. Das Leben der Vornehmen ist ein langer Sonntag: sie wohnen in schönen Häusern, sie tragen zierliche Kleider, sie haben feiste Gesichter und reden eine eigne Sprache; das Volk aber liegt vor ihnen wie Dünger auf dem Acker. Der Bauer geht hinter dem Pflug, der Vornehme aber geht hinter ihm und dem Pflug und treibt ihn mit den Ochsen am Pflug, er nimmt das Korn und läßt ihm die Stoppeln. Das Leben des Bauern ist ein langer Werktag; Fremde verzehren seine Äcker vor seinen Augen, sein Leib ist eine Schwiele, sein Schweiß ist das Salz auf dem Tische des Vornehmen.

Wer sind denn die, welche diese Ordnung gemacht haben und die wachen, diese Ordnung zu erhalten? Das ist die Großherzogliche Regierung. Die Regierung wird gebildet von dem Großherzog und seinen obersten Beamten. Die andern Beamten sind Männer, die von der Regierung berufen werden, um jene Ordnung in Kraft zu erhalten. Ihre Anzahl ist Legion: Staatsräte und Regierungsräte, Landräte und Kreisräte, geistliche Räte und Schulräte, Finanzräte und Forsträte usw. mit allem ihrem Heer von Sekretären usw. Das Volk ist ihre Herde, sie sind seine Hirten, Melker und Schinder; sie haben die Häute der Bauern an, der Raub der Armen ist in ihrem Hause; die Tränen der Witwen und Waisen sind das Schmalz auf ihren Gesichtern; sie herrschen frei und ermahnen das Volk zur Knechtschaft. Ihnen gebt ihr 6.000.000 Fl. Abgaben; sie haben dafür die Mühe, euch zu regieren; d.h. sich von euch füttern zu lassen und euch eure Menschen- und Bürgerrechte zu rauben. Sehet, was die Ernte eures Schweißes ist!

Zu einem großen Leichenfelde haben die Fürsten die deutsche Erde gemacht, wie Ezechiel im 37. Kapitel beschreibt: ›Der Herr führte mich auf ein weites Feld, das voller Gebeine lag, und siehe, sie waren sehr verdorrt.‹ Aber wie lautet des Herrn Wort zu den verdorrten Gebeinen: ›Siehe, ich will euch Adern geben und Fleisch lassen über euch wachsen, und euch mit Haut überziehen, und will euch Odem geben, daß ihr wieder lebendig werdet, und sollt erfahren, daß Ich der Herr bin.‹ Und des Herrn Wort wird auch an Deutschland sich wahrhaftig beweisen, wie der Prophet spricht: ›Siehe, es rauschte und regte sich, und die Gebeine kamen wieder zusammen, ein jegliches zu seinem Gebein. – Da kam Odem in sie, und sie wurden wieder lebendig und richteten sich auf ihre Füße, und ihrer war ein sehr groß Heer.‹ Wie der Prophet schreibet, also stand es bisher in Deutschland: eure Gebeine sind verdorrt, denn die Ordnung, in der ihr lebt, ist eitel Schinderei. Sechs Millionen bezahlt ihr im Großherzogtum einer Handvoll Leute, deren Willkür euer Leben und Eigentum überlassen ist, und die anderen in dem zerrissenen Deutschland gleich also. Ihr seid nichts, ihr habt nichts! Ihr seid rechtlos. Ihr müsset geben, was eure unersättlichen Presser fordern, und tragen, was sie euch aufbürden. So weit ein Tyrann blicket – und Deutschland hat deren wohl dreißig –, verdorret Land und Volk. Aber wie der Prophet schreibet, so wird es bald stehen in Deutschland: der Tag der Auferstehung wird nicht säumen. In dem Leichenfelde wird sich's regen und wird rauschen, und der Neubelebten wird ein großes Heer sein.

Ihr bücktet euch lange Jahre in den Dornäckern der Knechtschaft, dann schwitzt ihr einen Sommer im Weinberge der Freiheit und werdet frei sein bis ins tausendste Glied.

Ihr wühltet ein langes Leben die Erde auf, dann wühlt ihr euren Tyrannen ein Grab. Ihr bautet die Zwingburgen, dann stürzt ihr sie und bauet der Freiheit Haus. Dann könnt ihr eure Kinder frei taufen mit dem Wasser des Lebens. Und bis der Herr euch ruft durch seine Boten und Zeichen, wachet und rüstet euch im Geiste und betet ihr selbst und lehrt eure Kinder beten: ›Herr, zerbrich den Stecken unserer Treiber und laß dein Reich zu uns kommen – das Reich der Gerechtigkeit. Amen.‹

Das Heppenheimer Programm der südwestdeutschen Liberalen[7]

Am 10. Oktober 1847 trafen sich im Gasthof »Halber Mond« – im selben Gasthof, über den Elizabeth Gaskell geschrieben hatte – 18 führende Liberale. Ihre Forderungen wurden in der Deutschen Zeitung zusammengefasst.

Was nun zunächst die Förderung der Nationalanliegen durch gemeinsame Leitung und Vertretung betrifft, so war man darüber einig, daß von der Bundesversammlung, wie sie gegenwärtig besteht, nichts Ersprießliches zu erwarten sei. Das einzige Band gemeinsam deutscher Interessen, der Zollverein, wurde nicht vom Bunde, sondern außerhalb desselben, durch Verträge zwischen den einzelnen Staaten geschaffen; auch die Verhandlungen über ein deutsches Wechselrecht und einen Postverein werden nicht vom Bunde, sondern von Bevollmächtigten der Einzelregierungen gepflogen. Hier habe man schon eine, wenn auch mangelhafte, Verwaltung, welche die Verbesserungen, deren sie dringend bedarf, und eine Vertretung von Notabeln, die von den Kammern und andern Körperschaften der Vereinsstaaten zu wählen seien, zur Seite erhalten könnte. Jetzt schon habe der Zollverein die Leitung einer Reihe wichtiger gemeinschaftlicher Interessen in Händen und stehe auch in Vertragsverhältnissen zu auswärtigen Staaten. Durch solche Ausbildung zur Macht geworden, werde der deutsche Verein eine unwiderstehliche

Anziehungskraft für den Beitritt der übrigen deutschen Länder üben, endlich auch den Anschluß der österreichischen Bundesländer herbeiführen und somit eine wahre deutsche Macht begründen.

Marie zu Erbach-Schönberg, Entscheidende Jahre[8]

Ganz anders als Georg Büchner nahm Marie zu Erbach-Schönberg, Prinzessin von Battenberg und Tochter von Prinz Alexander von Hessen-Darmstadt, das Verhältnis zwischen den Fürsten und der Bevölkerung wahr. In ihren Erinnerungen *Entscheidende Jahre* beschreibt sie ihre Jugend auf dem Heiligenberg:

10. August 1859.

Tausend Dank, geliebte Sophie, für deine Glückwünsche mein Glück ist unermeßlich, und ich kann Gott nicht genug danken.

Mein Alexander sieht wohl gesund aus, wenn auch etwas abgemagert und gebräunt.

Ich fuhr ihm bis Gießen entgegen, und unsere zwei Ältesten erwarteten ihn in Frankfurt. Unsere Ankunft in Darmstadt war wie ein Triumphzug. Die ganze Familie vereint, die Stadt auf den Füßen – der Bahnhof voll Menschen. Sowie man ihn erblickte, ertönten die Hochrufe ohne Ende

Auf Wunsch des Großherzogs fuhren wir in einer offenen Kalesche voraus, nach dem Schlosse.

Ich war sehr stolz und doch demütig, so neben meinem Helden zu sitzen, dem alle zuriefen.

In Jugenheim war der Empfang ebenso rührend, wie durch die Gefühle der Bewohner wohltuend!

Unsere Kalesche verschwand buchstäblich unter einem Regen der schönsten Blumen, so daß wir uns nicht mehr rühren konnten

Von der Zeit an, als wir dauernd nach Hessen zurückkehrten – also 1862 –, lebten wir mit der größten Regelmäßigkeit in den Sommermonaten auf dem Heiligenberg bei Jugenheim und im Winter in Darmstadt. Dort bewohnten wir noch zwei Jahre das ›Alte Palais‹ auf dem Luisenplatz und dann erst das umgebaute und neueingerichtete Alexanderpalais, das ebenfalls am Luisenplatz stand.

Wenn ich so zurückdenke an die Kinderzeit, dann steht doch immer im Mittelpunkt aller Erinnerungen die leuchtende Gestalt unseres Vaters. Die Sonne ging auf, wenn er in das Zimmer trat, groß und schlank und schön, ein Ritter ohne Furcht und Tadel, vornehm und doch so einfach, fromm und gütig, so selbstverständlich gütig und gleichmäßig gegen alle, hoch oder nieder, immer ein heiteres Wort auf den Lippen und ein Lächeln in den Augen. Die waren dunkelblau und lagen tief unter den schönen Brauen und der hohen, selten edelgeformten Stirn; die Nase schmal und gebogen, sehr feingeschnittene Lippen, dazu dunkles Haar und blonder Schnurr- und Backenbart, Gang und Haltung von unbeschreiblicher Hoheit. So erblickte ich ihn vor mir. – Vom Jahre 1866 an, nach den schweren Erlebnissen, die ihm das undankbare Amt gebracht, Führer des 8. Bundesarmeekorps zu sein, wurde sein Haar, obschon er erst 41 Jahre alt war, grau und der Blick ernster. Nie aber verlor er die Güte und Heiterkeit seines Wesens.

Im ganzen Hessenlande lebte wohl keiner, dem es nicht warm um das Herz wurde, wenn er ihn sah, und niemals ließ er einen Wunsch oder eine Bitte unerfüllt. Es war seine unermüdliche Freude, Vermittler und Fürsprecher zu sein aller derer, die bei Großherzog und Regierung etwas erhofften.

Ich habe es bei meinen Eltern nicht anders gekannt, als daß es das schönste Vorrecht der Prinzen und Prinzessinnen ist, zu helfen. in dieser Tradition wuchsen wir auf, und ein schöneres, innigeres und natürlicheres Verhältnis kann man sich kaum denken, als das zwischen meinen Eltern und den Darmstädtern und Jugenheimern und jedem Hessen weit und breit. Wie strahlten sie alle, wenn sie dem freundlich grüßenden Paare begegneten! Noch heute gibt es hie und da aus jener Zeit übriggebliebene, die davon erzählen, mit Tränen in den Augen.

Die Glückseligkeit eines Maimorgens auf dem Heiligenberg lässt sich nicht schildern! Die muss man erlebt haben. Diese in Sonne gebadete Herrlichkeit, die ideale, schöne Gegend, das Duften des Gartens vor dem Hause, der in Terrassen angelegt ist, mit einem Springbrunnen in der Mitte und den alten Birnbäumen unter dem Balkon, die wie zwei treue, alte Wächter heute noch dastehen und alle lieben Bewohner überlebten! Überall Blumen, Vogelgesang, Lebensfreude und strahlende Gesichter, in allen das intensive Heimatsgefühl, Dankbarkeit über den Besitz all dieser Schönheit! Sehr gerne schlüpfte ich in den berühmten Haselgang, der, unterhalb des Tores beginnend, in enger Windung zu Ruine führt. Dieser tunnelartige, von Haselstauden kunstvoll gebaute Gang ist heute noch eine Sehenswürdigkeit der Anlagen. Er mündet an einer Stelle, von wo man den romantischen Blick in das Balkhäuser Tal hat, hinunter an den kleinen Teich, der vom ›Nonnenbrünnchen‹ gespeist wird. Dort holten ehemals die Nonnen des Heiligenberger Klosters der heiligen Perpetua und Felicitas, den ›Eselsweg‹ mit Eseln gehend, Wasser herauf.

Gleich hinter dem großen Goldkreuz, das in die Ebene hinausfunkelt, beschatten vier große Fichten den einfachen, weißen Stein auf dem gemeinsamen Grabe der zwei in Zeit und Ewigkeit verbundenen Menschen, die den Heiligenberg so sehr geliebt haben, und denen Jugenheim viel Liebe und fürsorgende Treue zu danken hat.

In der kleinen Gedächtniskapelle, die wir nach meines Vaters Tod in der Nähe der Grabstätte erbauten, befindet sich bei den Abendmahlsgeräten ein goldener Kelch, in den die Kaiserin Friedrich die Edelsteine einfügen ließ, die mein Bruder im Laufe der Jahre seiner Braut geschenkt hatte.

In der Kapelle befinden sich zwei Bronzereliefs zur Erinnerung an die zwei Brüder, die in der Ferne starben und begraben sind: Alexander von Bulgarien mit kriegerischen Emblemen im Sarge ruhend, und Heinrich, der in Afrika bei einem Kriegszuge starb, in einer von Engeln heimgeleiteten Barke schlafend.

Damals aber, in der sonnigen Kinderzeit, war all das Traurige noch fern, und der Kirschbaum am Weinberg, unterhalb des Goldkreuzes, spielte jedes Frühjahr seine verlockende Rolle in meinem Leben, und der geliebte Berg war nur mit freudigen Eindrücken verbunden.

Technik und Veränderungen der Gesellschaft

Über die Veränderungen der Natur durch die menschliche Hand, den Beginn der Industrialisierung und die Fortschritte in der Technik wurde auf dieser Tagung ausführlich gesprochen. Auch Dichterinnen und Dichter beschäftigten sich damit. Beispiele dafür stammen von Luise von Ploennies, die nach dem Tod ihres Mannes 1847 nach Seeheim-Jugenheim zog, von dem passionierten Zugfahrer und zu Lebzeiten berühmten Schriftsteller Richard Dehmel, von Luise Büchner, der Schwester von Georg Büchner, und von der Jugenheimer Schriftstellerin Henny Koch.

Luise von Ploennies, Auf der Eisenbahn[9]

Rascher Blitz, der mich trägt
Pfeilschnell, von der Gluth bewegt,
Sausend durch des Tages Pracht,
Brausend durch die dunkle Nacht,
Donnernd über Stromesschäumen,
Blitzend an des Abgrunds Säumen,
Durch der Berge mächt'ge Grüfte,
Durch der Thäler nächt'ge Klüfte,
Durch der Saaten goldne Wogen,
Ueber stolze Brückenbogen,
Durch der Dörfer munter Leben,
Durch der Städte buntes Weben. –
Könnt', wie du das freie Wort
Sausend zieh'n von Ort zu Ort!
Alle Herzen, die ihm schlagen,
Stürmisch so von dannen tragen,

So aus einem Land zum andern
Siegend die Gedanken wandern! –
Freies Wort, wer gründet Schienen,
Deinem Bahnzug stark zu dienen?

Richard Dehmel an Paula Oppenheimer am 10. Mai 1887[10]

Ach, wohin fliege ich wieder mit meinen Gedanken – aus dem Coupé zweiter Klasse! Ja, so ein Coupé verführt selbst dazu. Wie man fliegt darin! Alles hat seine Poesie. Die Poesie der Postkutschen ist gestorben; sie feiert ihre Auferstehung in der Poesie der Bahnfahrt, nur noch verklärter. Schon dies Ungetüm, die Bahn selbst! Mit ihrer Lokomotive. In der Nacht, auf den Stationen, wenn man erwacht vom Läuten der Signalglocken: was hört man da diese Ungeheuer für Seelengespräche führen.

Hinter Darmstadt treten dann auf der rechten Seite die Höhen des Odenwalds immer näher an die Bahnlinie heran; links bleibt es flach, da ist man in der Obstgegend. Bis kurz vor Heidelberg.

Nicht nur die Eisenbahn machte die Menschen mobiler, auch innerhalb der Gesellschaft kam einiges ins Rollen. So schrieb Luise Büchner, die Schwester von Georg Büchner, 1855 ein Buch über die drängende »Frauenfrage«.

Luise Büchner, Die Frauen und ihr Beruf[11]

Es gibt keine andre Epoche in der ganzen Geschichte der Menschheit, in welcher so allgemein, in solch umfassendem Sinne die Stellung des Weibes zu der übrigen sie umgebenden Welt betrachtet und erörtert worden wäre. Die Frauenfrage hat eine solch hervorragende Wichtigkeit und Bedeutung gewonnen, sie ist so mächtig in den Vordergrund unseres heutigen Lebens getreten, daß sie sich nicht mehr abweisen, nicht mehr mit Ironie und Sarkasmus hinweglächeln läßt. Sie datirt auch nicht von Gestern und Vorgestern und würde Morgen noch sein, wenn man sie auch Heute noch zurückzudrängen versuchte. Langsam und allgemach ist sie gekommen und hat sie sich fortentwickelt, hat sie wie alle gesellschaftlichen Wandlungen, die Stadien der Exaltation, des Unverstandes, des Predigens in der Wüste durchgemacht, die unzertrennlich sind von dem Auftreten neuer Ideen und dem Kampfe für dieselben.

Was man noch vor zehn bis zwölf Jahren vielfach als unausführbar verspottete – die Anwendung gleichen Ernstes nämlich, gleicher Tüchtigkeit bei der Erziehung des Mädchens, wie bei der des Knaben, und die daraus folgende allgemein menschliche Gleichstellung der beiden Geschlechter, ist bald keine leere Forderung mehr, sondern sie wird mehr und mehr als berechtigt anerkannt. –

Nicht zu verwechseln mit dieser Frage, ist jene Andre, in wie weit alsdann auch die Frau vollständig die gleiche Beschäftigung mit dem Manne theilen soll. Absichtlich und unabsichtlich hat man diese Folgerung vielfach mißverstanden und mißdeutet, ohne daß uns dies jemals ernstlich erschreckt hätte. Die Forderungen und Aufgaben, welche der Staat und die Gesellschaft an den Menschen stellen, sind so umfassender, so mannigfaltiger Natur, sie sind noch so wenig vollständig durch tüchtige Kräfte ausgefüllt, daß beide Geschlechter friedlich nebeneinander das ungeheure Feld der Arbeit, der materiellen, wie der geistigen, werden ausbeuten können. »Raum für Alle hat die Erde!« sagt Schiller, und so lasse man denn auch der Frau den Raum, den sie einzunehmen berechtigt ist, sobald sie ihn auszufüllen versteht, und dessen Ausnützung ihr einestheils durch die Nothwendigkeit des Erwerbs geboten ist, andererntheils durch ihr Recht, als ein mit gleichen Sinnen und Kräften begabtes Wesen, wie der Mann, sich selber naturgemäß zu entfalten und auszuleben.

Im großen Ganzen wird, davon sind wir fest durchdrungen, das Weib die Gebiete seiner Hauptthätigkeit immer in den Regionen suchen, für die es ganz besonders geschaffen und geeignet ist, und die immer schöner auszubilden, immer lebendiger zu durchdringen, den eigentlichen Schwerpunkt seiner Emancipation ausmachen.

Die ideale Seite des Lebens soll und wird fortwährend durch die Frauen repräsentirt werden, was auch Spötter, Zweifler und ängstliche Gemüther dagegen sagen mögen, denn bedürfnißloser als der Mann, biegsamer und elastischer als er, sind sie, wenn harmonisch ausgebildet, die wahren Poeten, die reinen Menschen, welche die goldenen Früchte der Arbeit und des geistigen Genusses in schönstem Vereine pflücken. Eben weil die Welt es fühlt, daß sie durch das Weib zu neuer Jugend und Schönheit soll geboren werden, darum richten sich heute die Blicke Aller auf sie. Darum soll aber auch Niemand der Frau die Berechtigung bestreiten, an der Bewegung des öffentlichen Lebens in ihrem Sinne Theil zu nehmen; sie braucht nicht persönlich einzugreifen, nicht selbst die politische Rednerbühne zu besteigen, aber sie hat das vollste Recht ihr unbefangenes Wort mitzureden, wie die Wahrheit und die Gerechtigkeit es ihr eingeben. Die Kritik der Thatsachen und deren sittliche Erwägung muß der Frau als ihr höchstes Vorrecht eingeräumt werden. Ueber dem Getriebe der Parteien stehend, ist sie die Himmlische, die Gerechte, die wahre Hüterin der Freiheit und des Menschenrechts. Denn die Frau ist das Herz der Welt und dieses Herz ist dazu berufen, sich gegen alles Ungerechte und Gemeine aufzulehnen.

Nicht jeder Frau ist es verliehen, gegen den Mißbrauch im Großen zu Felde zu ziehen, aber der Mißbrauch und die Ungerechtigkeit finden sich überall,

überall fehlt es an dem großen und warmen Herzen, welches allein die Welt zu überwinden vermag. In eurer reinen und stolzen Brust, ihr Frauen, da muß es schlagen, und es werden Wunder durch dasselbe geschehen!

Feder und Wort sind euch gegeben, so gut wie dem Manne! Schreibet, redet, erziehet im Dienste der Menschheit! Vergeßt es nicht, daß selbst euer kleinstes und bescheidenstes Wirken ein der Menschheit geleisteter Tribut ist! Vor dem Auge, das in's Verborgene sieht, ist die größte und die kleinste Arbeit sich gleich. Die Gesinnung, die Pflichttreue, mit der sie ausgeführt wird, geben ihr allein den Werth!

Die Stunde ist da und der Weg geöffnet, der die Frau zu ihrer höchsten Entwickelung führen soll! Hinan, hinan die glänzende Höhe, daß unseres Göthe Wort sich erfülle:
Das ewig Weibliche zieht uns hinan!

Henny Koch, Papas Junge[12]

Großen Einfluss auf die Bildung junger Mädchen hatte Anfang des 20. Jahrhunderts die Jugenheimer Schriftstellerin Henny Koch. Ihre sogenannte »Backfischliteratur« hat es zwar nicht in den Literaturkanon geschafft, aber in ihrem bekanntesten Roman, *Papas Junge*, hört man noch ein Echo von Luise Büchners Bildungsideal.

Lilly und Max Metzler waren endlich einmal gekommen, Friedel zu besuchen. Seit Anfang September, seit sie mit den Eltern von der Sommerreise zurückkamen, war der Besuch schon geplant gewesen, aber immer war etwas dazwischen gekommen.

Inge Dahlen hatte mit von der Partie sein sollen, konnte aber schließlich doch nicht die Zeit dazu finden. Sie steckte mitten in den Vorbereitungsarbeiten zum Eintrittsexamen fürs Lehrerinnenseminar, wozu sie sich auf Zureden des Vaters nun doch entschlossen hatte.

»Sieh, Kind,« hatte der gesagt, »wenn du willst, daß ich einmal in Frieden sterben soll, so suchst du dich so weit zu bringen, daß du, wenn's sein muß, auf eigenen Füßen stehen kannst. Es wird heutzutage so viel über die Frauenfrage geredet. Meiner Meinung nach besteht deren einzige Lösung darin, daß jeder Vater seinen Töchtern dieselbe Erziehung zu teil werden läßt wie seinen Söhnen, das heißt für sie desgleichen irgend einen Beruf ins Auge faßt. Fügt es das Schicksal dann so, daß die Tochter den schönsten und höchsten Beruf des Weibes ausfüllen kann, an der Seite des geliebten Gatten dem eigenen Haushalt vorzustehen, gut und schön. Andernfalls braucht sie weder um der Versorgung willen einen ungeliebten Mann zu heiraten, noch aber der Wohltätigkeit andrer zur Last zu fallen und sich als unnützes Möbel aus einer Ecke in die andre schieben zu lassen.«

Das hatte auch Inge eingesehen und sich entschlossen, das Lehrerinnenexamen zu machen. Davon erzählte nun Lilly mit großer Wichtigkeit, als die ersten Begrüßungen mit Friedel vorüber waren.

Mitten im fröhlichsten Plaudern wurden Friedels Augen plötzlich starr und hafteten mit dem Ausdrucke des Entsetzens an irgend einem Punkte hoch oben in den Baumwipfeln. Wie gebannt starrte sie dort hin und legte den Finger, Schweigen gebietend, an die schreckensbleichen Lippen.

Zugleich ertönte durchdringendes Geschrei, das Geheul eines kleinen Jungen offenbar, das alle Augen nach der Gegend lenkte, woher es kam. Jetzt war der Grund von Friedels Entsetzen klar.

Hoch oben in dem Wipfel einer mächtigen, uralten Eiche hing an einem der äußersten, schwanken Äste, aufgespießt am Jackenzipfel, ein kleiner Junge von etwa fünf Jahren und schrie fürchterlich. Sobald er sich nur im geringsten bewegte, kam der dünne Ast bedenklich ins Schwanken, und so hatte der kleine Bursche im untrüglichen Selbsterhaltungstrieb jedes Haschen von Armen und Beinen nach einer festeren Stütze aufgegeben und brüllte nur aus Leibeskräften.

Atemlos kam der Vater des Kleinen vom Hause herbeigeeilt; händeringend, jammernd, hastete die Mutter hinterdrein, keuchend schleppte ein Knecht eine hohe Leiter herzu.

»Weg mit der Leiter,« herrschte ihn der Förster an, »der Ast bricht, wenn man versucht, sie anzulegen. Man muß hinauf. Aber leider, der dünne Ast trägt ja keinen Mann!«

Friedel hatte einen Augenblick überlegend unter dem Baume gestanden, mit Kennerblick die zu erklimmende Höhe gemustert. Dazu hatten die Augen in dem bleich gewordenen Gesicht wie Flammen gelodert. Krampfhaft nestelten die Hände an ihrem Anzug herum und plötzlich fiel der Rock. Ehe jemand aus der Gesellschaft es sich bewußt wurde, war Friedel, flink wie ein Eichkätzchen, schon auf halber Höhe des Baumes.

Man hielt den Atem an und verfolgte ihr Beginnen wortlos und zitternd.

»Ein Seil!« rief sie mit klingender Stimme den unten Harrenden zu.

Im Handumdrehen war eins zur Stelle, der Förster selbst warf es ihr zu. Sie fing geschickt das Ende und rollte es auf, worauf sie sich die Rolle über den Arm hing und wieder aufwärts kletterte.

»Ruhig, Fritz,« hörte man Friedel mit klarer, heller Stimme sagen, »ruhig, aufgepaßt, du bist doch sonst ein mutiger Junge. Jetzt hör' mal schön zu. Wenn die Schlinge kommt, die ich jetzt mache, dann siehst du zu, daß du sachte den Kopf durchsteckst und dann ziehst du sie dir ganz vorsichtig um den Leib, hörst du?«

Fritz mußte verstanden haben, denn wie nun die Schlinge erschien, die Friedel geschickt gemacht hatte, da gelang es dem Jungen ohne allzu viel Anstrengung, sie heranzuholen, hinein zu schlüpfen und um den Leib herum fest zu ziehen.

So hing er nun in der Schlinge, und alles atmete auf.

Aber Friedels Rettungswerk war noch lange nicht vollendet. Nun galt's, den Jungen ungefährdet, und ohne daß der Ast brach, dem Stamme näher zu bringen, wo er erst wirklich in Sicherheit war.

Sowie der Förster Friedels Absicht mit der Schlinge verstanden hatte, war er am Stamme nach oben geklettert, um zu helfen, so viel er konnte.

Zoll um Zoll kam Friedel näher, Zoll um Zoll hob sich der Ast mit dem Kinde.

Noch Armeslänge, und der Förster konnte das Seil, das Friedel hielt, fassen!

Jetzt noch einen halben Meter etwa, nun noch weniger – da – ein Ruck – ein – ein Splittern und Bersten!

Mit einem Entsetzensschrei hatte der Förster sich vorgeworfen, halben Leibes über der Gabel hängend.

Im letzten Augenblick noch erhaschte er das Seil. An der Schwere fühlte er, daß das Kind in der Schlinge hängen mußte.

Einen Augenblick, und er hielt sein gerettetes Kind wohlbehalten im Arm. Fritz schlang die Ärmchen um des Vaters Hals und barg das bleiche, tränenüberströmte Gesichtchen an seiner bärtigen Wange.

»Hurra, ein Hurra für die mutige Retterin!« brach nun Herr von Ellern das noch immer auf allen lastende Schweigen, und die allgemeine Ergriffenheit schlug plötzlich in den tollsten Trubel um.

»Tolle Hexe!«

»Reizender kleiner Kobold!«

»Prächtiges Mädel!«

Man umdrängte Papa Polten, beglückwünschte ihn und schüttelte ihm die Hände.

»Ja, ja, mein Jungchen ist ein guter Kerl,« meinte er gerührt.

Gereizt unterbrach ihn Tante Lenchen.

»Tu mir den einzigen Gefallen, Konrad, und nenne das Kind nicht mehr so. Wie soll da je eine wohlerzogene junge Dame daraus werden?«

»Ist auch nicht nötig,« schwebte dem alten Herrn schon auf der Zungenspitze, doch besann er sich noch rechtzeitig.

»Bitte um Entschuldigung, meine Herrschaften,« meinte er lächelnd, »also ›mein Fräulein Tochter‹ ist ein gutes Mädel! Ist es so recht, Lenchen?«

Das 20. Jahrhundert: Avantgarde, Krieg, Nationalsozialismus

Die Katastrophen des 20. Jahrhunderts hinterließen auch an der Bergstraße tiefe Spuren. Ihren Widerhall fanden sie unter anderen in den folgenden zwei Texten. Der erste stammt vom vielgespielten Dramatiker Georg Kaiser, der 1908 eine Villa in Seeheim kaufte, und dort zeitweise bis 1918 lebte. Es war eine fruchtbare Schaffensperiode für ihn, in der sein bekanntestes Werk, das Drama *Die Bürger von Calais* entstand. Er griff darin eine kriegerische Begebenheit aus dem Jahr 1347 auf. Die Stadt Calais wird von englischen Truppen belagert. Der englische König lässt die Nachricht überbringen, dass er die Belagerung aufhebt, unter der Bedingung, dass sich sechs Bürger freiwillig melden, die zur Vergeltung für die Verluste unter seinen Truppen hingerichtet werden sollen. Eustache de Saint-Pierre meldet sich als erster, danach folgen vier weitere. Die Gebrüder Wissant melden sich gleichzeitig, sodass eine Person zu viel ist. Ein Los soll entscheiden, wer sich nicht opfert.

Georg Kaiser, Die Bürger von Calais[13]

Nicht sind die Namen der sechs Bürger von Calais auf unsere Zeit gekommen; nur vier sind verzeichnet. Ich habe für diese Dichtung der erfundenen Benennungen entraten, um nicht mit falscher Grabplatte die fruchtbaren Gräber zu verschließen.
AD AETERNAM MEMORIAM

Die offene Stadthalle. Ein roter Backsteinbau – mit breiten Stufen, die Sitzreihen sind, nach einer Plattform ansteigend, wo kurze quadratische Säulenstümpfe das unsichtbare Dach tragen. Ein Vorbau, den eine Tür verschließt, teilt in der Mitte unten die Reihen.

In den Stufen stehen die Gewählten Bürger – hagere Gestalten im Bausch überweiter Gewänder – abgekehrt und nach der Plattform aufschauend.

Nur Eustache de Saint-Pierre, siebzigjährig, sitzt – vorn rechts – und blickt zu Boden.

Eine helle Glocke läutet nah und rasch – das Brausen vieler Glocken in der Ferne.

JEAN DE VIENNE
Die helle Glocke ist der Ruf in die Halle. Das Zeichen wurde nicht mehr gegeben – in wem glühte noch mit dünnster Flamme die Hoffnung, es noch zu hören? Verbrannte sie nicht so schwach – wo glimmt der Funken, der noch ein Feuer entfacht – von dem die Fesseln auf unseren Armen schmelzen – auf

Zungen, die wieder schwingen – von allen Glocken über der Stadt, die frei stürmen – und die Befreiung auf Calais stürzen! – Ihr sucht durch die Zeit – vor euch entsteht die letzte Versammlung. Wir kamen von dem Werk, an das wir unsere Kräfte hingegeben hatten – wie an kein Werk noch. Geht in die Straßen und späht in die Häuser: – wo sind Arme, die nicht jetzt noch zittern – Hände, die sich nicht krampfen wie um das Werkzeug, das sie führten – gekrümmte Rücken wie unter Bürden, die sie schleppten – zu den Dämmen, die davon ins Meer wuchsen – die Woge nach Woge verdrängten – und ihre Wucht brachen und ihre Unruhe dämpften – bis sich die neue Bucht rundete – weit und glatt wie vor keiner Küste: wir öffneten ein Tor in das Meer – nun sollten Schiffe auf glückliche Meerfahrt hinausgleiten! – Ich frage euch – und spürt selbst in euch mit dieser Frage nach: – war dies das Ziel – oder ein anderes? – Ist einer hier, in dem am geheimsten eine andere Begierde lebte ? – So will ich den Schlüssel der Stadt auf meine flachen Hände legen und – barhäuptig und unbeschuht – und schreitend im Kittel des überlieferten Büßers! – ihn vor das Tor tragen! – Der Hafen von Calais bedroht England. Dunkler noch der Verdacht – schwerer die Beschwerde: die Pforte ist es, daraus der König von Frankreich leicht und schnell nach England dringt! Mit diesem Willen ist der Hafen gebaut! – Wer durchdringt nicht den Vorwand? – Der alte trübe Streit, den der König von England mit dem König von Frankreich führt – wer herrscht in England – wer über Frankreich! – soll von ihm auflodern! – So peitscht kein Sturm, so schattet keine Wolke – wie es unter Segeln von England fuhr. Mit letztem Glück konnte der König von Frankreich seinen Hauptmann in die Stadt werfen. Calais ist nicht gefallen – Calais ist durch die Wüste der Belagerung geschritten! –

Wann trug sich dies schon zu? Wo wurde der Kampf gefochten, in dem kein Schwert schlägt – kein Bogen birst – keine Lanze zersplittert! – Draußen im Sande kauert dumpf ein träges Tier – die Sonne läuft ihm über den schillernden Leib – schoß ein anderes Geschoß von ihm auf als diese Blitze? Warum rührt es sich nicht – warum richtet es sich nicht hoch und läuft den Sturm, der über die Mauern flutet – mit dem es Calais erobert? Warum hebt es seine Tatze nicht, unter der es seine Beute zermalmt? – Der König von Frankreich zieht heran. – Es ist ein wütender Wind ausgebrochen, der von allen Enden die Scharen zusammengetrieben hat. Gewaltig, wie es nie den Boden Frankreichs erschütterte, ist das Heer.

An seiner Spitze reitet lachend der König von Frankreich – lacht wie im Spiel – das Spiel des Löwen, der den Hamster jagen geht! – Mit jedem Morgen kann die hohe Säule aufstehen, davor die Sonne sich verdunkelt – darunter der Boden schwankt. An jedem Morgen spähe ich nach der Wolke, die laut schallend den König von Frankreich verkündet! –: – an diesem Morgen schickt der König von England in die Stadt – nicht mehr an den, der mit dem Schwert die Stadt verteidigt! – – Die helle Glocke ruft – die Glocken rauschen über der

Stadt: – heute ist das Amt, das wir von uns auf die gepanzerten Schultern des Hauptmanns von Frankreich schieben mußten, wieder auf uns gelegt! – *(Überwältigt ausbrechend)* Das Schwert soll nicht mehr über Calais herrschen – Calais ist von ihm befreit!

Den Beginn des Nationalsozialismus in einer deutschen Kleinstadt schildert Paula Buber in ihrem 1953 erschienenen Roman *Muckensturm.* Unschwer ist darin die Stadt Heppenheim zu erkennen, wo Paula Buber seit 1916 mit ihrem Mann, dem jüdischen Religionsphilosophen Martin Buber lebte. Beide mussten 1938 nach Palästina emigrieren. Ihr Haus wurde kurz darauf in der Pogromnacht verwüstet. Heute hat dort der Internationale Rat der Christen und Juden seinen Sitz.

Paula Buber, Muckensturm
Ein Jahr im Leben einer kleinen Stadt[14]

»Der Reichstag brennt«, sagte Dr. Markus leise zu dem Pfarrer Almenroder, als er in das Sterbezimmer der Frau Elsbeth Daum trat. Der Pfarrer hob den Blick von dem offenen Gebetbuch auf seinen Knien und sah dem Arzt ins Gesicht, in dem die Spannung wohl niedergehalten, aber nicht bezwungen war. Einen Augenblick verblieben die Männer so in lastendem Schweigen.

Der Arzt, der vor einer Stunde das Sterbehaus verlassen hatte um seine Instrumententasche zu holen und zu Hause eine Tasse Kaffee zu trinken, wandte sich dem Krankenbette zu, auf dem die Frau abgezehrt, das fahle Gesicht zur Seite geneigt, zu schlummern schien. Auf ihrem spitzenbesetzten Nachthemd hoben und senkten sich die roten Schleifen unter ihren unregelmäßigen Atemzügen.

Aus dem Nebenzimmer drang das verhaltene Klagen einer Frauenstimme. Der Arzt ging hinüber. Dort lag, von einer pflegenden Nonne behütet, Margret Rosemann, die ältere Schwester der Sterbenden. Eine bejahrte Frau und ein junges Mädchen bewegten sich geräuschlos mit überwachten verweinten Gesichtern. Frau Rosemann begehrte sich zu erheben. Auf das beruhigende Zureden des Arztes, die Schwester nebenan liege schlafend, ließ sie sich die Spritze in den Arm geben.

Arzt und Schwester verharrten beobachtend im Schatten neben dem Bett. Bald war die Kranke ruhig eingeschlafen.

Eigentlich galt die ärztliche Sorge nur noch dieser Schwester. Das Schicksal der anderen war besiegelt. Ihr verblieben noch etliche Stunden bis Tagesanbruch. In den Zimmern der beiden Schläferinnen war es jetzt ganz still. Aus den Nachbarhäusern aber schallte trotz der späten Stunde das Radio mißtönend in die Nacht hinaus. Durch die spaltweit geöffneten Fenster des Sterbezimmers vernahm man deutlich die Worte des Sprechers.

Einen Augenblick horchten die beiden Männer hin. Dann begann der Pfarrer die Sterbegebete zu lesen. Die drei Frauen knieten vor dem Altar, der auf einer Kommode mit Kruzifix, Leuchtern und Blumen aufgebaut worden war, als der Pfarrer am Morgen des jetzt ausklingenden Tages der Todkranken die letzten Tröstungen ihres Glaubens gereicht hatte.

Es waren für Pfarrer und Arzt schwierige Tage gewesen. Elsbeth Daum, die vor einigen Wochen schon todesnah zu ihrer verwitweten älteren Schwester in die lang gemiedene Heimat gekommen war – wie sie meinte, um zu genesen, war eine anspruchsvolle Patientin. Sie hatte ihn gerufen, den jüdischen Arzt, der sich erst nach dem Kriege in der kleinen Stadt niedergelassen hatte, und nicht den Sanitätsrat Ruland, der schon ihrem Elternhause seit Jahrzehnten vertraut gewesen war. Es geschah aus der zornigen Verachtung, die die Großstädterin für ihre enge Heimat hegte, und wohl zutiefst darum hegte, weil sie in das alte Nest, das sie einst mit hochfliegenden Plänen verlassen hatte, sich nun nach langen abenteuerreichen Jahren krank und gebrochen zurückgefunden hatte.

Die Sterbende begann leise zu singen, ein Volkslied aus ihrer Mädchenzeit mit einer jungen einfachen Stimme. Alle Künste der Sängerin waren dahin. Dann kam ein zweites und lauter, und schon durchdrang die Stimme den Raum. Sie hielt inne: »Achim, ich höre dich nicht, sing doch, sing mit mir.« Sie hub aufs neue an, unterbrach sich, lauschte, der Pfarrer errötete. Dann begann er die zweite, begleitende Stimme zu singen, sie fiel ein.

Der Doktor hatte sein Gesicht an die Scheiben gelegt und sah in die Nacht hinaus. Das junge Mädchen kniete weinend am Fußende des Bettes. Unhörbar rann das Wasser über ihr kleines Gesicht.

»Ich bin jetzt zu müde«, sagte die Frau, »zieh die Ruder ein, Achim, laß uns treiben, der Main ist so ruhig. Hältst du das Kind?«

Sie schlief ein. Ihr Gesicht entspannte und wandelte sich. Um fünf Uhr morgens stellte der Arzt den Tod fest. Gegen sechs Uhr trat der Pfarrer mit dem Arzt aus dem Sterbehaus. Im selben Augenblick schloß sich das Hoftor des Nachbarhauses hinter dem zurückkehrenden Fahrrad mit dem Flaschenkasten. Der Kasten war leer.

Noch war es dunkel. Die Laternen schimmerten matt durch einen milchigen Dunst. Der Pfarrer tat ein paar tiefe Atemzüge. Der Doktor schlug fröstelnd den Kragen seiner Lederjacke hoch.

Schon kam die alte Magd, die noch im Arnoldschen Hause gedient hatte, vom Pfarrhof zurückgelaufen. Sie beugte ihr Gesicht, das vom Weinen wie gegerbt war, über die Hand des Pfarrers.

»Sie haben es unserer armen Elsbeth so schön und leicht gemacht, Hochwürden!« sagte sie, »Gott wird es Ihnen vergelten.«

Das Sterbeglöckchen setzte mit seinem kurzatmigen, jämmerlichen Geläute ein.

Drei Burschen bogen um die Ecke des Neuen Markts in die Karlstraße. Einer trat an den Pfarrer heran und spie ihm pfeilgerade ins Gesicht. Einer gab dem Arzt einen Stoß. Der dritte brüllte: »An den Galgen mit den Pfaffen und Juden! Brandstifter, jetzt geht es euch an den Kragen!« Sie zogen johlend weiter.

»Betrunkene«, sagte der Pfarrer.

»Nicht Betrunkene«, erwiderte der Arzt. »Haben Sie den letzten Burschen nicht erkannt?«

»Keinen«, meinte der Pfarrer, »es werden Ortsfremde gewesen sein!«

»Die beiden ersten vielleicht«, sagte Markus, »aber der Schreier war der Ludwig Metzler.«

Der Pfarrer senkte den Kopf. Er nahm die Hand des Arztes, hielt sie eine Weile fest. Sie trennten sich.

Abschluss

Zum Abschluss soll es noch einmal heiter werden. Der Text, der die freundliche Bergstraße in den Mittelpunkt stellt, stammt von Helene Christaller, die 1872 in Darmstadt geboren wurde und lange in Jugenheim lebte, wo sie 1953 auch starb. Ihren Text veröffentlichte sie 1935, aber für den Nationalsozialismus hatte sie keine Sympathie, ganz im Gegenteil. Ihr ein Jahr später erschienenes Buch *Adam geht auf Wanderschaft*, wurde als wehrkraftzersetzend verboten.

Helene Christaller, Das Blaue Haus[15]

Wenn man mit der Bahn von Heidelberg nach Darmstadt fährt, geht der Weg an der Bergstraße entlang. Sanftgewellte Hügel mit Laubwald bedeckt, schöngeformte Berge, von zerfallenen Burgen gekrönt, reihen sich entlang der alten Römerstraße; zwischen der Bahnlinie und dem Bergzug dehnen sich grüne Wiesen, wogende Getreidefelder mit Fruchtbäumen bestanden; Weinberge klettern an den Hängen, soweit diese nicht vom Wald bedeckt sind.

Zwischen das fruchtbare Land, das wie ein Garten unter milder Sonne daliegt, sind schmucke Dörfer eingestreut. Alte Festungskirchen trotzen als bewehrtes Gotteswort mit unzugänglichen Mauern, schöne Landhäuser bergen sich unter Nussbäumen und Kastanien und strecken ihre Arme bis zum nächsten Ort hin. So schließt sich die Kette, die bis an die Hänge hinaufzieht und Nord und Süd verbindet.

Wenn man an einer kleinen Wartehalle, die den Namen Hähnlein trägt, aus dem Fenster des Zuges nach den Bergen zu schaut, entdeckt man auf einem niedrigen Vorhügel einen blauen Turm, der an italienische Bauwerke erinnert und der sich vom grünen Waldhintergrund lebhaft abhebt. In seinen hohen Fenstern spiegelt sich die Abendsonne, und wie rote Flammen zuckt es für Sekunden vor dem Vorüberfahrenden auf. Er denkt sich nichts dabei; aber wenn er einer von denen ist, die Heimatrechte in diesem Haus haben, so schreit er entzückt: »Das Blaue Haus! Ich hab das Blaue Haus gesehen!«

Und so ist das Blaue Haus: es hat zwei Stockwerke und in jedem zwei Veranden. Der schlanke Turm ist von Wein überzogen, der seine Ranken bis auf das leicht geneigte Dach hinüberschickt und bis zu den obersten Fenstern steigt, an denen blaue Vorhänge wehen. Es ist viel geschnitztes Holzwerk an dem Haus, alles leuchtend blau gestrichen, auch die Fensterläden, die Geländer der Veranden und die Holzverkleidung am obersten Teil des Turms. Und so hat der Volksmund ihm den Namen »Blaues Haus« gegeben und seine Farbe der wohl- oder übelwollenden Kritik des Publikums überantwortet, wovon dieses auch reichlich Gebrauch macht.

Die Herrin des Hauses ist eine Dichterin. Ansehen tut man es ihr zwar nicht. Oder doch? Sie trägt ein blaues Leinenkleid und hat eine weiße Ärmelschürze darüber, die vorn offen steht, so dass das blaue Kleid hervorkommt. Sie ist mittelgroß, hat graue Haare, die schlicht aufgesteckt sind und in der Sonne einen silbernen Schimmer haben. Das Gesicht ist ein rechtes Muttergesicht, mit runden weichen Wangen, einem Grübchen darin, einem großen roten Mund, der viel lächelt und dem man ansieht, dass er gern kleine Kinderbäckchen küsst. Die Nase ist kühn gebogen, springt aus dem Gesicht und hat weite bewegliche Nasenflügel.

Aber an den Augen und der Stirne sieht man, glaube ich doch, dass sie eine Dichterin ist; denn die Stirn ist hoch, breit und beherrschend und die graubraunen Augen groß und strahlend. Sie leuchten von einem tiefen, aber verborgenen Gefühl. In der Familie merkt man das aber nicht; denn die Enkelkinder, soweit sie noch klein sind, haben viel mehr Verständnis für Ennes Windbeutel, Erdbeeren und Bilderbücher sowie für seine stets heitere Laune, die Sinn für jeden Ulk hat, als für die vielen Bücher, die es geschrieben hat und die oben im Allerheiligsten auf dem Schreibtisch, zwischen gehämmerten goldenen Messingstützen aufgereiht sind und an die man nicht gehen darf.

Das Enne hatte eine Leidenschaft, das war sein Garten. Das Enne hatte gerade zwei Beete voll Endiviensalat gesetzt und zweihundert ein wenig verspätete Astern, denen musste sie dann heimlich mit aufgespartem Waschwasser ihr Teil geben.

Aber eines Tages war das vergessen worden. Das Enne hatte mit den größeren Kindern und den Erwachsenen einen Tagesausflug auf den Felsberg gemacht, war dort stundenlang im Felsenmeer herumgeklettert, um dem kleinen Volk bei dem nicht ganz ungefährlichen Klettern behilflich zu sein, und erst müde heimgekehrt, als schon die Sonne im Westen blutrot durch die Pappeln am Blauen Haus schien. Bis dann alles abgefüttert und im Bett war, wurde es dunkel, und das Enne freute sich selbst auf das Schlafengehen.

Seufzend warf das Enne ein Morgenkleid über und ging hinaus. Die Zimmer waren voll Mondschein, man brauchte kein Licht anzuknipsen; ganz leise knarrte die Türe.

Das Enne ging langsam den Blumenweg hinauf. Um sie her war Flüstern. Verstand sie in dieser Nacht die Stimmen der Natur? Fledermäuse schwirrten um sie her und verschwanden unter dem Dach des Blauen Turms. Unter dem Buchsbaum geigten die Schnaken Sinfoniekonzerte, und dicke Kröten hüpften lautlos über den Weg.

Die gelben Schlingrosen warfen ihren süßen Duft ihr wie ein Geschenk entgegen; im Gras saß ein verspätetes Glühwurmweibchen, das kein Männchen gefunden hatte und das nun einsam das Licht seines Laternchens in die Nacht hinaussandte, ob nicht doch noch irgendwo das Auge der Liebe wache und seiner Sehnsucht entgegenkomme.

Da hörte man auf der stillen Straße Fußtritte von Wanderern, die nach dem Melibokus hinaufwollten. Das Enne trat hinter einen Busch, um nicht gesehen zu werden.

»Hier wohnt sie«, sagte eine Jünglingsstimme. Und dann standen alle still, und vor dem Tor ballte sich eine schwarze Menge. Was sie nur wollen? dachte die Lauscherin und schielte zwischen den Zweigen durch.

Da erklang es plötzlich von vielen jungen Männerstimmen im zweistimmigen Chor:

»Der Mond ist aufgegangen,
die güldnen Sternlein prangen
am Himmel hell und klar;
der Wald steht schwarz und schweiget,
und aus den Wiesen steiget
der weiße Nebel wunderbar.«

Sollte das ein Ständchen sein? Ihr gebracht? Wie schön das klang! Und wie es das Herz wärmte, dass man ihr Freude bereiten wollte.

»Ob sie's gehört hat?«, fragte eine Stimme.

»Sicher, die Fenster sind offen!«

»Im Turm ist eben Licht angeknipst worden.« »Habt ihr die Karte? Was hast du geschrieben?« »Der Dichterin einen dankbaren Gruß von einer Nachtfahrt vom Verein christlicher junger Männer.«

Die Karte raschelte in den Briefkasten, und da der rauschende Mühlbach die Stille füllte, begannen sie: »Das Wandern ist des Müllers Lust!« Und damit stiegen sie den Berg hinauf, und der Gesang klang ferner und ferner.

Im Turm erlosch das Licht; das Enne schlich sich leise die Treppe hinauf.

Ganz fern hörte man noch verwehte Töne, dann verloren sie sich im Rauschen des Nachtwindes, der durch die großen Tannen ging. Und dann schlief auch das Enne ein, und sie träumte, dass sie glücklich sei.

Weitere Leseempfehlungen:

Ludwig Fertig: Deutscher Süden. Dichter an der Bergstraße, Darmstadt 1994

Heiner Boehncke / Hans Sarkowicz: Literaturland Hessen. Literarische Streifzüge durch die Mitte Deutschlands, Wiesbaden 2015

Nachweise der abgedruckten Texte:

1 Aus: Adolf Freiherr Knigge, Briefe, auf einer Reise aus Lothringen nach Niedersachsen geschrieben. Hannover 1793, S. 48.

2 Aus: Friedrich Leopold Graf zu Stolberg, Briefe. Hg. von Jürgen Behrens. Neumünster 1966, S. 42.

3 Aus: Wilhelm Holzamer, »Frühling an der Bergstraße« (Frankfurter Zeitung v. 27.4.1902) [Literaturangabe unsicher].

4 Aus: Werner Bergengruen, Deutsche Reise. München 1959, S. 132 f.

5 Aus: Elizabeth Gaskell, Sechs Wochen in Heppenheim. Aus dem Englischen übersetzt von Maria Diedrich. Heppenheim 1991.

6 Aus: Georg Büchner/Ludwig Weidig, Der Hessische Landbote (Juli/November 1834).

7 Aus: Deutsche Zeitung, Heidelberg, 15. Oktober 1847; Abdruck bei F. Salomon, Die deutschen Parteiprogramme, 4. Aufl. 1932, Heft 1, S. 69 ff.

8 Aus: Marie zu Erbach-Schönberg, Entscheidende Jahre. 1859–1866–1870. Aus meiner Kindheit und Mädchenzeit. Wollermann, Braunschweig 1921.

9 Aus: Luise von Ploennies, Gedichte, Darmstadt 1844.

10 Aus: Richard Dehmel, Ausgewählte Briefe aus den Jahren 1883 bis 1902. Berlin 1923, S. 15 und S. 19.

11 Aus: [Luise Büchner (anonym)], Die Frauen und ihr Beruf: Ein Buch der weiblichen Erziehung. In zusammenhängenden Aufsätzen niedergeschrieben von Frauenhand. Frankfurt 1855.

12 Aus: Henny Koch, Papas Junge. Eine Erzählung für junge Mädchen. Ill. v. A. Wald. Stuttgart, Berlin, Leipzig 1905.

13 Aus: Georg Kaiser, Die Bürger von Calais. Bühnenspiel in drei Akten, Berlin 1917.

14 Aus: Paula Buber, Muckensturm. Ein Jahr im Leben einer kleinen Stadt, Heidelberg 1953.

15 Aus: Helene Christaller, Das Blaue Haus, 1935.

Blick vom Schloss Heiligenberg bei Jugenheim auf die Rheinebene, Gemälde von Johann Heinrich Schilbach, 1846

11. »BERGADEL« UND »WEINBÜRGER«

POLITIK- UND KULTURGESCHICHTLICHE ANMERKUNGEN ZU DEN REGIONSMACHERN IM DEUTSCHEN SÜDWESTEN IM 19. JAHRHUNDERT[0]

Henning Türk / Oliver Sukrow

Einführung

Im Jahre 1829 veröffentlichte Johann D. Hochstätter die *Wanderungen durch die Bergstraße*. Das Büchlein, »ein getreuer Wegweiser«, animiert die Besucher und Besucherinnen in der Landschaft eine moralische Botschaft zu erkennen: »Blickt auf! der Vorwelt Trümmer ruh'n / Kein Ritter braus't umher. / Es wallt getrost der Wandersmann / Durch Berg und Au auf stiller Bahn, / Kein Zwingherr schreckt ihn mehr.«[1] Die mittelalterlichen Burgen entlang der *bergstrasen*, der *strata publica* – ein ungefähr 70 Kilometer langer und etwa zehn Kilometer breiter Naturraum in der westlichen Vorgebirgszone des Odenwalds, gleichbedeutend mit dem Verkehrsweg zwischen Darmstadt im Norden und Heidelberg im Süden[2] – sind nicht nur Kulisse und Symbol für eine in Trümmer liegende »Vorwelt«: Sie verweisen darauf, dass sich der Wanderer an der Bergstraße den Natur- und Geschichtsraum individuell aneignen und sich in dieser Region, ohne Angst vor dem (adligen) »Zwingherrn«, einigermaßen frei bewegen kann. Hier deutet sich, vielleicht vergleichbar mit der kurz zuvor entstandenen *Harzreise* (1824) von Heinrich Heine, eine neue Art von bürgerlicher Fortbewegung im Wandern an und ein veränderter, emanzipierter, ja herrschaftskritischer Blick auf die Landschaft, die als ästhetische Kulisse, aber ebenso als politisches Symbol gelesen werden kann,[3] wie es der Germanist Wolfgang Albrecht in seinen Überlegungen zur *Kultur und Physiologie des Wanderns* für das 19. Jahrhundert festgestellt hat:

> »Der Wanderer wird auf sich selbst, auf seinen Körper verwiesen und kann oder muß ihn auch wahrnehmen […]. Raumerkenntnis verbindet sich mit elementarer Selbsterkenntnis, gefördert durch die Vereinzelung. Auf »ungebundener Wanderschaft« und in »freier Natur« […] lässt sich jener Individualismus ausleben.«[4]

Amelia M. Murray, Blick vom Turm des Melibokus in Richtung Heidelberg auf Bensheim und Auerbach, aus: *Pictoral and descriptive Sketches of the Odenwald*, London 1869

Im Folgenden soll uns insbesondere die neue Art der »Raumerkenntnis« in den südwestdeutschen Landschaften der Bergstraße und der bayerischen Pfalz als, so die These, zwei »liberalen« Regionen im Vormärz interessieren. Das bei Hochstätter durchscheinende, für die Umbruchszeit des frühen 19. Jahrhunderts typische, dynamische Spannungsverhältnis zwischen Vergangenheit, Gegenwart und Zukunft; Ästhetik, Kultur und Politik, welches sich in kulturellen Artefakten und Repräsentationen manifestierte, wird auch in seiner Beschreibung des Blicks vom Melibokus, der mit 517 Metern höchsten Erhebung an der Bergstraße, erkennbar:[5]

> »Vor uns liegt die unermeßliche Ebene, Teutschlands Lombardei [...] Mainz, Oppenheim, Worms und Speyer treten uns als Riesensäulen und Denkmäler in den Hallen der vaterländischen Geschichte entgegen und erwecken in uns wehmüthige Erinnerungen gewaltiger Vergangenheit; doch des lohnenden Nachruhms Strahlenkranz schwebt helleuchtend über ihnen, und mit Stolz erinnern ihre spätesten Enkel sich ihrer ehemaligen, nun aber ohne eigene Schuld dahingesunkenen Größe. – Ihre ehernen Schutzmauern altteutscher Freiheit, die die stolze *Roma Victrix* nicht anzutasten wagte, sondern, stolz auf

> euren Besitz, euren Bewohnern gleiche Rechte mit ihren Bürgern ertheilte. Den Stürmen der Völkerwanderung trotzen eure festen Mauern, und mit teutschem Löwenmuthe vertheidigten eure Bürger ihre Rechte gegen die gewaltigen Angriffe des Mittelalters! [...] Mit mächtiger Faust schützten sie Germaniens von Roms Thyrannei verfolgten Kaiser, besonders den unglücklichen Heinrich IV. und die edlen Hohenstaufen.«[6]

Nach diesem patriotisch-sentimentalen Blick auf den Oberrheingraben als elementare Region des untergegangenen deutschen Kaiserreichs, das heißt als Geschichtsraum, wechselt Hochstätter die optische Perspektive von weit auf nah und damit auch die Zeitebene von Vergangenheit auf Gegenwart:

> »Wir haben nun betrachtet, was in der Ferne unsern Blick anzog; wir müssen nun aber auch betrachten, was in der Nähe uns umgiebt [...]. Weinberge [...] mit Wäldern bedeckte Berge, auf deren Gipfel Ruinen sich erheben, die noch in ihren Trümmern das Andenken an ein kraftvolles Zeitalter zurückrufen.«[7]

Diese literarische Regionsbeschreibung aus dem frühen 19. Jahrhundert erinnert nicht von ungefähr an ein Landschaftsgemälde des Klassizismus oder der Romantik, in denen ja auch Natur und Kultur (zumeist als historische Überreste) eine Beziehung eingehen. Eine dreistufige Staffelung des Landschaftsblicks, wie jener Hochstätters von der Bergstraße in die Oberrheinebene, schien auch seinem Zeitgenossen Johann Wolfgang von Goethe in seiner *Italienischen Reise* die passendste Form der literarischen wie bildkünstlerischen Landschaftsschilderung. Um 1800 ist »noch ganz selbstverständlich, dass ein Landschaftsbild aus drei Gründen besteht: Vorder-, Mittel- und Hintergrund. In ihrer Fülle hatte Landschaft sich in der Überschau darzubieten, vom Nahsichtigen bis in die fernste Ferne«, wie Werner Busch schreibt.[8] Hochstätter folgt 1829 also jenen kanonisierten kulturellen Mustern, welche die klassische Ästhetik des Landschaftsbildes im Barock festgelegt hatte und welche die dargestellten (und durch die Wanderer und Wanderinnen wahrgenommenen) Szenen in heroische oder in idyllisch-arkadische Landschaften resp. deren Darstellungen einteilte.[9] Und doch können, bei aller Konventionalität, auch eigensinnige Züge des Blicks vom Melibokus erkannt werden: So wie die wenige Jahre vor Hochstätters Wanderbericht entstandene *Harzreise* von Heine als Ausdruck eines »distanzierten und buchstäblich erhöhten Überblicks über die [...] spießbürgerliche Gesellschaft« gelesen wird,[10] kann Hochstätters Schilderung des Panoramas vom Melibokus wie Heines Blick vom Brocken als

Verbindung von Landschaftskontemplation und Geschichts- bzw. Gesellschaftsreflexionen verstanden werden. Die Bergstraße kann somit als eine *imaginary landscape* gelesen werden, da es in Hochstätters Beschreibung »um die Wahrnehmung von Landschaften in Form von Imaginationen [geht]«.[11] In diesen *imaginary landscapes* konnten, wie Thomas Etzemüller ausführt, »gewünschte soziale oder politische Ordnung geradezu naturalisiert werden; der Landschaft wurde dann eine ›Aufgabe‹ für die Nation zugeschrieben, im Extremfall wurde sie zu einem regelrechten Akteur der Geschichte stilisiert.«[12] Eben jener in die Landschaft und ihrer Imaginationen eingeschriebenen »sozialen und politischen Ordnung« des Liberalismus soll auf den folgenden Seiten nachgespürt werden. Ihre besondere Stellung erhält die Reisebeschreibung von Hochstätter vor allem durch ihren regionalen Entstehungskontext im südwestdeutschen Raum, der insbesondere im frühen 19. Jahrhundert als Keimzelle liberalen Aufbruchs und bürgerlich-revolutionärer Demokratiebestrebungen gilt, und durch das behandelte Sujet der Wanderung durch die Region Bergstraße. Insofern muss die vordergründig romantisch-malerische Beschreibung der Bergstraße für Touristen und Touristinnen an die historisch-lokalen Bedingungen zurückgebunden werden. Es soll daher im Folgenden in einer ersten Skizze zum Thema politik- und kulturgeschichtlicher Regionsmacher im deutschen Südwesten versucht werden, die räumlichen wie zeitlichen Bedingungen, die zum Werden einer bedeutenden »Region« des deutschen Liberalismus beigetragen haben, miteinander in Bezug zu setzen. Hochstätters literarische Regionsbeschreibung aus dem Vormärz ist aus diesen Gründen – neben den darin auftauchenden romantischen Bildern über das erhabene Mittelalter und der Ästhetisierung der anmutigen Kulturlandschaft Bergstraße im Sinne der beginnenden romantischen Kunsttheorie um 1800 – ein guter Einstieg zu den »Regionsmachern« im 19. Jahrhundert im deutschen Südwesten, da sie Auskunft über das Natur- und Gesellschaftsbild einer als Region wahrgenommenen Kulturlandschaft gibt. Besonders der Punkt, dass »kein Zwingherr« und »kein Ritter« mehr zu finden sei, die kleinteilige bedrängende Adelsherrschaft somit verschwunden und eine freieres, liberaleres Leben möglich ist, bietet einen Ankerpunkt für die nachfolgenden Ausführungen, die der Frage nachgehen, ob und inwiefern sich das Spannungsverhältnis von Politik und Ästhetik auch in der architektonisch gestalteten Landschaft erkennen lässt. Dazu wird zunächst das Verhältnis von Liberalismus und Region im 19. Jahrhundert skizziert und anschließend die Rolle der Landschafts-Architektur für die Konstruktion liberaler Regionen untersucht.

Liberalismus und Region im 19. Jahrhundert

Die Forschung zum deutschen Liberalismus im 19. Jahrhundert hat sich zwar schon seit Jahrzehnten mit dem regionalen Liberalismus auseinandergesetzt, den Begriff der Region dabei aber nicht intensiv reflektiert.[13] So wurde alles, was nicht auf der nationalen deutschen Ebene spielte, als regionaler Liberalismus bezeichnet. Dieser Zugriff, der etwa den badischen Liberalismus[14] oder den sächsischen Liberalismus[15] in den Blick nimmt, scheint jedoch zu beliebig, denn Regionen sind, wie Miloš Řezník vor Kurzem in seinem Aufsatz »Regionalität als historische Kategorie« zurecht betont hat, nur »als Teil eines Ganzen«[16] zu verstehen. Dafür, um etwa das Königreich Sachsen oder das Großherzogtum Baden als Region des Deutschen Bundes zu verstehen, erscheint der Deutsche Bund als loser Staatenbund zu schwach. Das würde auch nicht dem Selbstverständnis der Zeit entsprechen. Insofern muss nach kleineren Einheiten Ausschau gehalten werden, die sich als »Teil eines Ganzen« identifizieren lassen und sich als relativ homogene Einheiten abgrenzen lassen.[17]

Unter dieser Perspektive stößt man schnell auf die ehemals zu Frankreich gehörenden linksrheinischen Gebiete, die nach der Niederlage Napoleons und der anschließenden europäischen Neuordnung aufgeteilt und neuen Landesherrn zugeordnet wurden. Diese Gebiete wurden in der Regel als eigene Verwaltungseinheiten zusammengefasst. Zudem behielten sie ihre in der französischen Zeit eingeführten Rechte, sodass sie unter staatsrechtlicher und juristischer Perspektive in ihrem jeweiligen Staatsverband ein Sondergebiet darstellten. Auf diese Weise entstanden der zum Königreich Bayern gehörende Rheinkreis (Pfalz), die zum Großherzogtum Hessen-Darmstadt gehörende Provinz Rheinhessen und die zum Königreich Preußen gehörende Rheinprovinz.[18] Aufgrund der in französischer Zeit eingeführten Reformen, wie etwa der Gewerbefreiheit, der Zivilehe oder der Abschaffung der Adelsprivilegien, verstanden die meisten Bewohner dieser Gebiete ihre Region als liberalen Fortschrittsraum und grenzten sich auf diese Weise von ihren neuen Herrschaften ab. Politisch tonangebend war in diesen Regionen das Wirtschaftsbürgertum, das von den französischen Reformen am stärksten profitiert hatte und sich auch aus diesem Grund zum Verteidiger der liberalen Errungenschaften aufschwang.[19] Die Bürgerlich-Liberalen versuchten den aus ihrer Sicht fortschrittlichen Status ihrer Regionen zu erhalten und wenn möglich auf die anderen Gebiete des jeweiligen Landes auszudehnen. Dazu standen ihnen zunächst regionale Institutionen zur Verfügung, wie etwa der pfälzische Landrat als Beratungsgremium der Kreisregierung, der auch berechtigt war, Wünsche der Region direkt an den König zu senden.[20] Zudem bauten sie das Ver-

Neustadt an der Weinstraße (Haardt), Südöstliche Ansicht,
Stahlstich von Johann Poppel nach Zeichnung von R. Höfle, um 1850

einswesen, etwa im landwirtschaftlichen Bereich, aus und schufen sich auf diese Weise auch eine politische Machtbasis, wie etwa der liberale spätere Präsident der Frankfurter Nationalversammlung, Heinrich von Gagern. Seine Popularität im Großherzogtum Hessen-Darmstadt basierte unter anderem auf seiner Tätigkeit als Vorsitzender des Landwirtschaftlichen Vereins von Rheinhessen.[21]

Diese linksrheinischen Regionen waren nicht nur in ihrem Selbstverständnis liberal, sondern wurden auch zunehmend von Außenstehenden als liberale Regionen wahrgenommen. Dazu trug unter anderem die in der Mitte des 19. Jahrhunderts aufkommende Volkskunde bei. Volkskundler, wie etwa der konservative Wilhelm Heinrich Riehl, bereisten die deutschen Regionen und versuchten vermeintliche Volkscharaktere in den jeweiligen Regionen zu identifizieren. Über den bayerischen Rheinkreis (Pfalz) hielt Riehl etwa fest, dort herrsche ein »Despotismus demokratischer Freiheit«,[22] der die Gleichheit aller auch in der Lebensweise wolle. August Becker sekundierte ein Jahr später: »Wenn nun auch nicht gerade jeder pfälzische Bauer seinen Code Napoleon in der Tasche nachführt, so ist doch jeder so ziemlich mit den Bestimmungen desselben vertraut und hält ihn hoch und wert als sein kostbarstes Gut.«[23] Die Napoleonischen Reformen waren jedoch nicht auf die unmittelbar zu

Frankreich gehörenden linksrheinischen Gebiete beschränkt. Auch die angrenzenden Staaten, die zum mit Napoleon verbündeten Rheinbund gehört hatten, hatten diese Reformen zum Teil übernommen.[24] Zudem waren auch diese Staaten durch die Auflösung des Heiligen Römischen Reiches deutscher Nation und die damit einhergehende Säkularisation und Mediatisierung sowie den Wiener Kongress neu zusammengewürfelt worden. Das im Folgenden im Fokus dieser Analyse stehende Großherzogtum Hessen-Darmstadt hatte etwa vor 1789 aus 45 verschiedenen Herrschaften bestanden.[25] Das Großherzogtum musste daher eine enorme Integrationsleistung vollbringen, wozu unter anderem die 1820 verabschiedete Verfassung diente. Das heißt, die liberalen Reformen hatten in die angrenzenden Gebiete ausgestrahlt und trafen dort auf eine Bevölkerung, die in Integrationsprozesse eingebunden war und sich auf der Suche nach einer neuen Identität befand.[26] Diese fand man unter anderem in dem gemeinsamen Eintreten für liberale Reformen. Die Verfassungen boten dazu Anknüpfungspunkte, etwa durch die Tätigkeit in den jeweiligen Landtagen. Zudem entstand über die Ländergrenzen hinweg eine enge, informelle Zusammenarbeit der Liberalen, durch die sich eine Kernzone von der preußischen Rheinprovinz im Norden bis zum Großherzogtum Baden herausbildete. Die Hessische (und Badische) Bergstraße und die Bayerische Pfalz stellten in diesem Kontext Kontaktzonen dar. Sie waren Bereiche, die sich geografisch, aber auch von der Wahrnehmung als Räume des liberalen Austauschs anboten.

Architektur-Landschaft des Liberalismus?

Die historiografische Forschung geht davon aus, dass »Regionalität als historische Kategorie« vielfältige Bedeutungen und Figurationen besitzt, die durch die »Historisierung des Regionalen« zu analysieren sind.[27] Während sich die Analyse im ersten Teil auf die kommunale und regionale Ebene »liberalen« Handelns konzentriert hat, wird nun versucht, der Frage der Verbindung von liberal-demokratischer Politik und Architektur nachzugehen. Zu untersuchen ist, ob sich in der Bayerischen Pfalz oder an der Hessisch-Darmstädter Bergstraße als »Landschaften des Liberalismus« explizite gestalterische Haltungen, Architekturstile oder theoretische Positionen finden lassen, die sich insbesondere von höfisch-aristokratischen Modellen und Mustern abgrenzen und bürgerliche Forderungen nach Freiheit, Autonomie und Mitbestimmung im kulturellen Bereich reflektieren.[28] Dabei folgt die vorliegende Untersuchung der von Ulrich Maximilian Schumann schon 1996 formulierten These, dass sich »die Herausbildung einer selbstbewußt bürgerlichen Architektur [in] Deutschland zunächst nur dort verfolgen« lässt, »wo erwirtschaftete Unabhängigkeit und eine darauf basierende Ideologie vorgeführt werden«.[29] Zu fragen sein wird nach den programmatischen Qualitäten von Architektur im 19. Jahrhundert in den Regionen Bergstraße und Pfalz mit Blick auf Repräsentationen von ›Liberalismus‹ oder diesem nahe stehenden Ideen, wie es etwa für die Architektur der Bundesrepublik nach 1945 analysiert worden ist.[30] Anders als für die USA und deren ›Architecture of Democracy‹,[31] liegen für die Region Bergstraße im 19. Jahrhundert zu den Aspekten einer politischen Ikonografie der Architektur und der Kulturlandschaft im Vormärz und danach aber bislang nur wenige Arbeiten vor. Sie beziehen sich mehrheitlich auf die bedeutende Stellung des Klassizismus als verbindlichem Baustil in den Großherzogtümern Hessen-Darmstadt und Baden und im Königreich Bayern.[32] Das klassizistische Bauen kann – übrigens für den gesamten deutschen Südwesten, also auch für Baden, Nassau oder Frankfurt am Main – auf das theoretische wie praktische Wirken von Friedrich Weinbrenner in Karlsruhe zurückverfolgt werden, dessen Schüler, zumeist als führende Baubeamte in den südwestdeutschen Staaten, zur überregionalen Verbreitung seiner Ideen und Konzepte beigetragen haben.[33] Zu fragen wäre in nachfolgenden Untersuchungen zum einen, ob es personelle Überschneidungen der Weinbrenner-Schule und liberalen-demokratischen Tendenzen gab,[34] und zum anderen, ob sich die hier angeführten Indizien hinsichtlich einer regional verankerten politischen Architektur als Träger ›liberaler‹ Ideen im 19. Jahrhundert mit weiteren Fallstudien erhärten lassen.[35]

Wer »macht« die Region Bergstraße im 19. Jahrhundert?

Für die Bergstraße als frühe Tourismusregion,[36] die verkehrstechnisch günstig in der Nähe der Hauptroute englischer Reisender über den Rhein nach Süden in die Schweiz und weiter nach Italien lag, existieren Reisebeschreibungen auf Deutsch, Englisch und Französisch, welche die topografischen und historischen Besonderheiten der Region herausstellen.[37] Dazu gehört auch die Gattung des Panoramas,[38] das sich aus dem Kontrast zwischen der flachen Rheinebene und der Hügelkette ergibt:

> »Hierunter wird die Strecke verstanden, die sich neben dem Odenwald hinzieht, bei Darmstadt […] anfängt, und sich bis Heidelberg erstreckt […] von so vielen alten Burgen und Ruinen begrenzt, mit Mandel-, Kastanien- und Nußbäumen besetzt. [Die Bergstraße, O. S.] ist eine der fruchtbarsten und angebautesten Theile der Provinz, hat gegen Westen das weite Rheinthal und gegen Osten den ebenso merkwürdigen als romantischen Odenwald zur Grenze.«[39]

Auffällig ist, dass die geografisch-topografischen Beschreibungen der Bergstraße eher den Naturraum bzw. die Kulturlandschaft in den Blick nehmen,[40] die weniger von politischen und administrativen, als vielmehr von geologischen Grenzen bzw. der Nähe oder Distanz zum Rhein definiert wird. Während der Odenwald als topografische, optische und kulturelle Grenze wahrgenommen wird – obwohl dieser ja auch zu Hessen-Darmstadt gehörte – wird die Kulturlandschaft Bergstraße, die ja tatsächlich seit 1806 von neuen politischen Grenzen durchzogen wurde, als Kontinuum wahrgenommen. Die rechtlichen Rahmenbedingungen wurden im Grenzvertrag von 1810 zwischen den beiden Großherzogtümern Hessen-Darmstadt und Baden geregelt, der bis 1945 Bestand hatte und der, so der Eindruck aus den zeitgenössischen Reisebeschreibungen, einen recht problemlosen Grenzübertritt zwischen den Territorien ermöglichte. Wie weiter oben beschrieben, standen die südwestdeutschen Liberalen in engem Austausch und förderten den transregionalen Zusammenhalt der Gebiete. Dass Grenzüberschreitungen schon in dieser Zeit, gerade unter liberalen Politikern an der Tagesordnung waren, zeigt allein der Blick auf die wichtigen politischen Versammlungen, die an der Bergstraße, im Pfalzkreis und im Rheingau stattfanden, zum Beispiel regelmäßig seit 1832 auf dem Weingut des liberalen Politikers Johann Adam von Itzstein in Hallgarten / Rheingau (Nassau),[41] in den Jahren vor der Revolution auf den Weingütern von Ludwig Andreas Jordan und Franz Peter Buhl in Deidesheim (Pfalz)[42] oder 1848 in Heidelberg (Baden). Ein besonderer liberaler Erinnerungsort ist die an der Bergstraße gelegene Stadt Heppenheim (Hessen-Darmstadt), in der 1847 in der Gaststätte »Zum Halben Mond« eine Versammlung wichtiger konstitutionell-liberaler Politiker stattfand. Das Treffen gilt als Geburtsstunde des politischen Liberalismus, sodass die FDP ihre Gründungsveranstaltung 1948 ebenfalls in Heppenheim abhielt.[43] Die nassauischen, hessischen, badischen, pfälzischen und rheinpreußischen Liberalen und Demokraten waren transregional – beispielsweise beim Hambacher Fest 1832 oder bei der Offenburger Versammlung 1847 – verbunden. Diese Andeutungen müssen ausreichen, um zu skizzieren, dass der deutsche Südwesten im Vormärz als Landschaft des politischen Liberalismus und gleichzeitig auch als frühe Tourismusregion begriffen werden kann,[44] wobei den möglichen Wechselwirkungen dieser beiden Phänomene noch vertiefend nachgegangen werden müsste.[45] Die Frage ist nun, ob und in welcher Form der Liberalismus an der zu den Großherzogtümern Hessen-Darmstadt bzw. Baden gehörenden Bergstraße – über politische und rechtliche Initiativen hinausgehend – auch mit der architektonischen und landschaftlichen Regionsgestaltung verbunden ist.

Entdeckung der ästhetischen Landschaft an der Bergstraße

Um neben den eingangs erwähnten literarischen Beschreibungen anderen ästhetischen Regionalitätskonstruktionen zunächst einmal an der Bergstraße nachzuspüren, ist es hilfreich, auf ein regionales Beispiel hinzuweisen, das bereits jene Verflechtungen von Landschaftswahrnehmung und -gestaltung mit politischen Vorstellungen zeigt, auch wenn dieses nicht dem politischen Liberalismus zugeordnet werden kann. Das »Fürstenlager« in Bensheim-Auerbach erstreckt sich in einem west-östlich quer zum Rheingraben gelegenen Tal des Vorderen Odenwalds.[46] Ab 1783 fungierte das Fürstenlager als Sommerresidenz des Darmstädter Hofs. Ausgehend von einem älteren »Gesundbrunnen« (1768) entstand ab 1790 eine dörfliche Anlage – inklusive eines landwirtschaftlichen Betriebes (Meierei) –, die der ästhetischen Imitation eines »natürlich« authentischen Landlebens diente und die ihr ideengeschichtliches Vorbild im Versailler Hameau de la Reine (seit 1783) hatte. In diesem Umfeld konnte sich der Darmstädter Hof als »Landwirte auf Zeit« (Claudia Groeschel) inszenieren.[47] Entscheidend für unseren Zusammenhang ist aber vor allem das Moment des Blicks auf die »natürliche« Umgebung der weinbäuerlichen Kulturlandschaft, in die sich der Park als künstliche Anlage harmonisch einfügt.[48] Die Blicke von den Hügeln des Fürstenlagers – vom sogenannten Altarberg mit Freundschaftsaltar (1783) und Teehaus (1787), Champignonberg (1787), Neun Aussichten, der erste Freundschaftstempel (1824) – auf die Rheinebene und auf das umgebende Mittelgebirge wurden mit Denkmälern ausgestattet und baulich mit Wegen und Pavillons strukturiert. Das Fürstenlager ist ein Beispiel dafür, dass die Region mit ihren topografischen und historischen Besonderheiten (zum Beispiel der Inszenierung von Blickachsen auf die Burgruinen des Auerbacher Schlosses) mit bestimmten Werten – hier vor allem die sentimentale Vorstellung des naturnahen, einfachen Landlebens der lokalen Bevölkerung an der anmutigen Bergstraße – aufgeladen ist und dass diese Werte durch Architektur und Gartenkunst repräsentiert, symbolisiert und durch diverse Bildmedien weit verbreitet worden sind. Besonders wichtig für die überregionale Verbreitung von bildlichen Repräsentationen der Bergstraße waren hier jene Maler, die von den Darmstädter oder Badischen Großherzögen zur Ausbildung nach Italien geschickt wurden und dann, nach der Rückkehr von der Grand Tour,[49] die heimische Region »mit italienischen Augen« durchwanderten und darstellten.[50] Während die Bedeutung der Darmstädter und Heidelberger Romantiker wie August Lucas, Heinrich Schilbach, Karl Rottmann oder Karl Philipp Fohr sowohl für den beginnenden Tourismus an Rhein, Main und Neckar als auch für ein neues Naturbild in der Forschung hinreichend gewürdigt worden ist,[51] fehlen noch Arbeiten zur Verbindung von Ästhetik und Politik im Vormärz,

Amelia M. Murray, Das Fürstenlager, im Hintergrund Schloss Auerbach und der Turm auf dem Melibokus, aus: *Pictoral and descriptive Sketches of the Odenwald*, London 1869

Schmuckblatt mit 13 Ansichten der Bergstraße, Stahlstich auf Papier, aus: *Das Grossherzogthum Hessen in malerischen Original Ansichten*, *1. Band: Starkenburg & Rheinhessen*, Darmstadt 1849

Heinrich Schilbach: *Ein Theil der Bergstrasse (bei Seeheim beginnend)*, Stahlstich nach Eduard Willmann, aus: *Das Grossherzogthum Hessen in malerischen Original Ansichten, 1. Band: Starkenburg & Rheinhessen*, Darmstadt 1849

der man unter anderem anhand der Gattung des bürgerlichen Porträts vor der landschaftlichen Kulisse der Bergstraße (oft mit der charakteristischen Bergsilhouette des Melibokus im Bildhintergrund) nachgehen könnte.

(Gegen-)Beispiele für »liberale« Architektur?

Bürgerliche Autonomie und Selbstbestimmung, die Gestaltung der eigenen »Welt« beschränkte sich im Vormärz – sieht man vom Wandern als individuelle Freizeitgestaltung oder von den zahlreichen bürgerlichen Vereinen ab – weitgehend auf die private Wohnung und den Hausgarten. Insofern könnte, so die Hypothese, ein liberales Element in der südwestdeutschen Baukunst in der vorhandenen Freiheit liegen, einen geeigneten Architekten/Baumeister zu beauftragen, einem Gebäude oder Garten einen eigenen Stil zu geben, ohne sich gestalterischen Vorgaben der Obrigkeit unterordnen zu müssen, d. h. eine auch gestalterische

Hoheit über Privatbesitz zu haben. Auch wenn der Klassizismus – also die Adaption der griechisch-römischen Baukunst der Antike – mit liberal-demokratischen Vorstellungen verbunden sein *kann*,[52] so zeigt das Beispiel von Villa Ludwigshöhe bei Edenkoben in der Pfalz (seit 1843), dass monarchische Auftraggeber im deutschen Südwesten, ebenso wie Republikaner in den noch jungen USA,[53] auf den antikisierenden Stil und die Bauaufgabe Villa zurückgriffen. Und in der Neugotik, welche deutsch-patriotisch konnotiert war, konnten sich sowohl bürgerliche Auftraggeber als auch Vertreter des alteingesessenen Adels wie Heinrich Friedrich Karl vom und zum Stein, etwa mit dem neogotischen Turm an seinem Schloss in Nassau (seit 1815), identifizieren.[54] War also die Wahl des Stils nicht zwangsläufig deckungsgleich mit den politischen Weltanschauungen, so könnte sich das »liberale« Element der Architektur primär in den Nutzungsformen und im performativen Umgang mit Haus, Garten und Landschaft zeigen und somit bestimmte gesellschaftliche Vorstellungen vermitteln helfen. Betrachtet man die Bauaufgaben im Vormärz hinsichtlich »bürgerlicher« Gattungen, so sticht, neben dem Wohnhaus in der Stadt, neben Infrastruktur-, Verwaltungs- und Bildungsgebäuden oder Denkmälern, die Villa auf dem Land hervor.[55] Der temporäre Aufenthalt außerhalb der Stadt kann als Zeichen bürgerlicher – durchaus auch ökonomischer – Autonomie über den vormals durch den Adel beherrschten und besessenen Raum gelesen werden, sowie in der Aneignung einer früher höfisch-aristokratisch konnotierten Bauaufgabe für bürgerliche Zwecke. So liest man in der 1798 erschienen *Schönen Landbaukunst* von Friedrich Meinert, dass »auf dem Lande [...] Häuser von verschiedenem Charakter« vorkommen, die von verschiedenen Gesellschaftsschichten erbaut sind.[56] Zum individuellen Ausdruck der regionalen (auch: vernekulären) Architektur schreibt er:

> »Jeder charakterisirt sich sein Haus oder seine Wohnung, von Aussen oder von Innen, oder von Aussen und Innen zugleich, nach seinem Stande, nach seiner Lebensweise, nach dem Grade seines Geschmaks und nach seinem Vermögen. Hierdurch entsteht eine Mannichfaltigkeit unter den Landhäusern, welche die Einförmigkeit unterbricht und das Land zum angenehmen Spiele der Phantasie macht.«

Meinert beschreibt die positiven moralischen wie sozialen Auswirkungen des Landlebens:

> »Landbewohner dieser Art vergessen leicht die geräuschvollen Freuden der Städte, benützen ihr Vermögen ungestört, und geniessen die

wahren Vergnügungen des Lebens unbeneidet. Ihr Verstand, ihre Sittlichkeit, und ihr froher Sinn bleibt nicht ohne Früchte; der Landmann, von Natur gut und von städtischer Sitte unverdorben, kultivirt sich, durch solche Muster gereitzt, ohne absichtliche Veranlassung.«[57]

In diesem Kontext stehen auch die oben erwähnten Porträts von Bürgern auf ihren Bergsträßer Landsitzen, die als Hintergrund das charakteristische Landschaftsprofil haben und eine regionale Ikonografie besitzen.[58] Schon in der wichtigsten Gartentheorie des späten 18. Jahrhunderts von Cay Lorenz Hirschfeld findet sich eine ähnliche Überlegung über den »gärtnerisch gestalteten Raum nach Ständen« und seine differenzierten Botschaften an die Betrachter von Gärten und Landhäusern:[59]

»Landhäuser und Gärten sind Zeugen des öffentlichen Geschmacks, die niemals der Politik gleichgültig seyn sollten, [...] weil auch diese Gegenstände eine sittliche Gewalt über die Gemüther der Bürger haben. [...] Ja, bey dem täglichen Anschauen helfen sie die Empfindungen und Begriffe des Reinlichen, Harmonischen, Anständigen, Schönen und Angenehmen, die für die Cultur des Geistes und des Herzens so wichtig sind, verbreiten.«[60]

Es war die Bauaufgabe des sommerlichen Landsitzes des wohlhabenden und freien Stadtbürgers, der an der Bergstraße und in der Pfalz im 19. Jahrhundert vermehrt auftaucht und von den Zeitgenossen als »typisch« beschrieben wird.[61] Auffällig ist die immer wiederkehrende Motivik von landschaftlich besonders schöner Lage in erhöhter Position zum Rheingraben, eine gepflegte Umgebung mit Gärten, die enge Verbindung von Landschaft und Garten schaffen. So erwähnt der Geometer und Historiker Georg Wilhelm Justin Wagner (1793–1874) in seiner 1829 erschienenen *Statistisch-topographisch-historische Beschreibung des Großherzogtums Hessen-Darmstadt* die Villen in den Gemeinden Seeheim und Jugenheim am nördlichen Beginn der Bergstraße:

»Dieser Berg [Heiligenberg], auf dessen Spitze ein freundliches Landhaus stehet, von dem sich eine schöne Aussicht darbietet, ist zu landwirthschaftlicher Benutzung trefflich angelegt, hat über 2000 Stämme der edelsten Obstsorten und einem Weinberg, in welchem Riesling- und Burgunderreben gezogen werden.«[62]

Bauherr dieser Villa mit Landwirtschaftsbetrieb, des späteren Schloss Heiligenberg, war der Jurist und hohe Verwaltungsbeamte Freiherr August

Konrad Hofmann (1776–1841) aus der nahen Residenz Darmstadt.[63] Hofmann erhielt 1810 den Grundbesitz durch Großherzog Ludwig I. und ließ dort vermutlich ab 1814 unter Beteiligung von Hofbaudirektor Georg Moller einen landwirtschaftlichen Betrieb errichten, Wasserleitungen sowie einen Garten anlegen. 1826 gelangte der Heiligenberg in den Besitz von Erbgroßherzogin Wilhelmine von Hessen und bei Rhein, unter der Moller ab 1831 mit weiteren Adaptionen beschäftigt war. Der Blick vom Heiligenberg auf die Rheinebene, wie er etwa vom nach dem Maler benannten Schilbach-Blick möglich ist, wird auch in Hochstätters Beschreibung von 1829 gerühmt:

> »Das naheliegende heitere Landhaus und das schöne Landgut des verehrungswürdigen geheimen Staatsrathes, Freiherrn von Hofmann, verdient auch hier eine Stelle; es liegt am Rande des sogenannten Kaufwaldes und gewährt eine Uebersicht des ganzen Heiligenberges und der weiteren Umgegend.«[64]

Im benachbarten Seeheim sind »auf dem Seeheimer Berge die äußerst schönen Anlagen, mit dem Landhause und den Monumenten Wenks und Höpfners« zum Besuch empfohlen. »Diese Anlagen«, so Wagner 1829, »haben dem verstorbenen dortigen Amtmann, Reg. Rath Pistor Entstehung und Fortbildung zu verdanken. Aus dem hochgelegenen Hause eröffnet sich eine äußerst interessante Aussicht.« Beide, Helfrich Bernhard Wenck (1739–1803) und Ludwig Julius Friedrich Höpfner (1743–1797), waren Repräsentanten der bürgerlichen Aufklärung in Darmstadt und wurden auf dem Landsitz des Beamten Johann Ludwig Pistor (1758–1816) mit Denkmälern geehrt.[65] Diese Anlagen werden auch in der »Wanderungen durch die Bergstraße« von Hochstätter beschrieben:

> Seeheimer Berg, eine Anlage, deren Schöpfer der verstorbene Regierungsrath und Amtmann Pistor war, und hierdurch bewies, daß sein Herz nicht blos dem geräuschvollen Leben der Gerichte hingegeben war, sondern auch warm für schöne Natur schlug. Auf einer breiten Terrasse erhebt sich ein Lusthaus, das gegen die Ebenen des Rheins hinab eine eben so schöne Aussicht wie der Frankenstein gewährt.

Großherzog Ludwig I. von Hessen-Darmstadt erwarb von Pistor das Landhaus in Seeheim mit dem umgebenden Park; sein Sohn Ludwig II. benutzte das Gut unter anderem als Ausweichquartier während der Choleraepidemie der frühen 1830er-Jahre. So avancierten Seeheim und Jugenheim schon um 1800 zu Zentren des suburbanen, adeligen wie bürgerlichen, Villenbaus am nördlichen Beginn der Bergstraße.

Von Heinrich Metzendorf geplante Villa in Heppenheim, Ernst-Ludwig-Straße 14, Tafel 45 aus Oscar Grüner: *Moderne Villen in Meisteraquarellen*, ca. 1905

Eng mit der Bauaufgabe Villa ist die »schöne Aussicht« in die rheinische Tiefebene verbunden.[66] In dieser »beobachtenden Aneignung der Außenwelt« (Schumann) liegt ein weiterer Aspekt liberal-bürgerlicher Architektur, der durch Erker, Fenster, Balkone, Pavillons und Aussichtsplätze unterstützt wird,[67] welche später durch die bürgerlichen Fremdenverkehrs- und Verschönerungsvereine zur Förderung des Fremdenverkehrs angelegt werden (Darmstadt 1863; Jugenheim 1863; Seeheim 1881). Dem damit verbundenen Prozess der »Zivilisierung« und »Verschönerung« der Landschaft vom Wirtschaftsraum zum ästhetisch erfahrbaren Kulturraum, wie er im 19. Jahrhundert auch an anderen Stellen im »liberalen« deutschen Südwesten, etwa in der Umgebung von Kurorten wie Wiesbaden (Herzogtum Nassau), Baden-Baden, Bad Homburg (Landgrafschaft Hessen-Homburg) oder dem schon erwähnten Fürstenlager in Bensheim-Auerbach feststellbar ist, liegt, so Burkhard Fuhs, ein konstruierender, artifizieller Blick auf die Natur zugrunde. Die Berge des Taunus hinter Wiesbaden dienen den Bürgern im Vormärz als Aussichtsplattformen, von denen sich ein »Blick in die kultivierte Rheinlandschaft« bietet, was durchaus als politische Aktion im Vormärz zu sehen ist, schienen doch von oben betrachtet in der Rheinebene »die zahllosen Grenzen, die die deutschen Kleinstaaten politisch zersplitterten, unbedeutend, da sie nicht sichtbar sind: Im Blick ist Deutschland schon geeint«.[68] Von den Wiesbadener Höhen war es sogar möglich, den Blick auf die »einzelnen Ortschaften der Bergstraße, das weithin sichtbare Darmstadt und das ganze Land bis zum Rhein, mit der Umgegend von Frankfurt, Heidelberg, Mannheim, Speier, Worms und Frankenthal; den in blauer Ferne sich verlierenden Schwarzwald, das Wasgau- und Hardtgebirge« zu werfen.[69] Wie Hochstätter in seiner Beschreibung des Ausblicks vom Melibokus auf das vor ihm liegende Rheintal, das er als (romantisch-sentimentales) Geschichts- und Landschaftsbild auffasste, so kann auch in Heinrich Maltens Schilderung der Wiesbadener Verhältnisse ein Bezug zwischen Naturbetrachtung und Gesellschafts- bzw. Geschichtsbild angenommen werden, da beide die Kulturlandschaft der Rheinebene als komplexen geografischen wie politischen Raum von oben panoramaartig wahrnehmen. So spannte sich ein dichtes semantisches Netz von Blickbezügen quer über das Rheintal und zwischen dem nassauischen Wiesbaden im Norden, der Bayerischen Pfalz im Westen und der Hessisch-Darmstädter bzw. Badischen Bergstraße im Osten. Im Auge des Betrachters spielten in diesem Raum wohl nicht die politischen Grenzen, sondern der als einheitliche Kulturlandschaft wahrgenommene, ›schöne‹ Landschaftsausschnitt eine Rolle.

Die Villenbauten versinnbildlichten nicht nur neue ästhetische Sichtweisen, sondern demonstrierten auch das bürgerliche Selbstverständnis und den Machtanspruch des Bürgertums, denn häufig waren die wohlhabenden Bürger die neuen Herren im Lande, die das Dorf- und Kleinstadtleben dominierten.[70] Das wurde von Reisenden und ersten Volkskundlern auch durchaus so wahrgenommen. Dies sei abschließend noch mit einem kleinen Beispiel aus dem Pfalzkreis untermauert. In seiner Studie *Die Pfalz und die Pfälzer* hielt August Becker 1858 beim Anblick des Städtchens Wachenheim fest:

> »Schon lange gibt es nun keine Geburtsaristokratie mehr im Land; ihre Ritterhöfe sind in den Besitz der neuen pfälzischen Aristokratie übergegangen, die sich in diesem ganz bürgerlichen Land aus den großen und reichen Weinhändlern und Gutsbesitzern […] gebildet hat. Keiner von den alten Höfen der Dalberge, Wartenberge, Wachenheimer usw. erreichte je den Glanz und die bequeme Pracht der neuerbauten Landsitze im Süden der Stadt, die selbst mit den Villen der Könige unserer Zeit mithalten können.«[71]

Fazit

Der Ausgangspunkt des Beitrags war die Identifizierung liberaler Regionen im deutschen Südwesten, die sich vor allem durch die frühzeitige Umsetzung liberaler aus Frankreich kommender Reformen auszeichneten und in vielfältige Integrationsprozesse im Vormärz eingebunden waren. Ihre Bewohner entwickelten auf dieser Basis ein neues Selbst- und Regionalbewusstsein, das sie offensiv in ihren jeweiligen Herrschaften vertraten. Zunehmend wurden die Regionen daher auch von Außenstehenden als »liberale« Regionen bzw. Gegenden mit liberalen Institutionen und Netzwerken wahrgenommen. Das Engagement der Liberalen ging jedoch auch über ihre Regionen hinaus. Sie vernetzten sich und entwickelten einen regen Austausch in Kontaktzonen wie etwa der Bayerischen Pfalz oder der Hessischen und Badischen Bergstraße.

Im zweiten Schritt wurde angedeutet, dass diese liberalen Regionen sich einerseits durch eine verändernde Wahrnehmung der Landschaft als bürgerlicher Verfügungs- und Erlebnisraum auszeichnen und andererseits die Bauaufgabe der ländlichen Villa als Ausdruck eines möglicherweise liberalen Zeitgeists gelesen werden kann, der sich in einem Spannungsverhältnis zu den Bautätigkeiten der Landesherrschaften befand. Im dritten Teil wurde auf die architektonischen Diskurse um 1900 hingewiesen, welche erneut, wie schon im frühen 19. Jahrhundert, anhand des Villenbaus, den Zusammenhang von Landschaft, Baukunst und Politik thematisierten. Weitere Forschungen zur Verflechtung von politischem Ideenhaushalt des Liberalismus und der Architekturgeschichte des 19. Jahrhunderts sind jedoch nötig, um den »Regionsmachern« im deutschen Südwesten und ihren ›liberalen Landschaften‹ noch genauer auf die Spur zu kommen. Hierzu wäre es unter anderem nötig, vergleichende Studien zu anderen mittel- und süddeutschen Klein- und Mittelstaaten, zur freien Stadt Frankfurt am Main, zur angrenzenden Schweiz, zum nachrevolutionären Frankreich oder zu den Mutterländern des Liberalismus, dem Vereinigten Königreich oder gar den Vereinigten Staaten von Amerika, anzustellen.

0 Der hier veröffentlichte Text geht auf den gleichnamigen Vortrag auf der Konferenz »Regionsmacher in (Ost-)Mitteleuropa« zurück, die im Mai 2019 am Deutschen Historischen Institut Warschau stattfand. Wir danken den Herausgeber*innen, Dr. Sabine Jagodzinski und Prof. Dr. Miloš Řezník, für die Genehmigung, den Beitrag hier noch vor der Veröffentlichung des Warschauer Tagungsbands zu platzieren. Wir möchten uns außerdem bei Joachim Horn, Jürgen Kerwer und Holger Zinke für die Aufnahme unseres Artikels in den hiesigen Band bedanken.

1 Johann D. Hochstätter, Meine Wanderungen durch die Bergstraße nach zehnjährigen Beobachtungen und Erfahrungen aufgezeichnet. Ein getreuer Wegweiser für die so die Bergstraße angenehm und mit Nutzen bereisen wollen, Darmstadt 1829, o. S.

2 Gemäß der Systematik des Handbuchs der naturräumlichen Gliederung Deutschlands gehört die Region »Bergstraße« (Nr. 226) zum Schichtstufenland beiderseits des Oberrheingrabens (Großregion 1. Ordnung), innerhalb dessen zum Oberrheinischen Tiefland (Großregion 2. Ordnung) und innerhalb dieses zum Nördlichen Oberrheintiefland, vgl. Emil Meynen / Josef Schmithüsen, Handbuch der naturräumlichen Gliederung Deutschlands, 3. Lieferung, Remagen / Bad Godesberg 1956.

3 Grundlegend nach wie vor aus kunsthistorischer Perspektive: Martin Warnke, Politische Landschaft. Zur Kunstgeschichte der Natur, München / Wien 1992, sowie zur Malerei der Romantik: Christian Scholl, Caspar David Friedrich und seine Zeit, Leipzig 2015; Ders., Romantische Malerei als neue Sinnbildkunst. Studien zu Bedeutungsgebung bei Philipp Otto Runge, Caspar David Friedrich und den Nazarenern, München / Berlin 2007.

4 Wolfgang Albrecht, Kultur und Physiologie des Wanderns. Einleitende Vorüberlegungen eines Germanisten zur interdisziplinären Erforschung der deutschsprachigen Wanderliteratur, in: Wanderzwang – Wanderlust. Formen der Raum- und Sozialerfahrung zwischen Aufklärung und Frühindustrialisierung, hg. v. Dems., Tübingen 1999, S. 1–13, hier S. 3.

5 Vgl. einführend zum Motiv des ästhetisch-moralischen Blicks auf die Landschaft vom Berg seit Petrarca: Hansjörg Küster, Die Entdeckung der Landschaft. Einführung in eine neue Wissenschaft, München 2012.

6 Hochstätter, Wanderungen, o. S.

7 Ebd.

8 Werner Busch, Skizze, Atmosphäre und Bildgesetzlichkeit. Die unklassische Landschaft 1770–1850, in: Thorvaldsens Museum Bulletin, 1997, S. 59–72, hier S. 59.

9 Zu den ästhetischen Wahrnehmungskategorien von Landschaft, die auch die Gartenkunst seit dem 18. Jahrhundert zusehends prägten, siehe u. a. Richard Faber / Christine Holste (Hg.), Arkadische Kulturlandschaft und Gartenkunst. Eine Tour d'horizon, Würzburg 2010; Christian Kämmerer, Die klassisch-heroische Landschaft in der niederländischen Landschaftsmalerei, 1675–1750, Berlin 1975.

10 Wolfgang Albrecht: Durchs »malerische und romantische« Deutschland. Wanderliteratur der Biedermeier- und Vormärzepoche, in: Wanderzwang – Wanderlust, S. 215–238, hier S. 218.

11 Thomas Etzemüller, Romantischer Rhein – Eiserner Rhein. Ein Fluß als *imaginary landscape* der Moderne, in: Historische Zeitschrift 295 (2012), 2, S. 390–424, hier S. 392.

12 Ebd., S. 393.

13 Zum Beispiel: Liberalismus und Region. Zur Geschichte des deutschen Liberalismus im 19. Jahrhundert, hg. v. Lothar Gall / Dieter Langewiesche, München 1995.

14 Dieter Hein: Die bürgerlich-liberale Bewegung in Baden, in: Gall/Langewiesche (Hg.), Liberalismus und Region, S. 19–39.

15 Zum Beispiel in: Karl Heinrich Pohl: »Einig«, »kraftvoll«, »machtbewusst«. Überlegungen zu einer Geschichte des deutschen Liberalismus aus regionaler Perspektive in: Historische Mitteilungen 7 (1994), Heft 1, S. 62–80.

16 Miloš Řezník, Regionalität als historische Kategorie, in: Regionalität als historische Kategorie. Ostmitteleuropäische Perspektiven, hg. v. Sabine Jagodzinski et al., Osnabrück 2019, S. 13–57, hier S. 31.

17 Ebd.

18 Zu den Übergangs- und Integrationsprozessen in diesen Gebieten: »auf ewige Zeiten zugehören«. Die Entstehung der bayerischen Pfalz 1816, hg. v. Lenelotte Möller et al., Ubstadt-Weiher 2016; Das Rheinland auf dem Weg nach Preußen 1815–1822, hg. v. Thomas P. Becker, Köln 2019; Gunter Mahlerwein, Rheinhessen 1816–2016. Die Landschaft – Die Menschen, Mainz 2016.

19 Hierzu Henning Türk, Ludwig Andreas Jordan und das Pfälzer Weinbürgertum. Bürgerliche Lebenswelt und liberale Politik im 19. Jahrhundert, Göttingen 2016; Rudolf Boch, Grenzenloses Wachstum? Das rheinische Wirtschaftsbürgertum und seine Industrialisierungsdebatte 1814–1857, Göttingen 1991, S. 35–37.

20 Zu diesen regionalen politischen Institutionen vgl. den zeitgenössischen Aufsatz von Karl Steinacker, Provinzialstände, Landrath, Departementalrath, in: Staats-Lexikon oder Encyclopädie der Staatswissenschaften, hg. v. Carl von Rotteck / Carl Theodor Welcker, Bd. 13, Altona 1842, S. 262–306.

21 Gerhard Armbrüster, Der Landwirtschaftliche Verein für Rheinhessen unter der Präsidentschaft Heinrich von Gagerns, Bechtolsheim 1966; Frank Möller, Heinrich von Gagern. Eine Biographie, unveröffentlichte Habilitationsschrift, Jena 2003, S. 152 f.

22 Wilhelm Heinrich Riehl, Die Pfälzer. Ein rheinisches Volksbild, Stuttgart / Augsburg 1857, S. 233.

23 AUGUST BECKER, Die Pfalz und die Pfälzer, Leipzig 1858, S. 37.

24 ELISABETH FEHRENBACH, Traditionale Gesellschaft und revolutionäres Recht. Die Einführung des Code Napoléon in den Rheinbundstaaten, Göttingen 1974.

25 ILSE SPANGENBERG, Hessen-Darmstadt und der Deutsche Bund 1815–1848, Darmstadt 1969, S. 7.

26 Diese Suche nach einer neuen Identität und ihre Verbindung zum Liberalismus sind zumindest für die bayerische Pfalz vertieft untersucht worden. Siehe WILHELM KREUTZ: Regionale Identitätsbildung: Die Pfalz im langen 19. Jahrhundert, in: BRIGITTE HERRBACH-SCHMIDT/HANSMARTIN SCHWARZMAIER (Hg.): Räume und Grenzen am Oberrhein, Ostfildern 2012, S. 221–238; CELIA APPLEGATE: Zwischen Heimat und Nation. Die pfälzische Identität im 19. und 20. Jahrhundert, Kaiserslautern 2007.

27 ŘEZNÍK, Regionalität, S. 45.

28 Einleitende Überlegungen zum Zusammenspiel von politischem System und (architektonischer bzw. visueller) Repräsentation finden sich u. a. bei MARTIN WARNKE (Hg.), Politische Architektur in Europa vom Mittelalter bis heute – Repräsentation und Gemeinschaft, Köln 1984; KLAUS VON BEYME, »Demokratie, Parlament und Öffentlichkeit Die Visualisierung demokratischer Grundprinzipien im Parlamentsbau«, in: Architektur und Demokratie. Bauen für die Politik von der amerikanischen Revolution bis zur Gegenwart, hg. v. INGEBORG FLAGGE, Stuttgart 1992, S. 32–45.

29 ULRICH MAXIMILIAN SCHUMANN, »Die Innenwelt der Außenwelt der Innenwelt«. Architektur und Liberalismus 1848–1933, in: Architektur als politische Kultur. Philosophica Practica, hg. v. HERMANN HIPP / ERNST SEIDL, Berlin 1996, S. 225–236, hier S. 228.

30 Vgl. Flagge 1992; HAGEN P. EYINK, Demokratie als Bauherr. Die Bauten des Bundes in Berlin 1991–2000, Hamburg 2000; BERNHARD SCHÄFERS, Soziologie der Architektur und der Stadt, Bd. 1: Architektursoziologie. Grundlagen – Epochen – Themen, 2., durchges. Aufl., Wiesbaden 2006, insbes. S. 169–181; MARTIN SEIDEL, Architektur der Demokratie. Bauten des Bundes 1990–2010, Ostfildern 2009; ANNA MINTA (Hg.), Parlamentarische Repräsentationen. Das Bundeshaus in Bern im Kontext internationaler Parlamentsbauten und nationaler Strategien, Bern 2014.

31 Zum Zusammenhang von Architektur und liberaler Demokratie in den USA vgl. u. a. ALLAN GREENBERG, The Architecture of Democracy. American Architecture and the Legacy of the Revolution, New York 2006; RALPH G. GIORDANO, The Architectural Ideology of Thomas Jefferson, Jefferson, NC 2012; ANNA MINTA: Staatsbauten und Sakralarchitektur in Washington/DC. Stilkonzepte patriotischer Baukunst, Berlin 2015.

32 Vgl. Georg Moller (1784–1852). Bauten und Projekte des großherzoglichen Staatsbaumeisters in Hessen-Darmstadt, hg. v. MICHAEL GROBLEWSKI Berlin 2015; Georg Moller. Symposium aus Anlass seines 150. Todestages am 13. März 2002 im Hessischen Landtag in Wiesbaden, hg. v. NORBERT KARTMANN, Wiesbaden 2004; Darmstadt in der Zeit des Klassizismus und der Romantik, hg. v. BERND KRIMMEL, Darmstadt 1978.

33 Vgl. Friedrich Weinbrenner 1766–1826. Architektur und Städtebau des Klassizismus, hg. v. BRIGITTE BAUMSTARK et al., Petersberg ^{2}2015; ULRICH MAXIMILIAN SCHUMANN, Friedrich Weinbrenner. Klassizismus und »praktische Ästhetik«, Berlin / München 2010.

34 Andeutungen in diese Richtung finden sich bei ULRICH MAXIMILIAN SCHUMANN, Friedrich Weinbrenner. Worte und Werke, Bad Saulgau 2017.

35 Vgl. CLAUS DREYER, Politische Architektur als Bedeutungsträger, in: Wolkenkuckucksheim. Internationale Zeitschrift zur Theorie der Architektur 6 (September 2001), 1, o. S. mit Literaturliste, https://www.cloud-cuckoo.net/openarchive/wolke/deu/Themen/011/Dreyer/dreyer.htm [17.04.2020].

36 Zum beginnenden Massentourismus im 19. Jahrhundert einführend: RÜDIGER HACHTMANN, Tourismus und Tourismusgeschichte, in: Docupedia-Zeitgeschichte, 22.12.2010, http://dx.doi.org/10.14765/zzf.dok.2.312.v1 [20.12.2019]; DERS., Tourismus-Geschichte, Göttingen 2007.

37 Vgl. einführend zur Tourismusgeschichte an der Bergstraße: ECKHART G. FRANZ, Unter dem »lateinischen« Himmel der Bergstraße. Bade- und Burgen-Tourismus in der Vor-Eisenbahn-Zeit, in: Reisebilder aus Hessen. Fremdenverkehr, Kur und Tourismus seit dem 18. Jahrhundert, hg. v. ULRICH EISENBACH / GERD HARDACH Darmstadt 2001, S. 61–72.

38 Vgl. ECKHART G. FRANZ, Die Bergstraße in der Fremdenverkehrs-Werbung des frühen 19. Jahrhunderts. Faksimile-Ausgabe der Stahlstich-Panoramen von Heinrich Rosenkranz und George Lambert 1831/1842/1848, Darmstadt 2002.

39 GEORG WILHELM JUSTIN WAGNER, Statistisch-topographisch-historische Beschreibung des Großherzogtums Hessen-Darmstadt, Bd. 1: Provinz Starkenburg, Darmstadt 1829, S. 16.

40 Vgl. zu ähnlichen Phänomenen an Rhein und Mosel: CHRISTIANE HÄSLEIN, »... not easily accessible.« Englische Maler auf Rhein und Mosel bis 1850, in: CLAUDIA DENK / ANDREAS STROBL (Hg.), Landschaftsmalerei, eine Reisekunst? Mobilität und Naturerfahrung im 19. Jahrhundert, Berlin / München 2017, S. 87–100.

41 WOLFGANG KLÖTZER, Die Hallgartener Versammlungen. Auf dem Weg zur Frankfurter Nationalversammlung, in: Hessen 1848. Zur Vorgeschichte der Revolution, hg. v. BERND HEIDENREICH, Wiesbaden 1999, S. 52–60; WOLFGANG KLÖTZER, Um Freiheit und deutsche Einheit. Unbekannte Itzstein-Briefe aus dem Vormärz, in: Darstellungen und Quellen zur Geschichte der deutschen Einheitsbewegung im neunzehnten und zwanzigsten Jahrhundert, Bd. 1, Heidelberg 1957, S. 119–155; BIRGIT BUBLIES-GODAU, Johann Adam von Itzstein (1756–1855). Vom Mainzer Jakobinerklub zur Frankfurter Nationalversammlung: Vorkämpfer, Wortführer und Spitzenpolitiker der bürgerlichen Verfassungs- und Demokratiebewegung, in: Akteure eines Umbruchs. Männer und Frauen der Revolution von 1848/49, hg. v. WALTER SCHMIDT, Bd. 3, Berlin 2010, S. 303–357.

42 Zum Deidesheimer Kreis: TÜRK, Ludwig Andreas Jordan.

43 Roland Hoede, Die Heppenheimer Versammlung vom 10. Oktober 1847, Frankfurt am Main 1997; Birgit Bublies-Godau: Das Vermächtnis der Versammlungen – Heppenheim als Erinnerungsort der freiheitlichen Demokratie und des politischen Liberalismus in Deutschland, in: Jahrbuch zur Liberalismus-Forschung 22 (2010), S. 79–106.

44 Auch der zum Großherzogtum Baden gehörende Nordschwarzwald mit seiner Kurstadt Baden-Baden oder das Pfälzer Haardtgebirge (die heutige Weinstraße) entwickeln sich seit dem frühen 19. Jahrhundert zu wichtigen internationalen wie überregionalen Tourismusregionen, vgl. zum Beispiel Iris Baumgärtner, Landpartien Nordschwarzwald. Baden-Baden, Rastatt, Ettlingen, Karlsruhe-Durlach, hg. v. Stadtmuseum Rastatt et al., Baden-Baden u. a. 2019.

45 Zu überlegen wäre in etwa, ob es kausale Zusammenhänge zwischen Formen des politischen Geschichtstourismus im Sinne einer Erinnerungskultur an den frühen Liberalismus und an die »liberale Region« des Oberrheingrabens, wie er für die USA früh feststellbar ist, auch am Oberrhein des 19. Jahrhunderts gab, vgl. Richard H. Gassan, The Birth of American Tourism. New York, the Hudson Valley, and American Culture, 1790–1830, Amherst 2008. Für andere Tourismusformen im Oberrheingebiet, zum Beispiel den im 19. Jahrhundert einsetzenden Weintourismus: Hans Sarkowicz, Das irdische Paradies. Weintourismus im Rheingau, in: Reisebilder aus Hessen, S. 365–372. Zum Geschichtstourismus: Reisen in die Vergangenheit. Geschichtstourismus im 19. und 20. Jahrhundert, hg. v. Angela Schwarz / Daniela Mysliwietz-Fleiss, Wien u. a. 2019.

46 Vgl. Claudia Groeschel, Das Fürstenlager in Auerbach an der Bergstraße. Vom Kurpark zur Meierei, in: Die Gartenkunst 10 (1998), 1, S. 75–86.

47 Ebd., S. 81.

48 Zum Zusammenhang von Landschaftsmalerei und Gartenkunst im 19. Jahrhundert vgl. u. a. Iris Lauterbach, Werdende Bilder im Übergange: Gartenkunst und Landschaftsmalerei, in: Parkomanie. Die Gartenlandschaften des Fürsten Pückler in Muskau, Babelsberg und Branitz, hg. v. Kunst- und Ausstellungshalle der Bundesrepublik Deutschland, München u. a. 2016, S. 41–53, insbes. S. 50 f.

49 Vgl. Sigrid Lange / Matthias von der Bank (Hg.), Vom Rhein nach Italien. Auf den Spuren der Grand Tour im 19. Jahrhundert, Petersberg 2019.

50 Vgl. Golo Maurer, Italien als Erlebnis und Vorstellung. Landschaftswahrnehmung deutscher Künstler und Reisender 1760–1870, Regensburg 2015.

51 Vgl. Peter Märker, Carl Philipp Fohr 1795–1818. Monographie und Werkverzeichnis, München 2015; Romantik im Rhein-Main-Gebiet, hg. v. Mareike Hennig, Petersberg 2015; Romantik an Rhein und Main. Eine Topografie, hg. v. Wolfgang Bunzel, Darmstadt 2014; August Lucas – wer Engel sucht, hg. v. Ralf Beil, Ostfildern 2013; Kunstlandschaft Rhein-Main. Malerei im 19. Jahrhundert 1806–1866, hg. v. Manfred Grossinsky Frankfurt am Main 2000; Darmstadt in der Zeit des Klassizismus und der Romantik; Gisela Bergsträsser, Johann Heinrich Schilbach. Ein Darmstädter Maler der Romantik, Darmstadt 1959.

52 Vgl. zuletzt Llyod de Witt / Corey Piper (Hg.), Thomas Jefferson Architect. Palladian Models, Democratic Principles, and the Conflict of Ideas, New Haven / London 2019.

53 Vgl. Barry Bergdoll, Books, Buildings, and the Spaces of Democracy: Jefferson's Library from Paris to Washington, in: Witt / Piper, Jefferson Architect, 2019, S. 65–79.

54 Für den Hinweis danken wir Dr. Meinrad von Engelberg (TU Darmstadt).

55 Gleichwohl sei hier auf die notwendigen Differenzierungen hinsichtlich dieser ›herrschaftlichen‹ Bauaufgabe gerade im 19. Jahrhundert zwischen Aristokratie und Bürgertum hingewiesen, vgl. u. a. Reinhard Bentmann, Die Villa als Herrschaftsarchitektur. Versuch einer kunst- und sozialgeschichtlichen Analyse, Frankfurt am Main 1970; Wolfgang Brönner, Die bürgerliche Villa in Deutschland 1830–1890, 2., leicht verbess. Aufl., Worms 1994.

56 Hier und im Folgenden Friedrich Meinert, Die schöne Landbaukunst oder Neue Ideen und Vorschriften zu Landgebäuden, Landhäusern und Oekonomie-Gebäuden im gefälligen; Ideen zu Gebäuden für öffentliche und Privatbelustigungen, ingleichen zu Gebäuden im ernsthaften aber edlen Style, in Grundrissen, Aufrissen und Durchschnitten, Leipzig 1798, S. 1.

57 Ebd., S. 4.

58 Vgl. Barbara Bott, Gemälde hessischer Maler des 19. Jahrhunderts im Hessischen Landesmuseum Darmstadt, Heidelberg 2003.

59 Burkhard Fuhs, Mondäne Orte einer vornehmen Gesellschaft. Kultur und Geschichte der Kurstädte 1700–1900, Hildesheim 1992, S. 107.

60 Cay Lorenz Hirschfeld, Theorie der Gartenkunst, Bd. I, Leipzig 1780, S. 157, zitiert nach Fuhs, Mondäne Orte, S. 107.

61 Eine Übersicht über die Anhäufung von Landsitzen am nördlichen Beginn der Bergstraße bei Franz, Unter dem »lateinischen« Himmel, S. 66.

62 Wagner, Statistisch-topographisch-historische, S. 119.

63 Vgl. Wigand's Conversations-Lexikon für alle Stände, Bd. 6: Griechenland-Instruction, Leipzig 1848, S. 710– 711. Zur weiteren Baugeschichte von Schloss Heiligenberg unter Moller: Eva Huber, Georg Moller, in: Darmstadt in der Zeit des Klassizismus und der Romantik, S. 85–219, hier S. 194–198.

64 Hochstätter, Meine Wanderungen, S. 15.

65 Zu Pistor vgl. Franz, Unter dem »lateinischen« Himmel, S. 66.

66 Vgl. zu frühen Blickinszenierungen in die Landschaft: GERD BLUM, Naturtheater und Fensterbild. Architektonisch inszenierte Aussichten der frühen Neuzeit, in: Das Auge der Architektur. Zur Frage der Bildlichkeit in der Baukunst, hg. v. ANDREAS BEYER / MATTEO BURIONI, München 2011, S. 177–219.

67 SCHUMANN, »Die Innenwelt«, S. 229.

68 FUHS, Mondäne Orte, S. 445.

69 HEINRICH MR. MALTEN, Wiesbaden und seine Umgegend. Mit nach der Natur aufgenommenen Ansichten, Darmstadt / Wiesbaden 1842, S. 61.

70 Vgl. BRÖNNER, Die bürgerliche Villa.

71 BECKER, Die Pfalz, S. 147 f.

Hotel Felsberg, Bauzeit 1892–95, Repro: Walter Koepff/Reichenbach

11. EINE OPTIMISTISCHE WELT? EIN EPILOG

Holger Zinke

Im 19. Jahrhundert wurde eine Region geformt, die heute wie kaum eine andere für wirtschaftlichen Erfolg, Mobilität, Internationalität und gesellschaftliche Diversität steht, dies alles verbunden mit einer hohen Lebensqualität. Was sich liest wie eine Passage aus dem Prospekt einer beliebigen Wirtschaftsförderungsgesellschaft, in dieser Region gerne illustriert mit der Frankfurter Skyline und dem Blick auf den roten Sandstein des Heidelberger Schlosses, lohnt eine genauere Analyse. Dabei wird deutlich, dass der Blick einer solchen Analyse über die bloße werbliche Behauptung hinaus tatsächlich auf eine erstaunlich kohärente und starke Wirtschaft und eine entsprechende Gesellschaft fällt.

Was hat zu dieser Stärke, Diversität und Balance in Wirtschaft und Gesellschaft geführt? Womöglich Optimismus? Sicher nicht Wirtschaftsförderung, Jobcenter oder Integrationsmaßnahmen, wie wir sie heute kennen. Die wissenschaftlichen Autoren sprechen von einer »Gunstregion« und meinen damit primär die klimatischen und landschaftlichen Vorzüge,

Anzeige des Hotels auf dem Felsberg, 1887

Anzeige »Luftkurort und Pension Felsberg«, um 1900

manchmal wird auch die Lage »in der Mitte Europas« oder die Verkehrsinfrastruktur als »Gunst« begriffen. Aber dies sind bei näherer Betrachtung vermutlich eher Randbedingungen einer anderen, eher im kulturellen Bereich liegenden Entwicklung. Diese Randbedingungen haben es ermöglicht oder gefördert, aus der »Region« einen (optimistischen?) Kulturraum zu formen. Und dieser Kulturraum wurde nicht nur von Menschen geschaffen und hat über Jahrhunderte Menschen aus anderen Regionen und Nationen angezogen. Tatsächlich scheint der Kulturraum umgekehrt auch die Menschen geformt zu haben, die dann ihren Optimismus beispielsweise in Unternehmens-, Partei-, Stiftungs- oder Vereinsgründungen umgesetzt haben. Der »Südwesten« war und ist reich an derlei Aktivitäten, die unter anderem geeignet waren, erste demokratische Strukturen zu schaffen, weiterzuentwickeln oder gar die Menschen ermutigt haben, revolutionären Geist als Pioniere auf dem Hambacher Fest oder in der Paulskirche zu zelebrieren. Der Kulturraum ist auch heute geprägt von dezentralen Strukturen, es gibt kein dominantes Zentrum, sondern bis heute eine »Kleinstaaterei« – ständig unterbrochen von Ländergrenzen, angrenzend an andere bedeutende Kulturräume, die mitunter (um hier noch weiter in die Vergangenheit zu blicken) mit römischen Besatzern umgehen mussten, mit dem Kloster Lorsch im frühen Mittelalter ein geistiges Zentrum Europas in seiner Mitte hatten, dann die Schockwellen der französischen Revolution aushielten und, angekommen im 19. Jahrhundert, einen Demokratieprototyp entwickelten.

Vielleicht war es die Vielfalt an gesellschaftlichen und wirtschaftlichen Optionen, die verbunden mit der »Gunst« der Region den Menschen ein optimistisches »Mindset« vermittelt hat, sodass eine bis heute diverse Wirtschaftsstruktur durch viele Unternehmensgründungen die logische Folge war. Es ist auch vielleicht kein Zufall, dass ausgerechnet das einzige deutsche Unternehmen der jüngeren Wirtschaftsgeschichte, das den Weg vom kleinen Technologieunternehmen zum Weltkonzern gemeistert hat, von fünf IBM-Kollegen ausgerechnet hier im pittoresken Weinheim an der Bergstraße gegründet wurde und über seine Gründer bis heute mit der Region verzahnt ist (»Systemanalyse und Programmentwicklung«, die heutige SAP SE, das mit großem Abstand wertvollste deutsche Unternehmen). Ignoriert man die Landesgrenzen und zieht eine kerzengerade Nord-Süd-Linie von Frankfurt über Heidelberg nach Karlsruhe, so ist durchaus ein europäisches Silicon Valley zu erkennen, das indes nicht so bunt und schrill wie die kalifornische Referenz daherkommt.

Diese Entwicklungen zu studieren, die Netzwerkbildungen zu verstehen, die Motivationen der Akteure zu begreifen, die förderlichen Rahmenbedingungen zu analysieren, um sie vielleicht vorteilhaft weiter zu gestalten, ist eine hochkomplexe und hochmoderne Forschungsangelegenheit, die nur interdisziplinär zu leisten ist. Und diese Art von Forschung ist in Zeiten der Globalisierung und des Umbruchs am Ende des »fossilen Zeitalters« vielleicht auch sehr nötig. Das Studium einer »optimistischen Welt« ist damit kein isolierter Diskurs von spezialisierten Historikern, nicht nur das Betrachten von Bildern und Texten vergangener Zeiten, die mitunter kurios und »wie aus einer anderen Welt« anmuten. Es geht um nicht weniger als um das Verständnis der kulturellen Grundlagen eines über Jahrhunderte entstandenen, stabilen und vorbildlichen »Innovationssystems«, welches diese andere Welt zu einer optimistischen Welt machte. Diese Betrachtung von Grundlagen und Perspektiven ist womöglich inhaltlich lohnender, intellektuell ansprechender und auch zukunftsträchtiger als die politische Pflege des Narrativs mit den immergleichen Phrasen von Zukunftsgestaltung durch Wirtschaftsförderung oder der aktiven Industriepolitik mit Deutschland als Technologieführer, »führender« Industrienation und Exportweltmeister. Man kann frech und verwegen die Frage stellen, ob diese Region jemals Gegenstand einer Wirtschaftsförderung durch Subvention war. Wenn Subventionen geflossen sind, dann bestimmt in Branchen und Strukturen, die heute untergegangen sind, so könnte man noch frecher vermuten. Freilich war es die Schaffung von (Verkehrs-) Infrastruktur, die katalytisch gewirkt hat und so Wirtschaftsförderung war. Aber die Region stellt in Ihrer wirtschaftlichen Kraft und auch landschaftlicher Schönheit vielleicht den Gegenentwurf des heutigen Denkmusters von Wirtschaftsförderung dar, die annimmt, durch staatliche Planung und Kanalisierung von Geld »nachhaltige« Strukturen schaffen zu können. Es sind eher die kulturellen Rahmenbedingungen und das davon geprägte optimistische Mindset der Menschen und der Gesellschaft, die fortschrittliche und nachhaltige Strukturen und Verhältnisse schaffen können.

Die kurze Episode eines Kurbetriebs in Jugenheim in der zweiten Hälfte des 19. Jahrhunderts mit Präsenz des europäischen Hochadels ist ein wunderbares Studienobjekt für eine Untersuchung dieses »Optimismus«. Nimmt man heute Kurorte wie Wiesbaden oder Bad Homburg, oder im erweiterten Umfeld Baden-Baden, Bad Ems oder Bad Kissingen (das »Weltbad«) noch als Stätten der Begegnung von Adel und Bürgertum, Politik, Wirtschaft und Kultur wahr, so ist diese Erinnerung an der Bergstraße fast verschwunden. Wahrscheinlich war die Episode zu kurz und auch baulich zu wenig prägend. Das Schloss Heiligenberg jedoch ist ein eher seltenes bauliches Zeugnis eben dieser Zeit. Es ist wichtig, diese »optimistische Welt« in Erinnerung zu halten, da sie eine Initialzündung des Aufbruchs in die Moderne war und bis heute fortwirkt. Wie schon im vorigen Tagungsband zu lesen war, ist damals eine Basis für Zukunftsfähigkeit entstanden.

Auch dieses Buch wird sicher nicht das letzte zu Veranstaltungen an diesem Ort bleiben, denn die freundschaftliche Zusammenarbeit der Stiftung Heiligenberg und der Akademie auf dem Felsberg, die fruchtbare Forschung ermöglicht, ist bereichernd für uns alle. Diese Zusammenarbeit wird fortgesetzt. Allen Mitveranstaltern, Organisatoren, Forschern, Autoren und Referenten möchte ich herzlichen Dank für das Engagement aussprechen.

Dr. Holger Zinke

Schloss Heiligenberg bei Seeheim-Jugenheim

NACHWORT

Alexander Jehn

Sehr geehrte Damen, sehr geehrte Herren,
die Zeit drängt immer. Oder wie Goethe wohlklingender schrieb: »Die Zeit, sie mäht so Rosen als Dornen. Aber das treibt immer wieder von vornen.« Mich treibt es auch von allen Seiten, eine kleine launige Bilanz des Kolloquiums zu ziehen. Vier Blitzlichter, vier Bilder sind mir eben eingefallen.

Blitzlicht eins: Es gab mal einen gesättigten, reichen Adligen, Johann Friedrich Karl Maximilian von Ostein, der wohnte in Mainz, wusste mit seinem Geld, er war schließlich der Neffe des Mainzer Erzbischofs, nicht viel anzufangen und beschloss, Bäume zu pflanzen. Das war so um 1760, zu dieser Zeit war das in Europa ganz selten. Denn da blühten noch die sogenannten Französischen Gärten, also stramm geradeaus, immer rechts und rechter Winkel. Und von Ostein ging und nahm sich eine beschauliche Höhe aus – die im heute so bezeichneten Oberen Mittelrheintal liegt –, ungefähr da, wo später das Niederwalddenkmal steht, und pflanzte Bäume. Das machte dieser Mensch dreißig Jahre lang, baute Grotten, Türme, und irgendwann kamen die ersten aus den Orten heraus und sagten: Mensch, die vielen Leute, die dort hochwollen, da habe ich einen Esel, da setze ich die drauf, die wollen ja nicht zu Fuß da hochlaufen. Man begann Werbeprospekte zu drucken und diese Gegend zu entwickeln. Hundert Jahre später sammelten Menschen Gelder für ein Nationaldenkmal. Das war damals en vogue. Ludwig I. von Bayern hatte es vorgemacht, als er die Walhalla baute. Im Rheintal, wo man bislang nur Ritterburgen wiederaufbaute, wollte man auch so etwas haben. Eine Germania sollte her, und man schrieb erst einmal die Reichfürsten an, die waren damals die Staatsmacht. Die haben 50 Mark gespendet, 100 Mark, 5000 Mark. Obendrauf kam die Bronze von erbeuteten französischen Geschützen 1870/71. Aber wer hat das meiste Geld gespendet? Es waren die Winzer und Gewerbehändler, die merkten, dass sich hier im Rheingau was tut und Tourismus entstehen könnte. Herr Zinke hat das Wort Innovation genannt. Also ich sage, überall da, wo sich Menschen wie Daniel Düsentrieb zusammentun, ohne dass sie in Schranken verwiesen oder ihnen Beine gestellt werden, da kann etwas passieren. Und hier an der Bergstraße ist etwas passiert.

Das zweite Bild, das ich Ihnen vor Augen stellen möchte, jetzt werden Sie völlig lachen, Sie kennen diesen Film. Zu Weihnachten kommt er immer wieder: »Franzl!« »Sissi, ich bin so glücklich!« Es sind die drei Sissi-Filme. Und in diesem Moment sind Sie, auch wenn Sie vor dem Fernseher sitzen, durchaus glücklich. Aber kurz danach kennt man das, was man in der Regie das retardierende Moment nennt. Sissi hört plötzlich im zweiten Film, sie sei krank und Franz ist furchtbar traurig. Nun muss sie Wien verlassen und geht zur Sommerfrische auf Reisen. Und sie nimmt den trotteligen Obersten mit, der sich an jedem Ort immer neu verliebt. Sissi-selig denkt man nicht darüber nach, dass zur damaligen Zeit Krankheiten wie Tuberkulose Massenkrankheiten waren. Ruhr, Diphterie. Diese Geschichten, die Ablösung der Säftelehre und die Entwicklung neuerer Medizin – ich komme jetzt nicht auf irgendwelche Viren zu sprechen – sind ein Prozess, an dem auch die Bergstraße im Sinne einer Begleitung ihren wesentlichen Anteil hat. Auf dem Heiligenberg hätten auch Sissi und ihr Franzl gesunde Luft abseits miefiger Zentren und wuchernder Fabrikschlote atmen können. Sommerfrische quasi als Mini-Kur.

Das dritte Blitzlicht bezieht sich dann auch schon direkt auf diesen Ort. Denn 1857, also rund hundert Jahre nachdem dieser Adlige einen ersten Englischen Garten baute, den sogenannten Osteinschen Park, beauftragten die Landstände des Großherzogtums Hessen den Hofheimer Klinikdirektor, Georg Ludwig, ein neues Krankenhaus zu konzipieren. Ja, mein Gott, was ist daran jetzt innovativ, könnte man fragen. Nun gut, man suchte sich eine verkehrsgünstige Lage aus, eine reizvolle Landschaft, wie es in der Ausschreibung hieß, und so kam man an die Bergstraße und baute in Heppenheim. Aber jetzt baute man nicht so ein Krankenhaus, wie wir es heute kennen. Das ist das eigentlich Innovative! Sondern die Architekten Stockhausen, Obenauer und Amelung bauten bis 1865 – die Erweiterung dauerte bis 1892, weil man natürlich ständig neue Gäste brauchte – ein Schloss für die Kranken. Man muss sich das in der damaligen Zeit vorstellen, die Menschen wohnten ja nicht in Räumen mit Stuckdecken und riesiger Deckenhöhe. Denken Sie eher daran, wie die Menschen damals in ihrer dörflichen Umgebung wohnten. Für solche Leute wurde ein Schloss als Krankenhaus gebaut, und hier waren die Kriterium frisches Quellwasser, schützende Höhen und eine – wie es so schön heißt – heitere Landschaft, weil diese nach Auffassung der zeitgenössischen Psychiatrie eine ideale Umgebung für die Behandlung seelischer Krankheiten bildeten. Die strenge Architektur sollte durch Ordnung, Symmetrie und Helligkeit der Räume den Gegenpol zum geistigen Chaos der Insassen darstellen. Der Charakter des »Krankenhausschlosses« wird durch die aufwendige Gartengestaltung mit Auffahrt und Ehrenhof noch besonders betont. Dieses Gebäude hat, ich glaube, letztes oder vorletztes Jahr einen

Denkmalschutzpreis erhalten. Es ist keine Psychiatrie mehr, sondern es sind schmucke Eigentumswohnungen geworden. Das heißt, der – wie wir heute sagen – Strukturwandel hat auch hier eingesetzt, und wer sich damals Erholung und Zerstreuung für die Patienten gewünscht hat sowie eine vorbildliche psychiatrische Betreuung, der wohnt heute in einem ehemaligen Krankenhaus. Es ist eine Vorstellung, die vor wenigen Jahrzehnten eigentlich noch völlig unmöglich war.

Der vierte Punkt ist mir eingefallen, als ich mich vorhin unterhalten habe über den Namen Euler. Ja, die Bergstraße ist ein besonderes Pflaster. Kaum einer weiß es heute noch. Es gab jemanden, der einer hohen adligen Persönlichkeit einen Führerschein Nr. 4 ausgestellt hat, und diese Persönlichkeit Nr. 4 war kein geringerer als Prinz Heinrich von Preußen, der jüngere Bruder von Kaiser Wilhelm II. Der ist meistens bekannt durch diese Prinz-Heinrich-Mütze, so ähnlich wie die, die Bundeskanzler Helmut Schmidt ständig trug. Dieser Kaiserbruder Heinrich hatte neben der Seefahrt noch eine andere Leidenschaft. Und er hat hier seinen Führerschein dafür gemacht, nämlich am Griesheimer Sand. Da gab es einen findigen »Daniel Düsentrieb«, und damit sind wir wieder bei dem Beispiel. Der war hier notgelandet, weil die Frankfurter Stadtväter ihm kein Grundstück gegeben hatten. Sie hatten gesagt, du kriegst hier nix. Für die Spielereien haben wir nix für dich. Also kam er hier als Untermieter zum Militär nach Darmstadt und hat im Griesheimer Sand eine Fläche ausgemacht, wo man kleine Manöver abhielt. Dort hat er die ersten Flugübungen vollzogen und hat Flugzeuge zusammengebaut. Tolle Sache. Aber er ist nicht stehengeblieben. Euler hat, anders als Fokker oder Rümpler, gesagt, fliegen allein ist gut, aber dass andere fliegen können, die Lüfte nutzbar zu machen für andere, das ist die Innovation, und er hat sozusagen die erste Fahrschule für Piloten in Deutschland hier im Griesheimer Sand aufgemacht. Und daran denke ich, wenn ich heute sehe, womit man zum Mond fliegt, und wenn ich die moderne Luft- und Raumfahrtechnik an der Uni Darmstadt sehe. Wenn man überlegt, dass die ersten Studenten am Darmstädter Holzhof ein paar Luftsprünge mit Eigenbauten machten und dann auf die Wasserkuppe in die Rhön gefahren sind, um hier, ich glaube um 1912, die ersten ernsthaften motorlosen Flugversuche zu machen, ist das eine tolle Sache. Wagemut und Kreativität sind damals eine Ehe eingegangen. Und keine Vorschrift oder Verordnung hatte diese Ehe gestört.

Ja, ich komme zum Schluss. Für mich zum Schluss, weil ich danke sagen möchte aus der Wiesbadener Sicht hier für die Organisatoren. Denn so etwas aus dem Hut zu zaubern, mit diesen Persönlichkeiten als Referentinnen und Referenten, mit diesem Engagement, ist eine enorme Leistung. Nichts macht sich alleine, nichts passiert durch Zufall. Herr Dr. Joachim Horn steht da für das gesamte Team. Da sind fleißige Menschen am Werk, und deshalb danke ich jetzt herzlich der Akademie auf dem Felsberg, Herrn Dr. Holger Zinke, Herrn Hans Sarkowicz und Herrn Niklas Vogel für den *hr*, Herrn Prof. Dr. Volkhard Huth für das Institut für Personengeschichte, aber auch meiner eigenen Institution. Jetzt schaue ich mal geradeaus ins Publikum, was wäre Jugenheim ohne Jürgen Kerwer, aber auch Martin Seebohn, und ich hätte noch eine ganze Reihe von Namen, denen es zu danken gilt. Wenn ich die alle noch vorlesen würde, wäre die Trinktemperatur des Nachmittagskaffees ernsthaft in Gefahr.

Aber denken Sie bitte daran, es sind ganz, ganz viele Menschen, die dieses Kleinod von europäischer Bedeutung hier am Leben erhalten. Auch das hier war quasi mal ein schlossartiges besseres Bauernhaus, wo sich Adlige sozusagen die reine, unverstellte Landwelt in ihre Lebenswelt holen wollten. Heute ist es unter anderem eine tolle Bildungsstätte, getragen von viel ehrenamtlichem Engagement, was sicher weit nach Hessen hineinstrahlt. Und das ist auch ein Juwel, denn besser kann man solche Einrichtungen nicht nutzen und vor allen Dingen mit solchen spannenden Themen.

Denn – und das ist mein Schlusswort jetzt – wir haben im nächsten Jahr zwei Wahlen. Das 19. Jahrhundert war auch gekennzeichnet von dem Begriff der Freiheit durch Bildung. Freiheit, nämlich sich Bildung zu erarbeiten, möglich zu machen, das Jahrhundert der Alphabetisierung, nicht nur des Nationalismus, nicht nur der Kriege, nicht nur der Schlachten und Staatenbildung. Freiheit zur Innovation. Warum kam man denn hierher mit den Eseln und ging hierher? Weil die alten Städte, die alten Stadtmauern, die alten Zünfte niedergerissen wurden. Weil es eine kommunale Selbstverwaltung gab. Weil wir uns diesen modernen Entwicklungen der Technik, der gesellschaftlichen Entwicklung angepasst haben, auch als Staat, und diese Möglichkeiten genutzt haben, die gegenseitige Befruchtung. Und wir stehen heute vor neuen Herausforderungen. Ein Vorredner hat vorhin gesagt, Demokratie sei kein Selbstläufer. Demokratie funktioniert nur, wie das in einer Ehe auch ist, indem man sich auch manchmal unbequeme Wahrheiten sagt, und es gehört auch dazu, dass Verantwortungsträger sagen können, dafür gerade keine Lösung anbieten zu können. Wir leben längst nicht mehr im Zeitalter der einfachen Lösungen, und das war schon vor 100 Jahren so. Aber gehen Sie deshalb zur Wahlurne. Deswegen meine Bitte zum Schluss: Wir haben zwei Wahlen im nächsten Jahr, die Kommunalwahl in Hessen und die Bundestagswahl, nutzen Sie als Demokraten nicht nur ein solches Seminar, nutzen Sie auch Ihre persönliche Freiheit, sich mit ihrem Kreuz einbringen und mitentscheiden zu können. Ihnen allen einen herzlichen Dank!

Dr. Alexander Jehn

DIE AUTORINNEN UND AUTOREN

Birgit Aschmann

Birgit Aschmann (*1967), seit 2011 Professorin für Europäische Geschichte des 19. Jahrhunderts an der Humboldt-Universität zu Berlin. Sie studierte Medizin, Geschichte, Deutsch und Spanisch, 1998 Promotion an der Universität Kiel, dort Habilitation 2006. Forschungsschwerpunkte: Europäische Geschichte des 19. Jahrhunderts, Geschichte Spaniens, Geschichte des Katholizismus, Emotionengeschichte. Wichtige Veröffentlichungen: *Der Traum der Vernunft und seine Monster. Goyas Perspektiven auf das 19. Jahrhundert*, Berlin 2013; als Herausgeberin u. a.: *Gefühl und Kalkül. Der Einfluss von Emotionen auf die Politik des 19. und 20. Jahrhunderts,* Stuttgart 2005; *Durchbruch der Moderne? Neue Perspektiven auf das 19. Jahrhundert*, Frankfurt 2019.

Sabine Bernschneider-Reif

Staatsexamen Pharmazie in Erlangen, Promotion am Institut für Geschichte der Pharmazie Marburg, 1999–2000 Wissenschaftliche Mitarbeiterin im Merck-Archiv Darmstadt, seit 2000 Leiterin Merck Corporate History, Lehraufträge und Gastdozentin in Heidelberg, Mainz, Seoul und Wuxi, seit 2012 Mitglied des Präsidiums der Deutschen Pharmazeutischen Gesellschaft (DPhG), seit 2020 Lehrauftrag »Geschichte der Naturwissenschaften/Pharmazie« am Institut für Pharmazie und Molekulare Biotechnologie Heidelberg.

Peter Brunner

(*1956) ist Leiter des Museums Büchnerhaus in der Büchnerstadt Riedstadt. Nach einer Buchhändlerlehre arbeitete er für eine private Berufsschule, zuletzt als Verwaltungsleiter, als Geschäftsführer in einem Berufsverband und als Leiter einer Bücherei. Zu seiner Beschäftigung mit Georg Büchner und seiner Familie schreibt er das Weblog geschwisterbuechner.de.

Mechthild Haas

(*1963) studierte Kunstgeschichte und Philosophie in Tübingen und Hamburg, 1989 Magister Artium über Bühnenbildentwürfe der 1920er-Jahre, 1996 Promotion über Jean Dubuffet. Nach wissenschaftlichen Stationen an verschiedenen Institutionen und Museen, u. a. in München, Paris und

Saarbrücken, ist sie seit 2000 wissenschaftliche Angestellte am Hessischen Landesmuseum Darmstadt, seit 2006 Leiterin der Graphischen Sammlung.

Volkhard Huth
(*1959) ist seit 2006 Direktor des Instituts für Personengeschichte in Bensheim. Promotion und Habilitation in Freiburg i. Br., Lehraufträge an der Universität Basel, am Historischen Seminar der Universität Freiburg, am Historischen Seminar der Universität Zürich. 2007 wurde er apl. Professor an der Universität Freiburg, lehrte außerdem an der Universität Heidelberg und wirkt seit 2012 als apl. Professor an der TU Darmstadt. Veröffentlichungen zur Ideen- und Wissensgeschichte, zu interkulturellen Kontakten, zur politischen Symbolik vormodernen Herrschertums sowie zur Regionalgeschichte und Genealogie (Näheres unter: www.personen-geschichte.de).

Frank Oppermann
(*1952) studierte Architektur und Städtebau an der TH Darmstadt, danach freiberufliche Tätigkeit (Dorferneuerung); »erster« Stadthistoriker von Bensheim; Denkmalpfleger des Landkreises Darmstadt-Dieburg; Professor für Baugeschichte, Denkmalpflege, Konstruktiven Holzbau und Entwerfen an der Hochschule Darmstadt. Zahlreiche Publikationen und Ausstellungen zur Architektur der Jahrhundertwende (u. a. Sichtung und Aufarbeitung des Plannachlasses des Architekten Heinrich Metzendorfs, umfassende Werkmonographie Metzendorfs in Vorbereitung); zum anonymen historischen Holzbau, zur Kirchenarchitektur des 19. Jahrhunderts, zur Stadtbaugeschichte und Lokalgeschichte im Kreis Offenbach. Mitglied mehrerer Fachgremien (Denkmalräte Land Hessen, Stadt Darmstadt, Kreis Darmstadt-Dieburg, Gestaltungsbeirat Marburg) und diesbezüglicher Vereine und Organisationen.

Hermann Schäfer
ist apl. Professor an der Uni Freiburg und Honorarprofessor an der TU Karlsruhe. Er lebt in Köln/Bonn und studierte in Frankfurt, Bonn und Freiburg. Promotion und Habilitation in Wirtschafts- und Sozialgeschichte in Freiburg i. Br.
Gründungspräsident des Hauses der Geschichte der Bundesrepublik Deutschland in Bonn. Zahlreiche Veröffentlichungen, zuletzt *Deutsche Geschichte in 100 Objekten* (2015); *Im Bann der Industrialisierung (1827–1914)*, in: Carsten Burhop / Michael Kißener / Hermann Schäfer / Joachim Scholtyseck, *Merck. Von der Apotheke zum Weltkonzern* (2018).

Oliver Sukrow
studierte Kunstgeschichte in Greifswald, Salzburg und Colchester und wurde 2016 an der Universität Heidelberg mit einer Arbeit über die

Utopie in der bildenden Kunst und Architektur der DDR in den 1960er-Jahren promoviert. Von 2014 bis 2016 war er Baden-Württemberg-Stipendiat am Zentralinstitut für Kunstgeschichte München und von 2016 bis 2020 Universitätsassistent am Forschungsbereich Kunstgeschichte der TU Wien. Seit 2020 ist er Postdoc an der TU Wien und arbeitet an seinem Habilitationsprojekt zur Architektur von Kurorten im 19. Jahrhundert. 2020/21 ist er Fellow des Botstiber Institute for Austrian-American Studies.

Henning Türk
(*1974) studierte Neuere und Neueste Geschichte, Politikwissenschaft und Angewandte Kulturwissenschaften in Münster. Nach der Promotion an der Universität Duisburg-Essen 2006 habilitierte er sich mit einer Arbeit über die Bedeutung des liberalen Wirtschaftsbürgertums in der Pfalz für die Nationalstaatsgründung und die Industrialisierung im 19. Jahrhundert. Nach Professurvertretungen in Mainz und Bonn ist er zurzeit wissenschaftlicher Mitarbeiter am Leibniz-Zentrum für Zeithistorische Forschung in Potsdam.

Silvia Uhlemann
(*1964) studierte Musikwissenschaft, Deutsche Literaturwissenschaft und Geschichte in Karlsruhe und Hamburg, Promotion 1998, Referendariat zum Höheren Bibliotheksdienst 1998–2000 an der Herzog August Bibliothek Wolfenbüttel und der Fachhochschule Köln. Seit 2001 leitet sie die Abteilung Historische Sammlungen an der ULB Darmstadt.

Niklas Vogel
(*1989) studierte Neuere und Neueste Geschichte und Islamwissenschaft in Freiburg, Salamanca und Köln; seit 2018 ist er Mitarbeiter in der Redaktion »Literatur und Hörspiel« bei hr2-kultur.

Holger Zinke
(*1963) ist Mikro- und Molekularbiologe, Biologie-Studium an der TU-Darmstadt, Gründer und 1993–2015 CEO des Biotechnologieunternehmens BRAIN AG, ab 2011 der Beteiligungsgesellschaft Greenindustriesgroup GmbH & Co. KG, ab 2013 Initiator eines Think Tanks und Inkubators »Akademie auf dem Felsberg«. Engagiert im gesellschafts- und wirtschaftspolitischen Diskurs zum biobasierten Wirtschaften, Mitglied des Bioökonomierates. Preisträger des Deutschen Umweltpreises, Träger des Bundesverdienstkreuzes, der Treviranus-Medaille des Dachverbands der Biologen und Biowissenschaftler und nicht zuletzt »Botschafter der Bergstraße«.

Bei Publikationen der Hessischen Landeszentrale für politische Bildung legen wir auf eine Sprache Wert, die Frauen und Männer gleichermaßen berücksichtigt. Aus Gründen der Lesbarkeit werden in dieser Publikation Formulierungen verwandt, die auf eine geschlechtsspezifische Differenzierung verzichten.

BILDNACHWEIS

akg-images: 19, 23 (De Agostini / Icas94), 40 (Peter Seidel), 42, 44 (Glasshouse), 154, 178, 184; bpk-bildagentur: 30 (Staatliche Kunstsammlungen Dresden / Elke Estel / Hans-Peter Klut); Großherzogliches Familienarchiv im Hessischen Staatsarchiv Darmstadt: 54 (D 27 A Nr. 43/11), 58 (D 27 A Nr. 46/40), 71 (D 27 A Nr. 19/20), 72 (D 27 B, Nr. 1790); Institut für Personengeschichte (Bensheim): 59 (HRR/315/Coburg); 61, 62 (HRR/400/Erbach-Schönberg); 65, 74 (HRR/338/Battenberg); mauritius: 27 (Alamy / Asar Studios), 47 (mauritius images / History and Art Collection / Alamy); Gernot Wagner: Vorsatz und Nachsatz, 6/7, 8, 10/11, 208; wikimedia: 12 (https://bit.ly/33bctZb), 69 (https://bit.ly/3q6Nmka); Metzendorf-Depositum im Stadtarchiv Bensheim: 85; Frank Oppermann: 78, 87, 93–101

Es wurde sich intensiv bemüht, alle weiteren Inhaber von Abbildungsrechten ausfindig zu machen. Personen und Institutionen, die möglicherweise nicht erreicht wurden und Rechte verwendeter Abbildungen beanspruchen, werden gebeten, sich nachträglich mit dem Verlag in Verbindung zu setzen.

MIX
Papier aus verantwortungsvollen Quellen
FSC www.fsc.org
FSC® C083411

Bibliografische Information der Deutschen Nationalbibliothek
Die Deutsche Nationalbibliothek verzeichnet diese Publikation in der Deutschen Nationalbibliografie; detaillierte bibliografische Daten sind im Internet über http://dnb.d-nb.de abrufbar.

Lektorat: Stefan Gücklhorn
Grafik: Nicole Kruse, www.xymbol.de
Cover, Layout & Satz: Anja Carrà, Weimar
Der Titel wurde in der Adobe Garamond gesetzt.
Gesamtherstellung: CPI books GmbH, Leck – Germany

ISBN: 978-3-7374-0487-7

Mehr über Ideen, Autoren und Programm des Verlags finden Sie auf www.verlagshaus-roemerweg.de und in Ihrer Buchhandlung.